ARCHITEKTUR FERTIGEN

ARCHITEKTUR FERTIGEN

KONSTRUKTIVER HOLZELEMENTBAU

Triest

MARIO RINKE / MARTIN KRAMMER (HRSG.)

BEISPIELE

ANHANG

EINFÜHRUNG

VORPROJEKT

BAUPROJEKT

AUSBLICK

BEISPIELE

ANAHNG

MARIO RINKE UND MARTIN KRAMMER

ARCHITEKTEN FÜR EINE HOLZARCHITEKTUR – ZUR EINFÜHRUNG

Im Grunde ist Holz heute ein sehr verdächtiger Baustoff. Es verknüpft, insbesondere in der Schweizer Architekturlandschaft, Assoziationen, die sich auf eine handwerklich orientierte Tradition ebenso beziehen wie auf Hightech und Architekturutopien. Holz ist mit einfachen Werkzeugen formbar und begegnet uns in unzähligen Formen in unserem Alltag, kleidet Wirtshäuser, Boutiquen und unsere Wohnzimmer, während es sich in Fabriken zu grossen und immer neuen Formen kleben und formen und zur Konstruktion weiter Räume oder gar Hochhäuser zusammenfügen lässt. Diese Bandbreite an Erscheinungsformen war und ist nur möglich, weil Holz als Werkstoff in seiner reichen Kultur- und Konstruktionsgeschichte immer anpassbar war und sich in seiner kontinuierlichen Präsenz immer wieder in neuen Rollen und Formen wiedergefunden hat. Denn mit diesem historischen Blick, vor allem auf die Rolle des Holzes in den letzten 150 Jahren, kann und muss gesagt werden: Holz ist nicht gleich Holz! Es ist gerade dieser Zugriff, es direkt als Konstruktionsmaterial oder eher als Rohstoff für ein solches zu verwenden, der es so handhabbar macht und immer wieder modern erscheinen lässt. Obwohl für das massive Konstruktionsholz meist aus Kostengründen zahlreiche Techniken zum Zusammenfügen aus kleinteiligen Elementen entwickelt wurden, stehen die industriellen Schritte zu Sperr-[1] und Brettschichtholz[2] für entscheidende Schübe hin zu einer präzise gesteuerten Materialherstellung. Dieser verschobene Fokus in der Konstruktion, von der Konfiguration der Teile hin zum konfigurierten Material, ist ein Kennzeichen der konstruktiven Moderne. Hier wurden in den Bestrebungen von Industrie und Wissenschaft in Verbindung mit ökonomischem Druck einige neue Entwicklungen und Umbrüche im Bauwesen angestossen.

Dass das Holz heute eine immense Popularität als zentraler Baustoff der Zukunft hat, ist in dem Sinne eine logische Fortsetzung seiner Konstruktionsgeschichte. Hinzu kommen weitere Aspekte, nämlich der zunehmende Rückgriff auf lokale Ressourcen und eine lange, lokale handwerklich-konstruktive Tradition im Holzbau. Beides stand bereits bei der Renaissance des Holzbaus in Deutschland, Österreich und der Schweiz vor über hundert Jahren in Form des Brettschichtholzes im Zentrum.[3] Aber vor allem das Umdenken auf politischer Ebene, die Entwicklungen hin zu einem gesamtheitlichen, nachhaltigen Umgang mit Ressourcen, versprechen dem Holz eine starke, kontinuierliche Rolle im Bauwesen der Zukunft. Als nachwachsender, lokaler Rohstoff ist Holz grundsätzlich ein zentrales Element einer nachhaltigen Baukultur. Doch kann sich diese «grüne Identität» nicht nur auf den Rohstoff beziehen. Wenn die daraus entstehenden Bauteile, Konstruktionen und Architekturen keine nachhaltige, langlebige Nutzung zulassen, besteht die Gefahr, dass diese Identität sich zu einem oberflächlichen Umweltgewissen verkürzt. Holz ist, wie jedes andere Konstruktionsmaterial auch, den Debatten um Zeitlichkeit, Nutzbarkeit und Wiederverwendbarkeit ausgesetzt. Das darf vor allem dort nicht vergessen werden, wo das Holz als einfach handhabbares Material in Technisierungsprozesse eingefügt wird. Eine maschinelle, digital gesteuerte Bearbeitung überträgt komplexe Formen durch Biegen, Sägen und Fräsen auf das Rohmaterial. Aber mehr noch, die hochtechnische Fabrikationssteuerung integriert das Holz in einen präzisen Vorfertigungsprozess, aus dem Elemente mit eingebauter Haustechnik und Funktionsschichten hervorgehen. Die aus nachhaltigen Rohstoffen gefertigten Bauteile werden im Fertigungsprozess so konfektioniert, dass sie sich manchmal jeder nachhaltigen Verwendung und Umnutzung entziehen. Im Werk vorgefertigte mehrschichtige Wandmodule oder komplett ausgestattete Raumzellen sind für den Montageprozess optimiert, wegen ihrer engen funktionalen Einrichtung aber unflexibler bei einer möglichen späteren Anpassung bzw. Umnutzung im Laufe ihres hoffentlich langen Bestandes.

Die besonderen Eigenschaften des Materials kommen am besten dort zur Geltung, wo dessen Vorteile bewusst konstruktiv eingesetzt werden. Für Anforderungen an zeitgemässes Bauen liefert das Holz, ob als Grundmaterial oder Werkstoff, zahlreiche Antworten. Holz kann entweder als primärer Baustoff für die Tragkonstruktion oder als Teil hybrider Konstruktionen zum Einsatz gebracht werden. Eine gute Verarbeitbarkeit in Verbindung mit einem (im Vergleich zu anderen Baustoffen) verhältnismässig geringen Gewicht erlauben den Einsatz in zahlreichen Kombinationen – auch mit Beton oder Stahl. Die Kombination mit nachhaltigen Kunststoffen oder beispielsweise recycelten Materialien bieten Möglichkeiten einer erweiterten Nutzung.

Bei der gesamtheitlichen Betrachtung von ressourcenschonenden Bauweisen zeigt Holz sein umfangreiches Qualitätsspektrum. Umnutzungen, städtebauliche Verdichtungen und Ertüchtigungen werden das Bauen der Zukunft bestimmen. In dynamischen Nutzungskontexten und temporären Bauten zeigen sich wiederum die zirkulären Eigenschaften von Holzkonstruktionen – weit vor allen anderen Bauweisen. Nicht zuletzt sind es unsere kognitiven Erfahrungen mit dem Material, seinen Oberflächen und seinem Verhalten im Alterungsprozess, die zu einer positiven Bewertung führen.

In den komplexen Verschränkungen von Zielen und Möglichkeiten suchen Architektur und Technik aber oft nach ihren Rollen und Zuständigkeiten. Es ist bezeichnend, dass die Fachliteratur zum modernen Holzbau vor allem technisch dominiert ist: Holzatlanten, Anleitungen zum Systembau, zu Modulen oder für Aufstockungen. Oder es treten allgemeine Verheissungen auf den Plan: Neues Bauen, «wundersames» Holz oder gar das «Bauen in die Zukunft». Innovationen und Grenzüberschreitungen vollziehen sich doch zumeist auf der Seite der Industrie, die mit praktischer Initiative und neuartigen Produkten oft den Ton vorgibt. In der Rolle der Architektur, Bedürfnisse und Konzepte mit den technischen Möglichkeiten der Zeit zu vermitteln, scheinen Entwerfende zwischen Technologie und Bildern verloren, fehlen doch zumeist grundlegende Kenntnisse zu den Bedingungen und Möglichkeiten des zeitgemässen Holzbaus.

Die Entwicklungen der Qualitäten von Holz im konstruktiven Einsatz sind Teil der Herausforderung, der sich die Forschung und Planung stellen sollten. Der materialgerechte Einsatz von Holz in all seinen Facetten erfordert von Beginn an ein bewusstes Herangehen unter Einbeziehung konstruktiver Überlegungen. Die Beobachtung zeigt, dass die Wechselwirkung von Tragstruktur, Konstruktion und Erscheinung sich dort besonders wirkungsvoll entfaltet, wo Entwurf und technische und konstruktive Mittel über den gesamten Prozess hinweg harmonisch vermittelt werden. Es überrascht nicht, dass Innovationen im Bauwesen heute primär dem Holzbau zuzuordnen sind. Building Information Modeling (BIM), das prozessorientierte, interdisziplinäre, digitale Planen und Bauen in Kombination mit den Vorteilen der Vorfertigung im Werk sind integraler Bestandteil des Holzbaus und der Lösung komplexer Aufgaben der Architektur von heute.

Im Sinne einer Holzarchitektur von morgen müssen Entwurf und Planung auf den Kenntnissen zu aktuellen Fertigungsmethoden aufbauen. Damit kann die Architektur ausdrucksstark, wirtschaftlich und zukunftsfähig sein. Es zeigt sich aus den Erfahrungen von technischen Umgestaltungsprozessen in der Architektur: Eine wirklich tiefgreifende und sinnhafte neue Holzarchitektur kann es nicht ohne Architektinnen und Architekten geben. Sie sind diejenigen, von denen ein ganzheitlicher Konstruktionsprozess ausgehen muss und die die Entwicklung vorantreiben sollen. Dazu müssen sie in die Lage versetzt werden, anhand der technischen, logistischen und fachplanerischen Zusammenhänge grundsätzliche Entscheidungen zu treffen und die entscheidenden Fragen im Sinne des architektonischen Entwurfes zu stellen. Hierfür Kenntnisse und Anregungen zur Verfügung zu stellen und damit das Verständnis bei den Planenden zu fördern, ist die Aufgabe dieses Buches.

Als Leitfaden wesentlicher Prozesse und Bedingungen der Fertigung im aktuellen Holzbau bietet es Ansatzpunkte, von denen aus Lesende Zugang zu weiteren vertiefenden Themenfeldern finden und sich gegenüber Fachplanenden und Unternehmen positionieren können. Im Sinne des heutigen, stark vorgefertigten Holzbaus, bei dem sich fast alle wesentlichen planerischen Entscheidungen bis zur Ausschreibung konkretisiert haben müssen, begleitet das Buch wie ein Leitfaden den Planungsprozess. Es gliedert sich entsprechend in vier Teile: Nach einer Einleitung werden Aspekte zum Vorprojekt, anschliessend zum Bauprojekt besprochen, gefolgt von einem Abschnitt zur Zukunft des Holzbaus. In der breit angelegten Einleitung erläutert Julia Selberherr von Wüest Partner die Situation und die Perspektiven des Holzbaus für institutionelle Investoren. Mathias Heinz von pool Architekten erläutert die Bedeutung von Holz im städtischen Kontext, während der Herausgeber Mario Rinke das Vorfertigen als kontinuierliche Praxis im Holzbau diskutiert. Marianne Burkhalter und Christian Sumi reflektieren ihre dreissigjährige Erfahrung im konstruktiven Holzbau und die Unternehmerin Katharina Lehmann und der Architekt Hermann Kaufmann legen ihre Überlegungen zur aktuellen Planungskultur im Holzbau dar. Der Abschnitt Vorprojekt diskutiert grundsätzliche Fragen: Zunächst legt der Holzbauingenieur Peter Makiol wesentliche Fragen zum Entwurf dar, woraufhin der Architekt Hermann Kaufmann seine Gedanken zum Verknüpfen von technischen und architektonischen Fragen erläutert. Inwieweit die Planung durch die neue Konstruktionspraxis beeinflusst wird, zeigen die Architekten Sandra Schuster und Manfred Stieglmeier. Abschliessend bespricht Kai Strehlke von Blumer Lehmann die zentralen Aspekte der Geometrie und der Fertigung für die Planung, während sich der Architekt Yves Weinand neuen Möglichkeiten von Holz-Holz-Verbindungen in der heutigen Fertigung widmet. Der Abschnitt Bauprojekt zeigt konkretere Planungsschritte auf: Zunächst bespricht der Architekt Frank Lattke das Weiterbauen im Bestand, bevor BIM ausführlich diskutiert wird: Während Richard Jussel von Blumer Lehmann BIM aus Sicht des Unternehmers erläutert, diskutiert Thomas Wehrle von ERNE Holzbau BIM als Instrument der Projektsteuerung und als Zusammenarbeitsmodell. Im darauffolgenden Abschnitt blicken drei Köpfe in die Zukunft: Die Bauingenieurin Agnes Weilandt zeigt das Zusammenspiel von Holz und digitaler Planung, der Architekt Mark Aurel Wyss diskutiert zentrale Themen des Holzbaus von morgen und der Forscher Jan Willmann deutet an, welche Architektur durch Digitalisierung und Roboter entstehen könnte.

Diese vielen Überlegungen zum Entwerfen im aktuellen Holzbau werden begleitet von einer Sammlung ausgewählter Beispiele, die das diskutierte Spektrum veranschaulichen. 16 ausgewählte Holzarchitekturen zeigen das Zusammenwirken von Holztechnologie und Entwurf auf, wobei insbesondere der Entwurfsprozess mit zentralen Entscheidungen zur Konstruktion nachvollzogen wird. So kann das gezeigte Projekt jeweils über den Status eines vorbildlichen Holzprojekts hinaus anhand seiner Bedingungen und Eigenarten beurteilt und mit den eigenen Entwurfsdiskussionen in einen konkreten Zusammenhang gebracht werden. Für diesen kritischen Beispielteil zeichnen die Architektinnen und Architekten von AMJGS verantwortlich.

Besonderen Wert wurde auf die anschauliche Vermittlung der zentralen Fragen des jeweiligen Kapitels gelegt. Abseits des Textes werden die wichtigsten diskutierten Aspekte in gesonderten Darstellungen herausgestellt und erläutert. Die in den Abbildungen des Buches erläuterten Details sind für die schnelle Orientierung farblich hervorgehoben, und zeigen sich gewissermassen wortwörtlich als grüner Faden im Buch.

Was lässt sich erwarten von einem Leitfaden in einem sich schnell entwickelnden Umfeld? Wir wünschen uns, dass das Buch hilft, Brücken zu schlagen zwischen neugierigen Architekturschaffenden, den Fachplanenden und Unternehmen. Es kommen in der grossen Mehrzahl Architektinnen und Architekten zu Wort; alle wirken auf ganz unterschiedliche Weise an der aktuellen Entwicklung im Holzbau mit. Als Herausgeber haben wir versucht, gerade solche Expertinnen und Experten zu versammeln, die aus besonderen Perspektiven, angesiedelt zwischen Praxis, Forschung und Lehre, und aus überzeugenden Erfahrungen zu Ihnen sprechen. Wir hoffen, Sie fühlen sich angesprochen, den Holzbau von innen heraus und mit dem Blick für das Ganze aktiv mitzugestalten.

1   John H. Belter, US Patent no. 19,405 *Improvement in the Method of Manufacturing Furniture*, 1858 & John K. Mayo, US Patent no. 51,735 *Materials for Bridges & co*, 1868.
2   Otto Hetzer, Reichspatent Nr. 197773 *Gebogener Holz-Bauteil für vereinigte Dach-Pfosten und -Sparren*, 1906.
3   1931 wurde die Lignum als Dachorganisation der Schweizer Holz- und Forstwirtschaft gegründet, 1933 der Österreichische Bundesholzwirtschaftsrat (seit 2000 proHolz Austria), 1919 der Deutsche Holzbau-Verein.

Danke!

So wie die vielen herausragenden Bauten in diesem Buch nur durch das geduldige und kreative Zusammenwirken von Teams zustande kommen konnten, so liegt auch dieses Buch nur deswegen in Ihren Händen, weil es durch die engagierte Mitarbeit besonderer Menschen entstehen konnte. Diesen Menschen gilt der Dank der Herausgeber und des Verlags. Ein spezieller Dank geht an das Eidgenössische Bundesamt für Umwelt (BAFU), welches das Projekt im Rahmen des Aktionsplans Holz gefördert hat, sowie an Blumer Lehmann, Gossau. Ohne diese beiden Partner wäre die Realisierung der Publikation nicht möglich gewesen.

Gedankt sei auch dem Beirat der Publikation, der die inhaltliche Präzisierung durch sein kritisches und kompetentes Feedback begleitet hat. Unser Dank geht zudem an die Autorinnen und Autoren, die diesen Leitfaden mit ihren Beiträgen haben überhaupt erst entstehen lassen, sowie an alle Architekturschaffenden, die die Dokumentation ihrer Bauten im Beispielteil dieses Buches unterstützt haben.

Dankbar sind wir auch den Teilnehmenden des Workshops «Potenziale des Holzbaus von morgen» 2019 bei Blumer Lehmann, bei dem zentrale Linien des Buches herausgearbeitet und gefestigt wurden.

Besonders bedeutsam sind Austausch und Reflektion zu Beginn eines Projektes, wenn aus wackligen Beinen ein starkes Gerüst wird. Für die wertvolle Beratung während der Konzeption der Publikation möchten wir uns insbesondere bedanken bei Hermann Kaufmann, Katharina Lehmann, Andrea Frangi und Michael Meuter.

Die Marktentwicklung im Holzbau, im Verhältnis zum Gesamtbauvolumen der Schweiz, erscheint immer noch gering. Dazu trägt auch die nach wie vor von Skepsis geprägte Zurückhaltung von Investorinnen und Investoren und Bauherrschaften gegenüber dem Holzbau bei. Er gilt im Allgemeinen als ökologisch nachhaltig, aber finanziell unattraktiv. Dies muss nicht so sein, wenn die Möglichkeiten der digitalen Planung und industriellen Vorfertigung ausgeschöpft werden. Zudem bieten Holzbauten mit einer verkürzten Bauzeit durch Vorfabrikation, einfacher Rückbaubarkeit und anderen Nachhaltigkeitsaspekten zukünftig grosse Chancen.

Wüest Partner ist eine international tätige Dienstleisterin im Kompetenzbereich Immobilien und untersucht ganzheitlich Entwicklungen im Baugeschehen. Julia Selberherr ist seit 2014 im Unternehmen tätig und spezialisierte sich unter anderem auf die strategische Immobilienberatung über den gesamten Lebenszyklus sowie Projekt-, Liegenschafts- und Portfolioanalysen. Sie studierte Bauingenieurwesen und Betriebswirtschaft in Wien und doktorierte an der ETH Zürich in Bauingenieurwissenschaften. Sie publiziert regelmässig in Fachzeitschriften und Publikationen.

JULIA SELBERHERR

HOLZBAU FÜR INSTITUTIONELLE INVESTOREN – AKTUELLE MARKTENTWICKLUNGEN UND ZUKÜNFTIGE CHANCEN

MEHRFAMILIENHÄUSER AUS HOLZ AUF DEM VORMARSCH

Holz war bis ins 18. Jahrhundert der vorherrschende Baustoff und wurde mit dem Beginn der Industrialisierung zunehmend durch neue Materialien wie Gusseisen, Stahl oder Stahlbeton verdrängt. Aktuell machen grosse, mehrgeschossige Holzbauten und sogar Hochhäuser weltweit Schlagzeilen und die **Rückkehr von Holz als Baumaterial in den Städten [S. 19]** wird proklamiert. Ein Blick auf die Entwicklung der Marktanteile bringt beim ersten Hinsehen allerdings Ernüchterung. Der Marktanteil (Neubau) von Gebäuden mit einer Tragkonstruktion aus Holz liegt während der letzten zehn Jahre relativ konstant zwischen fünf bis acht Prozent. Auch im Wohnsegment pendelt der Marktanteil zwischen vier bis sieben Prozent. Interessant ist allerdings die Entwicklung des Marktanteils von Mehrfamilienhäusern mit einer Tragkonstruktion aus Holz. 2009 (erstes Halbjahr) wurden nur 2,2 Prozent der Mehrfamilienhäuser aus Holz gebaut. 2019 (erstes Halbjahr) sind es bereits knapp 5,2 Prozent. Besonders markant ist das Wachstum in diesem Segment (Mehrfamilienhäuser), seit 2015 hat sich der Marktanteil unter anderem auch aufgrund der revidierten Brandschutzvorschriften beinahe verdoppelt. [ABB. 1]

Im Nicht-Wohnsegment ist die Entwicklung der Marktanteile deutlich volatiler. Die Halbjahreszahlen schwanken zwischen fünf bis zwölf Prozent. Aktuell liegt der Anteil von Gebäuden mit einer Tragkonstruktion aus Holz mit etwa 12,3 Prozent auf einem rekordverdächtig hohen Niveau. [ABB. 1] Traditionell bedeutend und funktional bedingt ist der Holzbau bei landwirtschaftlichen Gebäuden mit einem aktuellen Marktanteil von 34 Prozent am stärksten vertreten. Aber auch für Bildungs-, Kultur- und Freizeitobjekte werden zum Teil Prestigeprojekte aus Holz gebaut, sodass der Marktanteil bei 23,6 Prozent liegt. Im Büro- und Geschäftssegment entfallen 6,1 Prozent des Marktanteils auf Gebäude mit einer Tragkonstruktion aus Holz. [ABB. 2] Hier kann das ökologische und natürliche Image von Holz eine wichtige Rolle spielen.

POTENZIAL STECKT IN DER TRAGKONSTRUKTION

Auch Holzfassaden werden immer beliebter. So ist der Marktanteil von Holzfassaden von zehn Prozent 2009 auf aktuell knapp 17,2 Prozent gestiegen. In den Jahren 2012 und 2013 waren Holzfassaden besonders beliebt, haben dann wiederum etwas verloren und sind seit 2015 wieder auf dem Vormarsch. [ABB. 3] Besonders ausgeprägt ist das Wachstum bei Fassaden von Mehrfamilienhäusern. Interessant ist, dass die Marktanteile von Holzfassaden höher sind als jene von Tragkonstruktionen aus Holz. Dies deutet darauf hin, dass häufig auch Nicht-Holzbauten als Holzbau verpackt werden. Andersrum sind während der letzten Jahre auch zahlreichen Gebäude mit einer Tragkonstruktion aus Holz mit einer nicht-hölzernen Fassade erstellt worden.

Der Marktanteil von reinen Holzfenstern ist seit zehn Jahren kontinuierlich am Fallen. Holz-Alu-Fenster hingegen haben ihren Marktanteil von 30 Prozent (2009) auf beinahe 50 Prozent (2019) gesteigert. Den höchsten Marktanteil aller Holzbauteile erreichen Fussböden mit aktuell 51 Prozent. [ABB. 4]

Der Vergleich der Investitionskosten verdeutlicht, dass absolut betrachtet die Tragkonstruktionen das grösste Marktsegment im Holzbau darstellen und in Anbetracht des aktuell noch eher tiefen Marktanteils ein sehr grosses Potenzial für den vermehrten Einsatz von Holz bieten. Obwohl der Marktanteil von Holzböden über 50 Prozent liegt, machen die Investitionskosten nur etwa 50 Prozent jener für Tragkonstruktionen aus Holz aus. [ABB. 5] Holz steckt also mengenmässig vor allem in der Tragkonstruktion. Hier muss auch angesetzt werden, um den Holzanteil im Markt zu steigern.

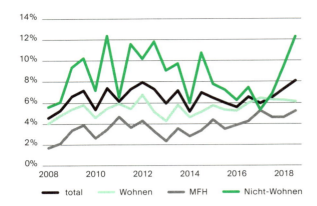

ABB. 1 **Marktanteile von Holz in Tragkonstruktionen im Neubau.**

DAS HOLZ DRÄNGT IN DIE STADT

Während die durchschnittliche Projektgrösse aller Baubewilligungen während der letzten 15 Jahre relativ konstant geblieben ist, war für Gebäude mit einer Tragkonstruktion aus Holz eine Zunahme um rund 25 Prozent zu verzeichnen. Sie können heute insbesondere aufgrund der revidierten Brandschutzvorschriften auch bei grossen Objekten mit sechs oder mehr Geschossen verwendet werden.

Die gesamte Bautätigkeit im Hochbau hat ihren Schwerpunkt in **Städten und Agglomerationen** [S. 19], und da inzwischen auch grosse Überbauungen mit einer Tragkonstruktion aus Holz erstellt werden können, steigt der Anteil von Holzbauten in städtischen Gebieten. Seit 2000 ist der Marktanteil von Mehrfamilienhäusern und gemischt genutzten Gebäuden von knapp vier Prozent auf über sechs Prozent angestiegen, während in ländlichen Gebieten der Anteil 2017 mit rund zehn Prozent tiefer liegt als im Jahr 2000 mit etwa 13 Prozent. Damit ist der Holzbau in ländlichen Gebieten überdurchschnittlich stark zurückgegangen, was daran liegen könnte, dass in diesen Regionen aufgrund des tiefen Ertragsniveaus möglichst günstig gebaut werden muss.

MARKTENTWICKLUNG DES BAUENS IM BESTAND

In der Revision des Raumplanungsgesetzes von 2014 ist die Begrenzung des Siedlungsgebietes klar als Ziel festgelegt. Um eine entsprechende Verdichtung der baulichen Nutzungen in den bestehenden Gebieten zu erzielen, sind Aufzonungen erforderlich. Der Holzbau ist aufgrund des hohen Vorfertigungsgrades sehr gut für **Aufstockungen, Anbauten, Baulücken** [S. 111] und auch thermische Sanierungen an innerstädtischen Lagen geeignet. Denn dies ermöglicht kurze Bauzeiten vor Ort mit reduzierten Emissionen und damit geringen Störungen des Betriebs sowie den Einsatz eines hohen Anteils an regenerativen Rohstoffen. Zudem können durch kleinere Fundamente und kleinere **Krane** [S. 99] wegen des geringeren Gewichts der konstruktiven Bauteile nicht nur Platz, sondern auch Kosten gespart werden.

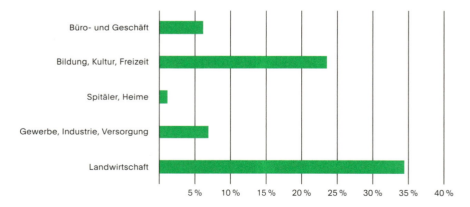

ABB. 2 **Marktanteile von Holz in Tragkonstruktionen im Nichtwohnungsneubau.**

Dies manifestiert sich auch in der Marktentwicklung von **Aufstockungen und Anbauten [s. 111]**. Seit 2000 ist der Anteil von Baubewilligungen mit Holz von 13 auf 27 Prozent (gemessen an der Anzahl) bzw. von elf auf 32 Prozent (gemessen an den Kosten) angestiegen. Mit den seit 1. Januar 2015 geltenden Brandschutzvorschriften ist tendenziell eine weitere Zunahme des Anteils von Holzbauten zu erwarten. Die neuen Vorschiften ermöglichen Holzbauten in allen Gebäudekategorien und Nutzungen.

POTENZIALE BEIM NACHHALTIGEN BAUEN

Nachhaltigkeitsaspekte [s. 131] gewinnen zunehmend an Bedeutung bei Investitionsentscheidungen. Die Verwendung von Holz als Baustoff kann zur Erreichung der Ziele des nachhaltigen Bauens in verschieden Bereichen einen substanziellen Beitrag leisten.

- *Gesundheit und Wohlbefinden:* Holz als natürlichem Baustoff wird ein positiver Einfluss auf Komfort und Wohlbefinden in Gebäuden zugesprochen. Verschiedene Studien belegen, dass ein Grossteil der Menschen Holz als warm, gesund und umweltfreundlich wahrnimmt und dass die Nutzerzufriedenheit in Holzbauten überdurchschnittlich hoch ist.[1]
- *Optimierung der Lebenszykluskosten:* Die Vorfertigung im Werk erlaubt eine Parallelisierung der Baustelleneinrichtungs- und Aushubarbeiten vor Ort und der Produktion von **ausgebauten Raumzellen [s. 77]** im Werk. Daraus resultieren Bauzeiteinsparungen von rund 30 bis 50 Prozent gegenüber der konventionellen Bauweise sowie reduzierte Bauzinsen und frühere Ertragseingänge.[2] **[ABB. 6]**
  Zudem können durch gute Zugänglichkeit und selektive Austauschbarkeit von Einzelbauteilen die Kosten für den baulichen Unterhalt gesenkt werden. Darüber hinaus bietet die relativ einfache Rückbaubarkeit ökonomische Vorteile bei einer Lebenszykluskostenbetrachtung.
- *Marktfähigkeit:* Einhergehend mit der fortschreitenden Digitalisierung und Technologisierung hegen die Menschen in der Stadt zunehmend das Bedürfnis nach Natürlichkeit und Wohlbefinden. Während der rustikale, ländlich geprägte Holzbau eher konservative, traditionell orientierte Segmente anspricht, ermöglicht es der moderne, urbane «Holz-Chic», die progressiven, nachhaltigkeits- und zukunftsorientierten Zielgruppen zu aktivieren.
- *Regionalökonomischer Beitrag:* Durch die Verwendung von regional verfügbarem Holz kann ein Beitrag für die regionale Wirtschaft geleistet werden.
- *Einsatz erneuerbarer Ressourcen:* Holz ist eine zu hundert Prozent erneuerbare Ressource. Durch den vermehrten Einsatz von Holz können nicht regenerierbare Ressourcen ersetzt werden.
- *Klimaschutz:* Ein Kubikmeter Holz enthält rund 250 Kilogramm Kohlenstoff, was in etwa 900 kg CO_2 bzw. der Emissionsmenge von 5000 Kilometer Autofahren entspricht.[3] Zudem führt die Verwendung von Holz zu einer Substitution anderer Baustoffe. Ein Kubikmeter Holz im Austausch für andere Baustoffe (Stahlbeton, Betonblöcke, Ziegel) bewirkt im Durchschnitt 0,7 Tonnen Einsparung an CO_2.[4] Der kombinierte Effekt von Kohlenstoffspeicherung (0,9 t CO_2/m^3) und Substitution (0,7 t CO_2/m^3) ergibt insgesamt rund 1,6 Tonnen CO_2/m^3 Einsparung.
- *Effizienter Umgang mit Stoffen:* Die Produktion im Holzbau zeichnet sich dadurch aus, dass kaum Abfall anfällt und dass fast alle Nebenprodukte der Produktion entweder als Rohstoff oder als Energiequelle verwendet werden.
- *Naturräume und Artenvielfalt erhalten:* Die Bewirtschaftung der Wälder zur baulichen Nutzung von Holz trägt zur Erhaltung der Naturräume und Artenvielfalt bei.

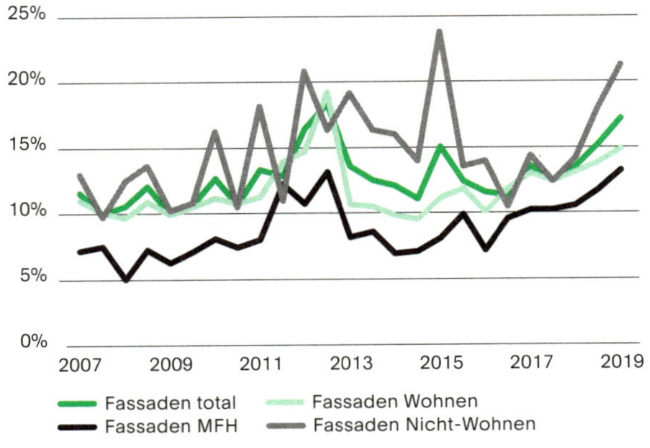

Nachhaltigkeitsaspekte werden in den kommenden Jahrzehnten immer stärker die Architektur, die Bau- und Immobilienwirtschaft sowie den Städtebau bestimmen. Das Streben nach nachhaltigen, umweltschonenden, klimaneutralen und gesunden Lebensweisen sorgt dafür, dass Bauen nach ökologischen Massstäben und mit natürlichen Baustoffen immer populärer wird.

ZUKÜNFTIGE CHANCEN

75 Prozent der Schweizer Bautätigkeit findet in Städten und Agglomerationen statt. Demnach nehmen diese Regionen eine Schlüsselrolle auf dem Weg in eine nachhaltige Zukunft ein und der Einsatz von Holz als Baumaterial kann einen massgeblichen Beitrag dazu leisten.

Legend:
— Fassaden total   — Fassaden Wohnen
— Fassaden MFH   — Fassaden Nicht-Wohnen

ABB. 3 Fassaden: Marktanteile von Holz im Neubau.

Eine kleine Modellrechnung illustriert die verschiedenen Einsatzmöglichkeiten. Die Bausumme eines typischen Mehrfamilienhauses lässt sich auf verschiedene Bauteilgruppen aufsplitten. Auf den Rohbau entfallen üblicherweise rund 38 Prozent. Die Gebäudehülle mit Dach, Fassade und Fenstern entspricht etwa 19 Prozent. Der Innenausbau umfasst einerseits Bodenbeläge, Wand- und Deckenverkleidungen sowie nichttragende Trennwände mit insgesamt rund 19 Prozent und andererseits Sanitärinstallationen (Bäder, Leitungen) und den übrigen Ausbau mit circa zwölf Prozent. Die übrigen zwölf Prozent entfallen auf die Technik (Wärmeerzeugung, Wärmeverteilung, Elektroinstallationen und Transportanlagen). Ein konventionelles Gebäude weist einen Kostenanteil (Anteil der Bauteile aus Holz an den Gesamtkosten) von rund zehn Prozent Holz (fünf Prozent der Gebäudehülle, z.B. Holz-Metall-Fenster, und 30 Prozent des Innenausbaus, z.B. Parkettböden) auf. Bei einem «reinen Holzbau» hingegen beträgt der Anteil rund 70 Prozent (Rohbau zu 100 Prozent aus Holz; Gebäudehülle zu 75 Prozent, z.B. eine hinterlüftete Fassade mit Unterkonstruktion und Bekleidung aus Holz, Wärmedämmung und Verbindungsmittel aus anderen Materialien; Innenausbau zu 60 Prozent aus Holz z.B. Parkettboden und Innenwandbekleidungen). Zwischen diesen beiden Extremen liegen zahlreiche Möglichkeiten für den vermehrten Einsatz von Holz in Gebäuden. Beispielsweise können massive Kerne und Stützen durch Geschossdecken aus Holz ergänzt oder Verbunddecken aus Holz und Beton in Kombination mit Holzstützen erstellt werden. Gerade der Hybridbau, bei dem jedes Material dort eingesetzt wird, wo seine Stärken optimal genutzt werden, birgt ein besonders grosses Potenzial.

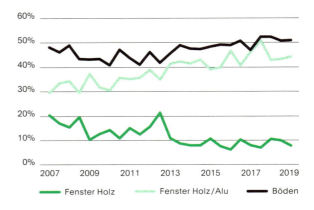

ABB. 4 Fenster und Böden: Marktanteile von Holz im Neubau.

ABB. 6 Schematische Darstellung der Bauzeitverkürzung durch Vorfertigung im Werk.

MEGATRENDS ALS TREIBENDE KRÄFTE

Die aktuellen Marktdaten weisen klar auf eine hohe Dynamik des **Holzbaus in der Stadt** [S. 19] hin. Als mögliche Treiber hinter dieser Entwicklung können Megatrends, jene langfristigen Entwicklungen, die verschiedene Bereiche unseres Lebens tiefgreifend beeinflussen, identifiziert werden. Denn Gebäude werden für eine Lebenszeit von bis zu hundert Jahren geplant und gebaut und müssen daher nicht nur die heutigen Bedürfnisse, sondern auch zukünftige erfüllen. Dabei kann Holz in mehreren Dimensionen überzeugen:

- *Energie und Umwelt:* Holz ist der einzige nachwachsende Baustoff und bietet bezogen auf die graue Energie enorme Vorteile, was gerade bei der Nachhaltigkeitszertifizierung von Gebäuden (SIA-Efizienzpfad, Minergie-ECO, SNBS) und für 2000-Watt-Areale eine grosse Rolle spielt. In Bezug auf die selektive Rückbaubarkeit und kaskadische Materialnutzung kann Holz ebenfalls Vorteile bieten, da es stofflich oder energetisch wiederverwendet werden kann und damit teure Deponiekosten entfallen.
- *Technologie:* Die digitale Planung und industrielle Fertigung ermöglichen effiziente Prozesse und eine kurze Bauzeit mit geringen Emissionen vor Ort.
- *Lebensqualität:* Holz fördert den Komfort und die Behaglichkeit der Nutzer.
- *Wirtschaft:* Noch ist der Holzbau ein Differenzierungsmerkmal, dass bei der Vermarktung sowie für das Image des Investors Vorteile bieten kann. Besonders an ertragsstarken Lagen kann der Holzbau wirtschaftliche Vorteile bieten, da die aufgrund der Vorfertigung um bis zu 50 Prozent verkürzte Bauzeit frühere Ertragseingänge ermöglicht.
- *Raum:* Holz ist aufgrund seines geringen Gewichts optimal für Aufstockungen von Bestandsgebäuden geeignet.

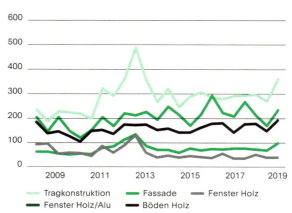

ABB. 5 Investitionskosten (Mio. CHF) von Holz im Neubau.

Zukünftig wird der Holzbau Marktanteile gewinnen, wenn das Potenzial der früh-zeitig mit der Fertigung abgestimmten **Planungsprozesse [S. 53]** und der indust-riellen Fertigung voll genutzt wird. Zudem muss die gesamte Wertschöpfungsket-te vom Wald bis zum Holzwerkstoff effizient organisiert sein.

1   Ewald Rametsteiner, Roland Oberwimmer, Ingwald Gschwandtl, *Europeans and Wood. What Do Europeans Think About Wood an its Uses? A Review of Consumer and Business Surveys in Europe,* Ministerial Conference on the Protection of Forests in Europe, Warschau 2007.

2   Modular Building Institute (Hrsg.), *Improving Construction Efficiency & Productivity with Modular Construction,* White paper, Charlotsville 2010.

3   Michael Köhl, Arno Frühwald, Bernhard Kenter, Konstantin Olschofsky, Raul Köhler, Margret Köthke, Sebastian Rüter, Hans Pretzsch, Thomas Rotzer, Franz Makeschin, Mengistu Abiy und Matthias Dieter, «Potenzial und Dynamik der Kohlenstoffspeicherung in Wald und Holz: Beitrag des deutschen Forst- und Holzsektors zum Klimaschutz», in: Michael Köhl, et al.: *Landbauforschung – vT! Agriculture and Forestry Research,* Sonderheft 327 / 2009, S. 103–109.

4   Bundesamt für Umwelt (BAFU) (Hrsg.), *CO₂-Effekte der Schweizer Wald- und Holzwirtschaft, Szenarien zukünftiger Beiträge zum Klimaschutz,* Bern 2007, S. 35.

Der zeitgenössische Holzbau folgt nicht nur eigenen Regeln und Bedingungen in der Konstruktion. Seine breiten Anwendungsmöglichkeiten lassen ihn auch in Form von grossen Gebäudevolumen weit in die Stadt vordringen. Die Balance zwischen konstruktiven Notwendigkeiten, strukturellen Rahmenbedingungen und dem Erscheinunsgbild in einem urbanen Gefüge gilt es als grossen architektonischen Zusammenhang auszuloten. Ausgehend von einer historisch-kulturellen Betrachtung fragt der Beitrag nach Möglichkeiten des modernen Holzbaus in der Stadt von heute.

Mathias Heinz baut und denkt in Holz. Als Gründungspartner des Zürcher Architekturbüros pool Architekten entwickelt und realisiert er seit über zehn Jahren Holzbauprojekte in städtischen Kontexten. Für ihn muss sich die Holzarchitektur nicht nur mit den vielen strukturellen und kulturellen Setzungen im dichten Stadtgefüge verknüpfen, sondern auch immer wieder mit ihrer eigenen Kulturgeschichte. pool Architekten wurde mehrfach für ihre Holzbauten ausgezeichnet. Unter anderem mit dem Prix Lignum 2012 Silber für die Wohnüberbauung Badenerstrasse in Zürich.

MATHIAS HEINZ

STADT IN HOLZ

Der Holzbau hat in den letzten Jahren aufgrund neuer Normen und seiner Vorzüge im Hinblick auf den Aspekt der **Nachhaltigkeit [s. 131]** eine immer grössere Anwendung erfahren und ist nun daran, die Städte zurückzuerobern. Was dies für das urbane Stadtbild bedeutet, wird im nachfolgenden Text erörtert. Der erste Teil gilt einem historischen Rückblick auf städtische Ensembles, die in Holz erstellt wurden. Er zeigt auf, welche Qualitäten die **holzspezifische Konstruktionsweise [s. 77]** mit sich bringt. Im zweiten Teil wird aufgezeigt, wie Holzbauten zukünftig urbane Räume prägen können.

Die Ausformulierung von städtischen Räumen wird nicht nur durch übergeordnete räumliche Zusammenhänge definiert, sondern auch durch die verwendeten Baumaterialien und die damit einhergehenden strukturellen Prinzipien. Dabei hat der urbane Raum ebenso einen Einfluss auf die Gebäude, wie die Gebäudestrukturen und ihre Materialität den urbanen Raum bestimmen.

BAUTRADITION IN HOLZ UND STEIN

Bis in das frühe Mittelalter wurden Steinbauten nur regional und vor allem für Wehrbauten eingesetzt, da der Transport und die Verarbeitung sehr aufwendig und teuer waren. Stein als Baumaterial wurde schon früh auch für religiöse Bauten wie Kirchen und Moscheen eingesetzt. Zuallererst in Wehrkirchen, die nicht nur geistigen Schutz boten, sondern auch physischen Angriffen wiederstehen mussten.[1]

Holz dagegen war in unterschiedlichsten Weltregionen bis zur Industrialisierung eines der wichtigsten Baumaterialien. Der Rohstoff war das bestimmende Material für profane Bauten, bedingt durch seine Verfügbarkeit, seine relativ einfache Verarbeitbarkeit und seine konstruktiven Vorteile.

Die regional unterschiedlichen Konstruktionsarten und kulturellen Bautraditionen prägten weitgehend ein homogenes Stadtbild – bestimmt durch die spezifische Anwendung der Holzverarbeitung und Bautechnik.

In den waldreichen Gegenden war Holz seit der Frühzeit das primäre Baumaterial für Wohnbauten. Der Blockbau und der Pfostenbau waren dabei in Europa lange Zeit die verbreitetste **Bauform [s. 27]**. Der Blockbau, vor allem in Nordeuropa und in den Bergregionen verbreitet, hat sich in den Alpen bis heute gehalten, während der Pfostenbau in Mitteleuropa im Flachland und den Städten sukzessive durch den Fachwerkbau abgelöst wurde. Diese Konstruktionsart erlaubte es nicht nur, höhere Bauwerke mit einem weitaus geringeren Anteil an Bauholz zu erstellen, sondern auch tragende Einzelteile auszuwechseln, ohne die Gesamtkonstruktion zu gefährden.

SICH ÜBERLAGERNDE STRUKTUREN

Dem rasanten Bevölkerungszuwachs in vielen Städten konnte konstruktiv mit der rationelleren Fachwerksbauweise durch höhere und vor allem langlebigere Gebäude begegnet werden. Diese Bauten überdauerten mehrere Jahrhunderte. Dadurch entstanden homogene Stadtbilder, die noch heute das Aussehen vieler Altstädte prägen.

Das Fachwerk bildet dabei ein verbindendes visuelles Element im Stadtraum über die einzelnen Gebäude hinweg. Die konstruktive Logik der Bauweise bestimmt den Ausdruck der Fassade und der Proportionen. Das Stabelement gibt die strukturelle Taktung vor, die dann in unterschiedlichsten Ausformulierungen interpretiert und dekoriert wurde. [ABB. 1]

Fachwerkbauten [S. 27] waren in ganz Mittel- und Osteuropa sowie in Südengland mit unterschiedlichsten regionalen Stilen verbreitet. Dabei variiert das Fachwerkbild stark aufgrund des angewandten Rastermasses und der Art, wie die Streben eingesetzt wurden. Eine Besonderheit, die einzelne Fachwerkbauten im urbanen Kontext zusammenbindet, ist das Überbauen der oberen Stockwerke. Neben gestalterischen Aspekten entspringt die Idee des stockwerkweisen Übersetzens dem Vergrössern des Dachvorsprunges und damit des besseren Schutzes der Fassade vor dem Regen auf der Giebelseite, die keine Dachrinne aufweist.

Die Fachwerkbauten verschwanden aufgrund strenger Brandschutzvorschriften (in Luzern bereits 1308)[2] mehrheitlich seit der Gründerzeit, worauf auch bestehende Fachwerkbauten oft vollständig verputzt oder mit Stein verblendet wurden. Die Grundstruktur der dahinterliegenden konstruktiven Holzbauten blieb aber nach wie vor ablesbar. Sie wurde in der Gliederung der Fassade übernommen. Auch bei Stein- und Ziegelbauten blieb das Mass des Holzes, bedingt durch die Spannweiten der Holzdecken, weiterhin lesbar. Entsprechend bestimmen auch in dieser Zeit die konstruktiven Spannweiten den äusseren Ausdruck der Gebäude.

KLEINTEILIGKEIT UND VIELGESTALTIGKEIT

Aufgrund der Raffinesse der Fassadengliederung – und nicht der Proportionen wegen – waren schon Le Corbusier (1887–1965) und August Klipstein (1885–1951) fasziniert von der Anmutung orientalischer Holzbauten. Auf ihrer gemeinsamen Orientreise 1911 schreibt Klipstein folgende Zeilen über die osmanischen Holzhäuser in sein Tagebuch:

«Die türkischen Holzbauten am Meer sind angenehm erholsam, mit ihren markanten, mit Erkern versehenen Obergeschossen [...]. Die Aufteilung der Schiebeläden oder Klappläden in zwei Teile erlaubte, wenn sie hochgezogen waren, die unverstellte Sicht nach aussen.»[3] Le Corbusier beschrieb 1929 Istanbul wie folgt: «In Istanbul sind alle Wohnhäuser in Holz erstellt, alle Dächer weisen die gleiche Neigung auf und alle sind mit den gleichen Ziegeln verkleidet. Während alle Gotteshäuser in Stein erstellt sind. Die Grundlage dieser Ordnung ist ein gemeinsamer Standard.»[4] [ABB. 2]

Das Stadtbild Istanbuls war noch im 19. Jahrhundert durch mehrgeschossige Wohnungsbauten aus Holz geprägt. Der Grundriss der Holzhäuser entwickelte sich über die Reihung einer Vielzahl etwa gleich grosser Allräume, den Damen, Herren oder Gästen des Hauses zugeordnet, die dem Raster des Skelettbaus folgten. Die meisten dieser Räume waren durch auskragende Erker ergänzt. Mit ihren Fensterbändern, verzierten Holzgittern oder Klappläden und sichtbaren Holzstützen prägten sie die Stadtarchitektur ebenso wie die Vor- und Rücksprünge in den Fassaden, die ausladenden Dachüberstände, überdachten Terrassen und Balkone. Kleinteiligkeit, Vielgestaltigkeit und Diversität waren die Merkmale der urbanen Holzarchitektur Istanbuls.[5]

DAS JAPANISCHE HAUS

Während die mehrgeschossige, geschlossene Wohnbebauung Istanbuls dem urbanen Charakter europäischer Städte entspricht, waren die japanischen Städte Anfang des 20. Jahrhunderts geprägt von zweigeschossigen Wohnbauten aus Holz. Bruno Taut (1880–1938) verwies auf diese kulturelle Besonderheit Japans.[6] Dem-

ABB. 1 Das Fachwerk bindet die Bauten visuell zusammen, gleichzeitig bestimmt die konstruktive Logik Gliederung und Ausdruck der Fassade.

ABB. 2 Wohnbauten in Holz mit ihren markanten auskragenden Erkern in den Obergeschossen prägten im 19. Jahrhundert das Stadtbild Istanbuls.

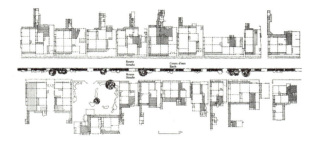

ABB. 3 Auskragende Dachüberstände, Vordächer und Schiebeelemente entlang der Fassaden prägen die Strassenzüge in japanischen Städten und Dörfern.

ABB. 4 Provisorium in Holz für den Salon de Tuileries, Paris 1924, Auguste Perret.

nach gab es keine Unterscheidung zwischen Stadt und Land, sondern eine Aneinanderreihung von Häusern entlang einer Strasse wurde «Stadt» genannt.[7] Dies erkläre eine gleiche Bauweise, unabhängig von der Grösse der Stadt, so Taut. Zurückgesetzte Stadthäuser, die sich hinter hohen Zäunen verbergen oder giebelständige, strassenbegleitende Häuser, die sich zum Strassenraum öffnen, charakterisieren unterschiedliche Stadtviertel. Die Stadt unterscheidet sich vom Dorf allein durch eine dichtere Bebauung, die Ansiedlung von Läden, Restaurants und Hotels sowie ihre flächenmässige Grösse.

Weit auskragende Dachüberstände, Vordächer entlang der gesamten Fassade, Schiebetüren und -läden im Inneren und an den Fassaden kennzeichnen die japanische Stadtarchitektur. Das Modul der Tatami-Matten, das die Grundrissstruktur aller Häuser bestimmt, zeichnet sich auch an den Fassaden ab, sodass ganze Strassenzüge einem einheitlichen Rhythmus folgen. Rechteckige Felder, die mit einer Vielzahl unterschiedlicher Füllungen versehen sind, gliedern die Ansichten.[8] **[ABB. 3]**

Diese historischen Beispiele aus Europa, dem Nahen Osten und Asien zeigen, wie Konstruktionsweisen in Holz das Bild unserer Städte geprägt haben.

Der urbane Raum wird primär über die Parzellierung, die Baugesetze und Normen bestimmt. Auf einer zweiten, visuellen Ebene wird das Stadtbild durch die Baustruktur geprägt. Dabei spielt die Bautradition und die (ökonomische) Verfügbarkeit des Materials eine wesentliche Rolle. Die konstruktiven und statischen Möglichkeiten des jeweiligen Baustoffs bedingen die Bauhöhe wie auch die Spannweiten und bestimmen dadurch die tektonische Struktur der Gebäude. Diese strukturellen Einheiten sind jeweils direkt in der Fassade ablesbar und verbinden sich zu einem klar ablesbaren homogenen Ausdruck ganzer Strassenzüge und Städte.

RENAISSANCE DES URBANEN HOLZBAUS

Die Renaissance des Holzbaus hat viele Ursachen. Grundsätzlich lassen sich drei wesentliche Faktoren nennen: veränderte Normen und Vorschriften, wie Brandschutzvorschriften, die grössere Gebäudehöhen ermöglichen; technische Innovationen bei Holzverbindungen und neuen Materialanwendungen, die höhere statische Belastungen zulassen, sowie die optimierte Verarbeitung dank neuer Fertigungstechniken, die eine rationellere und kostengünstigere Produktion erlauben. Diese technischen Entwicklungen in Verbindung mit gewichtigen ökologischen Vorteilen durch kurze Transportwege, einer weitgehenden CO_2-Neutralität und der leichten Bauweise, führen heute zu einer merklichen Zunahme von Holzbauten im dichten Stadtgebiet. Dabei muss nicht nur die technische und konstruktive Ausformulierung neu zu erstellender Holzbauten sorgfältig erfolgen, sondern auch die Gestaltung ihres Ausdrucks und ihre Einbindung in den Stadtraum. Die konstruktive Logik der zugrundeliegenden Struktur, sollte, wie schon Jahrhunderte zuvor, genau studiert und in einen adäquaten Gebäudeausdruck übersetzt werden. Diese Struktur in der Fassade auszuformulieren und tektonisch zu übersetzen, muss nach Möglichkeit genutzt werden, um dem Stadtraum eine lebendige und zusammenhängende Massstäblichkeit zu verleihen. In den folgenden Abschnitten wird aufgezeigt, wie dies mit dem Mittel der Struktur, der Tektonik und der Verkleidung umgesetzt werden kann.

STRUKTUR SCHAFFT RAUM

Die Gewerbehäuser in einem Hinterhof in der Rue Titon in Paris datieren vermutlich noch aus dem 18. Jahrhundert und zählen zu den letzten erhaltenen Fachwerkbauten in Paris.[9] Als Gewerbebau konzipiert sind die Gebäude in ihrer Erscheinung sehr modern mit den horizontal eingesetzten Bandfenstern zwischen den sichtbaren Pfosten und Riegel.

Das Palais de Bois in Paris von Auguste Perret (1874–1954) zeigt Perrets zur hohen Kunst entwickeltes Können, die Fassaden zu strukturieren. Die tragenden Pfeiler sind als Primärstruktur lesbar. Die Wände dazwischen werden mit kassettierten Füllungen verkleidet. Perret, dessen Hauptwerk durch die strukturelle Anwendung von Ortbeton geprägt ist, hatte 1924 ein wenig bekanntes Provisorium für den Salon des Tuilerienpalasts in Holz erstellt. Der Architekturkritiker Jean Badovici[10] lobte den Bau: «Cette construction austère, purifiée de tout élément irrationel, de toute inutilité, exprimait admirablement la tendance fondamentale de l'art de leur maître.»[11] **[ABB. 4]**

Der südseitig geknickte, dreigeschossige, lang gezogene Bau des Büro- und Wohnhauses Lauer Park in Brugg (2012) bildet mit den umgebenden Villenbauten ein Ensemble. Als Nebengebäude der Villa in Stein ist er bewusst in Holz ausgeführt. Alt und neu fügen sich zu einem Mosaik von Häusern, Garten- und Hofräumen. **Struktur und Materialisierung [S. 131]** des Neubaus suchen einen ideellen Bezug

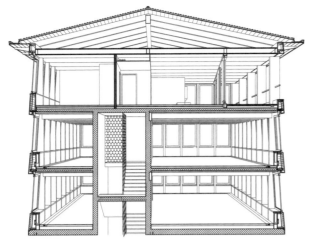

ABB. 5 **Lauer Park, Brugg 2012, pool Architekten.**

zur Schweizer Holzbautradition. Die sichtbare Holzkonstruktion prägt die lichtdurchfluteten Räume. Das dem Fensterraster entsprechende Stützenraster bildet das Grundmass sowohl für die Raumteilung als auch für die in Holz im Verbund mit Beton konstruierten Rippendecken. Diese Konstruktionsart wurde gewählt, um unter dem Rhythmus der Balken frei unterteilbare Etagen zu schaffen für unterschiedliche Arbeitswelten vom Grossraum-, über das Gruppen- bis zum Einzelbüro. [ABB. 5]

ABSTRAKTION DURCH FARBE

Bei ruralen Zweckbauten und einfachen Bauernhöfen bestehen die Fassaden meist aus unbehandeltem Holz. In den Städten und Ortschaften sind sie dagegen mehrheitlich gestrichen und bemalt. Dabei wurde bei repräsentativen Bauten mit einer Holzfassade oft der Ausdruck von Massivbauten kopiert. Im Dorfkern von Dürrenroth im Emmental ist das Gasthaus Kreuz, vermutlich 1806 erbaut, ganz seiner lokalen Konstruktionsart in Holz verpflichtet. Die aus massiven Holzbrettern gefügte Fassade bildet bemalt eine barocke, steinerne Formensprache ab.[12] [ABB. 6]

    Die innere Einteilung der Grundrisse bildet das Grundgerüst für Gebäudetypen, die auf der spezifischen Wahl eines Baustoffs basieren. Sie sind ordnende Konzepte und prägen den architektonischen Entwurf, generieren seine Form, weisen dabei aber weit über die physischen Grenzen eines Bauwerks hinaus und verorten es in einem geschichtlichen und gesellschaftlichen Bezugssystem. Materialtechnologie wird damit in einen grösseren baukulturellen Zusammenhang eingebunden. Mit der Wahl des Konzepts trägt der Architekt die Verantwortung für die architektonische Form und den Inhalt.

    Das Stapferhaus in Lenzburg (2018) setzt sich als kubischer Körper aus drei Komponenten zusammen: der Ausstellungshalle, dem Betriebsgebäude und der vorgelagerten Stapferbühne – eine grosse Pergola als öffentlicher Vorraum des Bahnhofplatzes. Die Pfosten-Riegel-Konstruktion steht ganz in der Tradition von einfachen Gewerbebauten, wie wir sie als Betonstrukturen mit Ausfachungen in Backstein kennen.

    Die Tragstruktur von Stützen und Unterzügen wird in der Fassade abgebildet und mit einer vertikalen Bretterschalung bündig ausgefacht. Die blauschwarze Färbung der Fassade verweist auf den Ausstellungsraum als Black Box im Inneren. Durch die unterschiedliche Behandlung der Holzoberflächen – gehobelte und glatte Flächen bei den die Struktur abzeichnenden Elementen, sägerohe und raue Oberflächen für die Füllungen – entsteht eine feine, fast abstrakte Zeichnung, die sehr lebhaft auf unterschiedliche Lichtsituationen reagiert. [ABB. 7]

VERKLEIDUNG ALS ÜBERSETZUNG

Holzbauten mit hinterlüfteten bis verputzten Fassaden haben eine lange Tradition in Europa. Einerseits wird ein direkter Schutz der Holzkonstruktion erreicht und zudem wird das Haus vor Witterungseinflüssen geschützt. Verkleidungen wurden historisch meist in Holz ausgeführt, die Homogenität von Ausdruck und Konstruktion so gewahrt. Die baugeschichtliche Entwicklung der Fassadenverkleidung geht mit der des Innenausbaus einher. Seit dem späten 14. Jahrhundert werden reine Zimmerarbeiten durch Holzverkleidungen als Schreinerarbeit ersetzt. In Frankreich kommt das Wort *menuiserie*, Tischlerei oder Schreinerei, nachweislich auch erst zu dieser Zeit auf.

ABB. 6 **Gasthaus Kreuz in Dürrenroth, Emmental, circa 1806. Die Fassade aus massiven Holzbrettern erhält durch ihre Bemalung eine steinerne Anmutung.**

ABB. 7 **Stapferhaus, Lenzburg 2018, pool Architekten.**

Im Appenzell waren die Strickbauten traditionell unverkleidet. Erst Mitte des 18. Jahrhunderts wurde das gestemmte Fronttäfer als stilistisches Mittel eingesetzt, um die Bürgerhäuser gegenüber den einfachen Bauerhäusern abzusetzen.[13] Die Häuser weisen meist ein aufgelöstes horizontales Fensterraster aus, das sich, nur unterbrochen durch die einzelnen Ständer, zu einem Bandfenster verbindet. Die Vertikalität der tragenden Konstruktion wird durch die liegende Struktur überformt. Diese horizontalen Bänder verbinden die Häuser visuell untereinander; nach oben abgeschlossen sind sie durch einen mächtigen Dachüberstand. Beim Holzmassivbau an der Badenerstrasse in Zürich (2010) ist die dem Bau zugrunde liegende Schottenstruktur mit der als tragende Wandscheibe ausformulierten Fassade verbunden. **[ABB. 8]**

Das von Hermann Blumer entwickelte Bausystem zeichnet sich dadurch aus, dass es von Zimmermannsbetrieben einfach montiert werden kann. Die Wände werden dabei als Wandscheiben oder Schotten erstellt, die sich aus aneinandergereihten vertikalen Kanthölzern zusammensetzen; die Vorfertigung grosser Elemente entfällt. Das Gebäudevolumen besteht aus sechs zueinander versetzten Einheiten, die über den Sockel zusammengebunden sind. Dieser Rhythmus im Volumen verbindet sich mit den typischen Erkeranbauten der Nachbarhäuser.

Einen urbanen Holzbau zu generieren bedarf einer Transformation. Um die papierene Wirkung einer leichten vorgehängten Fassade zu verhindern, wurden plastische Faserzementelemente entwickelt, die die Körperhaftigkeit der Volumetrie unterstützen. Durch das plastische Bild wird das Fugenbild in die Gesamtwirkung der Fassade eingebunden. Die Massivität der benachbarten rustikaartigen Steinsockel lässt sich ebenso herauslesen wie die Anlehnung an die horizontalen Stapel von Blockbauten. Hier trifft sich der Holzbau und die Stadt in einer Verschränkung der konstruktiven Elemente.

ÜBERFORMUNG DER VOLUMEN

Die Verkleidung des Gebäudevolumens mit einem Schindelschirm, teilweise reduziert auf die Wetterseite, ist in vielen ländlichen Gebieten Europas verbreitet. Die Schindeln wurden früher direkt auf die Blockwand genagelt, heute werden sie meistens auf eine Lattung aufgebracht. Das Format der früher handgespaltenen Schindeln wurde über die Jahrhunderte immer kleiner. Mit einem Schindelschirm wird das Gebäude homogenisiert und sein Volumen hervorgehoben. Dabei erlaubt die Kleinteiligkeit der einzelnen Schindeln Unebenheiten auszugleichen oder Rundungen zu bilden. Die Fenster- und Türöffnungen und der Sockelabschluss sind dabei oft mit Abwürfen ausgebildet, die das Volumen markant gliedern. **[ABB. 9]**

In Neviges unweit von Wuppertal und den Nachbargemeinden im Bergischen Land wurden die Fachwerkhäuser mit Schieferschindeln eingekleidet. Auch hier ergibt sich, wie bei den Bauten von Ernest Albert Coxhead, eine Homogenisierung der differenzierten Volumen über das einheitliche Fassadenmaterial.

Das Haus J. (2014) in der Siedlung «mehr als wohnen» auf dem Hunziker Areal in Zürich lebt von der massiven Holzkonstruktion aus raumhohen Kanthölzern, die sich durch die geschosshohen Fassadenöffnungen ablesen lassen. Im Gegensatz zum Holzbau in der Badenerstrasse werden die massiven tragenden Fassaden durch eine Skelettkonstruktion ergänzt, um freiere Grundrisse bei den grösseren Wohnungen

ABB. 8 **Holzmassivbau an der Badenerstrasse in Zürich, 2010, pool Architekten.**

zu erlauben. Die Anwendung unterschiedlicher Konstruktionsprinzipien zeigt sich in den Grundrissen als Mischung aus einer der Massivbauweise geschuldeten Raumnetzstruktur mit der stringenten Struktur der Skelettbauweise. [ABB. 10]

Statt einem rigiden Raster folgt die Tragstruktur aus Holzstützen und -rippen den Raumgrössen und ist in unregelmässigen Abständen zwischen drei und sechs Metern angeordnet.

Die Fassade ist mit handelsüblichen Eternitschindeln reduziert ausformuliert und unterliegt der Logik der massiven Wandscheiben, die sich mit den vertikalen Fensterbändern abwechseln.

DIE NATUR DES FÜGENS

Bei mehrgeschossigen Wohnungsbauten wird im Holzbau in der Regel mit kleineren Spannweiten als beim konventionellen Massivbau mit Stahlbetondecke gearbeitet. Dies führt zu einer stärkeren Strukturierung und Rhythmisierung der Baukörper und damit einhergehend deren Fassaden und Innenräume.

Die dem Holzbau inhärente strukturelle Qualität ist für das Stadtbild zu begrüssen. Die Struktur bindet einzelne, unterschiedlich gestaltete, aber auf dem gleichen Konstruktionsprinzip beruhende, Bauten zusammen, denn die Grundstruktur des Holzbaus bestimmt den äusseren Ausdruck von Wand und Öffnung, aber auch den Rhythmus der Öffnungen in der Fassade.

Die Prinzipien des Fügens sollten auf der Fassade ausformuliert werden, um den Bau lesbar zu machen, denn ein Holzbau unterliegt einer anderen Regelhaftigkeit wie der Massivbau und bedarf deshalb auch einer adäquaten Übersetzung.

Nachdem das Schloss Christiansborg der dänischen Königsfamilie 1794 niederbrannte, erwarb diese das Palais Amalienborg und nahm einige substanzielle Eingriffe in die Architektur des Rokokoensembles vor. Der Architekt Caspar Frederik Harsdorff (1735–1799) wurde beauftragt, die bekannte Kolonnade zu errichten, um die beiden südlichen steinernen Palais miteinander zu verbinden. Als Holzkonstruktion ausgeführt, diente die Säulenkolonnade einzig dem Zweck, ohne Kutsche von einem Palais ins andere zu kommen, da es für die Mitglieder der Königsfamilie nicht schicklich war, zu Fuss die Strasse zu überqueren. Daher wurde über den Säulen ein geschlossener Gang angelegt, eine Brücke, deren Konstruktion mit einer Holzummantelung verkleidet wurde, die mit klassizistischen Elementen die wahre Funktion überformt und im Dialog mit dem Gesamtensemble die Schlossanlage mit der Kolonnade neu interpretiert. [ABB. 11]

ABB. 9 Wohnhaus von Ernest Albert Coxhead (1863–1933). Die Verkleidung mit Holzschindeln hat in der Bay Area zwischen San Francisco und Berkley Tradition. Ein modernes Revival erlebten die Schindeln mit der Siedlung The Sea Ranch (1962) an der kalifornischen Nordküste.

ABB. 10 Haus J., Zürich 2014, pool Architekten. Das Prinzip der Tragstruktur wird durch die sichtbaren Holzoberflächen, die sich von den weissen Oberflächen der nichttragenden Trennwände absetzen, nachvollziehbar und für die Bewohner erlebbar. Das einfache Volumen zeigt die Logik des inneren Aufbaus und bildet über seine homogene Flächigkeit ein Visavis zum benachbarten Sichtbetonbau.

ABB. 11 Die verkleidete hölzerne Kolonnade verbindet die beiden südlichen steinernen Palais des Palais von Schloss Amalienborg in Kopenhagen.

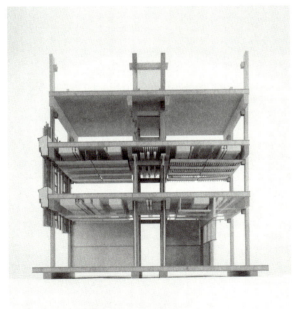

ABB. 12 Campus Biel, Projektwettbewerb 2015, 1. Preis, pool Architekten.

Der Campus Biel ist als flexibler Forschungsbau auf einer Struktur mit einem Fassadenraster von 7,2 Meter aufgebaut. In die kräftigen Holzstützen von 60 × 80 Zentimeter sind Hartholznocken eingelassen, auf denen die sich die längs zur Fassade laufenden Unterzüge abstützen. Dieses einfache Prinzip basiert auf den von Albert Kahn (1869–1942) entworfenen Produktionshallen für die Autoindustrie in Detroit und Michigan. Die Primärkonstruktion des Campusbaus ist direkt ablesbar. Die schiere Grösse der Stützen und Brüstungen erfordert eine tektonische Ausformulierung der Fassadenverkleidung. Die Stützen folgen der Logik von vorgeschalten Bretterelementen, die mit Nut und Kamm verzinkt sind und einzeln ausgewechselt werden können. Die Längsseiten der Bretter sind jeweils überstehend, um den Stützen eine feine Schattenwirkung zu verleihen. Bei den Brüstungen sind die horizontalen Brettverkleidungen überstehend und schützen so die Fassade, sie nehmen gleichzeitig technische Elemente wie die Rafflamellenstoren auf. Dieses Prinzip der Überformung der Struktur durch die Fassadenhaut folgt der Logik der Appenzellerhäuser. **[ABB. 12]**

AUSBLICK

Bauen mit Holz im urbanen Kontext erfordert ein Umdenken und eine Neudefinition des Holzbaus. Während die Bestrebung, Hochhäuser aus Holz zu bauen, vorrangig eine Demonstration der statischen Leistungsfähigkeit darstellt, gilt es, nach adäquaten, zeitgemässen Konzepten des Ausdrucks sowohl auf der Grundrissebene als im Stadtbild zu suchen. Dabei lässt sich bei vielen Bauwerken eine strukturelle Verschiebung vom Skelett- zum Massivbau beobachten. Der Holzmassivbau überzeugt durch eine konzeptionelle Strenge und Einfachheit, die früher den Steinbauten eigen war und sich mit der Entwicklung der homogen Betonwand auflöste.

Das heisst, es gibt eine **innere und eine äussere Logik [S. 47]**, die sich an der Schnittstelle von Gebäude und städtischem Raum treffen und die an der Fassade ausformuliert werden müssen. Die strukturelle Logik des Gebäudes bestimmt das äussere Erscheinungsbild über den Rhythmus seiner Öffnungen. Die Materialität der Fassade und der Grad der tektonischen Ausformulierung der Fassade bestimmt die Bedeutung des urbanen Raumes. Somit muss der entwerfende Architekt stets abwägen zwischen der strukturellen Logik und einem dem städtischen Umfeld angemessenen architektonischen Ausdruck.

1   Mehr und mehr wurde der Stein auch symbolisch eingesetzt und erhielt eine differenzierte Bedeutung; im Gegensatz zum Holz gilt er als ein für die Ewigkeit bestimmter Baustoff.

2   Walter Weiss, *Fachwerk in der Schweiz*, Basel 1991, S. 30.

3   Ivan Žaknić, *Klip and Corb on the Road. The Dual Diaries and Legacies of August Klipstein and Le Corbusier on their Eastern Journey 1911*, Zürich 2019.

4   Le Corbusier, *Städtebau*, Stuttgart / Berlin / Leipzig 1929, S. 75.

5   Raphael Frei, Mathias Heinz, Simone Jeska, «Holz – Stäbe und Platten», in: Pool Architekten (Hrsg.), Martin Steinmann (Autor), *Poolologie des Wohnens*, Zürich 2019, S. 235.

6   Bruno Taut, *Houses and People of Japan*, Tokio 1937.

7   Das japanische Wort für Stadt war identisch mit dem Wort für Strasse.

8   Frei / Heinz / Jeska 2019, S. 236.

9   Ab 1765 dienten sie als Manufakturgebäude eines Tapetenherstellers, mit deren Papier unter anderem auch 1783 die Ballone der Gebrüder Montgolfier hergestellt wurden.

10   Jean Badovici (1893–1956) war französischer Architekt und Architekturkritiker. Der Lebensgefährte von Eileen Green war von 1923 bis 1932 Herausgeber der avantgardistischen Architekturzeitschrift *L'architecture Vivante*.

11   Bernard Marrey, *Des histoires de bois*, Paris 1994, S. 114

12   Dass Holzbauten so einen steinernen Ausdruck erhalten, ohne ihren materialtechnischen Implikationen untreu zu werden, ist bemerkenswert, fügen sie sich dadurch doch nahtlos in eine örtliche Tradition, um sich gleichzeitig mit einer europäischen Kulturgeschichte zu verbinden. Siehe auch: Raphael Frei, Mathias Heinz, Simone Jeska, «Der spezifische Ausdruck des Materials», in: Pool Architekten / Steinmann 2019, S. 60.

13   Das gestemmte Täfer setzt sich dabei aus Friesen und Füllungen zusammen, wobei sich Letztere konstruktiv frei bewegen können. Die rechteckigen bis quadratischen Brüstungsfelder sind in einem regelmässigen Raster angeordnet, das sich bis unter den Giebel zieht.

Vorfertigung und Holzbau sind ursächlich verknüpft. In früher Zeit war es der Einfluss der Witterung auf der Baustelle, der eine rasche Montage und Abdichtung eines Dachstuhls erforderte. Im zeitgemässen Holzbau bestimmen die digitale Planung und Fertigung den Einsatz von Holz. Geradezu idealtypisch greifen die Tradition des Handwerks und industrielle Fertigungsmethoden ineinander und ergänzen sich. Dabei ist die Rolle des standardisierten Bauens heute relevanter denn je. Geforderte kurze Bauzeiten oder die Versetzbarkeit von Gebäuden im zeitgemässen Holzmodulbau sind die Resultate dieser Entwicklungen.

Als Tragwerksplaner und Bauhistoriker mit der Vertiefungsrichtung Holzbau ist Mario Rinke nicht nur spezialisiert auf technische Entwicklungen: In seiner Arbeit als Forschender, Lehrender und praktizierender Bauingenieur lotet er die Grenzen der Technik in Zusammenklang mit der Architektur stets aufs Neue aus. Dabei steht der Einsatz neuer Technologien immer im Kontext der Gestaltung und der Erfahrung aus der Geschichte.

MARIO RINKE

HOLZBAU IST VORFERTIGUNG

Seitdem Holz als Konstruktionsmaterial im Bauen eingesetzt wird, spielt auch die praktische Fertigung im Konstruktionsprozess immer eine Rolle. Das Konstruieren beinhaltete neben dem notwendigen Fügen der einzelnen Elemente auch das Formen der Teile selbst. Die Trennung von Bearbeitung, also dem Abbund, und der Montage der Komponenten hat im Holzbau eine lange Geschichte und so differenzierte Formen von **handwerklichen Praktiken** [S. 19] hervorgebracht, die sich lokal mitunter stark unterscheiden. Dabei hat sich im Laufe der Zeit der Fokus der Bearbeitung durch den Holzbetrieb verändert, weg vom einzelnen, komplexen Teil hin zu Modulen, die präzise und günstig zusammengeführt werden. Der hier gegebene kurze geschichtliche Überblick zeigt, dass zahlreiche unterschiedliche Einflüsse zur heutigen Form der Vorfertigung im Holzbau geführt haben. Vor allem hat die Industrialisierung seit etwa zweihundert Jahren den Holzbau auf mehreren Ebenen verändert, bis die Digitalisierung hier ansetzen konnte.

VERKNÜPFTE PFOSTEN – FRÜHER STÄNDERBAU

Gegeneinander gelehnte Hölzer bildeten frühe, eher ephemere Konstruktionen, die mit Textilien oder Geflecht überdeckt wurden. Je mehr die hölzernen Strukturen am Ort bleiben sollten, desto mehr verbanden sie sich mit ihm: Kräftige vertikale Hölzer wurden am Fuss eingegraben, um ein stabiles Gerüst zu bilden für wiederum eine weiche, schliessende Haut. Die Reihung regelmässiger vertikaler Pfähle, eingefasst durch horizontale Hölzer am Boden und an deren oberem Ende zu rahmenartigen Wänden, erklärt Gottfried Semper (1803–1879) zum Urprinzip der Holzkonstruktion, das schliesslich alle Konstruktionskulturen zusammenbindet. Anhand einer «Karaiben-Hütte» erläutert er, wie isoliert die einzelnen konstruktiven Komponenten sind, ohne einen übergeordneten Zusammenhang mit den anderen.[1] Wichtig sei dabei, dass Pfähle gleichartig und mit gleichem Abstand platziert seien, sodass durch späteres Schliessen oder Öffnen Raumabteilungen hergestellt oder aufgelöst werden könnten. Eine dauerhafte Form des Schliessens solcher Zwischenräume war das Einstecken von Flechtwerk, das anschliessend mit Lehm bestrichen wurde.

Diese Rahmenbildung aus immer gleichen Elementen hat die früheste Form des Holzständerbaus hervorgebracht, bei dem die vertikalen Hölzer zunächst auf Steine, später dann auf Holzschwellen gestellt wurden, um sie vor der Witterung zu schützen [ABB. 1]. Durch den oberen Abschluss mit dem sogenannten Rähm

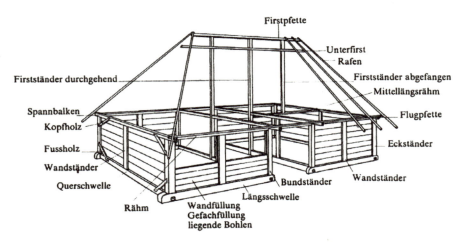

ABB. 1 Früher Holzständerbau.

entstanden Wandrahmen, die auf verschiedene Weisen gefüllt wurden: bei grossen Zwischenräumen durch Bohlen, bei eng gestellten Pfosten durch Geflecht in Kombination mit Lehm oder Mauerwerk. Aus den eng gestellten Pfosten und schmalen Rahmen, den Fächern, ist der Fachwerkbau hervorgegangen, bei dem das Schliessen der Fächer Ausfachung genannt wurde.[2] Die Bildung von Rahmen mit spezifischen, aber immer gleichen Elementen war die klassische Form des aufgelösten Holzbaus. Eine andere Form der Verwendung der stabförmigen Holzelemente war ihr horizontales Stapeln, wobei diese gleichen Elemente an den Enden von einer gleichen Stapelung durchdrungen wurden, was zu einer Auskerbung der Hölzer an diesen Stellen, der Verkämmung, führte. Durch dieses Ineinandergreifen gleicher Stäbe entstand der massive Holzbau, der Strick- oder Blockbau. Die Vorfertigung bezog sich hier vor allem auf das präzise Vorbereiten der horizontalen Elemente, also der Herstellung von glatten und waagerechten Ober- und Unterseiten der Hölzer, weil diese als integrale tragende und raumabschliessende Elemente möglichst eine durchgehende und dichte Konstruktion bilden sollten. Die Verfügbarkeit und die Handhabung des Holzes bestimmte auch den Takt der räumlichen Konstruktion: Die noch gut erhältliche gerade Stammlänge und deren Transport zum Sägewerk und zur Baustelle sorgten für eine **Standardlänge [s. 47]** von etwa sechs Metern, die als «Modul» auch indirekt die resultierenden Gebäudegrundrisse mitbestimmte.

DIFFERENZIERTER FACHWERKBAU

Seine differenzierte Ausformulierung erfuhr der Holzbau im 18. Jahrhundert mit den Entwicklungen im Fachwerkbau. In dessen hochstehender Form fand das Handwerk seinen direkten **Ausdruck [s. 19]**, indem es einerseits in den Bauten selbst sichtbar wurde, aber auch durch seine hohe gesellschaftliche Anerkennung, mit der sich weitere, differenzierte Kunstformen entwickelten: Mit möglichst grossem manuellen Aufwand und handwerklicher Kunst kennzeichneten vor allem wohlhabende Auftraggeber ihre Gebäude. Die Kleinteiligkeit und Differenziertheit des Fachwerkbaus erforderte eine komplexe Logistik. Als Diderot und d'Alembert in ihrer *Encyclopédie* 1751 das Holzhandwerk vorstellten, zeigten sie, ähnlich wie bei anderen Handwerksformen, die Praktiken hinter den Produkten und damit auch diejenigen Holzbearbeitungsprozesse, die den komplexen Konstruktionen zugrunde liegen. Hier wird auch die Praxis der hochspezialisierten Vorfertigung deutlich: Abseits des Bauwerks werden alle Komponenten präzise vorbereitet, indem sie abgelängt, ihre Verbindungspunkte ausgeformt und Öffnungen und Auslassungen in sie gestemmt werden.[3] **[ABB. 2]** Der traditionelle Fachwerkbau umfasst zwar unterschiedlichste Bauteile wie beispielsweise verschiedene Diagonalen mit variierender Geometrie, jedoch gibt es darunter viele identische Teile, da das hölzerne Gitterwerk meistens ein relativ strenges Raster aufweist. Mit Schablonen wurden so abseits des konkreten Ortes im Bauwerk die repetitiven Bestandteile vorgefertigt und anschliessend mit ihrer «Adresse» markiert.

JAPANISCHER HOLZBAU DER KOMPLEXEN ORDNUNG

In Japan entwickelte sich der Holzbau im 16. Jahrhundert aus Mischformen von Tempelarchitekturen, die in ihrem Charakter stark durch ihre geometrische Organisation geprägt waren. Durch ein Modulsystem sah man die Wandelbarkeit der Natur im Gebäude verankert.[4] Auch das traditionelle japanische Wohnhaus ist ganz auf ein modulares System ausgelegt, dem ein strenges Raster zugrunde liegt. Als ein eingeschossiger aufgeständerter Skelettbau wies es ein aus China stammendes Grundmass *shaku* auf, das letztendlich die Grösse aller Bauteile bestimmte. Auch die Form der Bauteile wurde streng definiert und lokal genormt.[5] Da auch die Verbindungspunkte zwischen den Teilen standardisiert waren, konnten alle Elemente quasi katalogmässig gefertigt, geliefert und vor Ort zusammengesetzt werden. Die Konsequenz des Rasters und die Ordnung der Elemente und damit des Raums hat das Interesse zahlreicher Architekten der Moderne auf sich gezogen und diese stark beeinflusst.

ABB. 2 Handwerkliche Vorfertigung auf dem Bauplatz abseits des Bauwerks.

AMERIKANISCHER STÄNDERBAU – BALLOON- UND PLATFORM-FRAMING

Die schnell wachsenden Siedlungen in Amerika Mitte des 19. Jahrhunderts erforderten viele neue Wohngebäude, die den Siedlern ein Zuhause geben sollten. Holz erfüllte den Bedarf an Baumaterial problemlos, denn es war dank unerschöpflicher Holzvorräte in den lokalen Wäldern vorhanden und konnte einfach über Flüsse oder neue Eisenbahnstrecken transportiert werden. Der Mangel an gut ausgebildeten Bauleuten führte dabei zu einer starken Vereinfachung der Konstruktionsweise der aus Europa gut bekannten Ständerbauweise. Die Bauteile wurden vereinheitlicht, indem für die Wände vertikal durchlaufende dünne Pfosten mit standardisiertem Querschnitt von 2 × 4 Inch (ca. 5 × 10 cm), angeordnet in immer gleichen Abständen (16 in., ca. 40 cm), verwendet wurden.[6] **[ABB. 3]** Aufwendige konstruktive Details wurden vermieden, indem man die Hölzer direkt miteinander vernagelte. Möglich gemacht haben diese massenhaft eingesetzte Bauweise vor allem leistungsstarke wasserkraftbetriebene Sägewerke zur schnellen, präzisen und günstigen Verarbeitung der Baumstämme sowie die maschinelle Fertigung von Nägeln. Die Vorfertigung erfolgte somit – bei einer stark vereinfachten Konstruktionsweise fast ohne verbleibende Holzverbindungen – weitestgehend im Sägewerk mit dem Zuschnitt. Auf der Baustelle wurden die Hölzer abgelängt und zu Wänden zusammengesetzt, die dann durch mehrere Arbeiter aufgerichtet wurden. Jeder Farmer konnte so selbst ohne umfangreiches Wissen und ohne spezielle Werkzeuge seine benötigten Bauwerke erstellen. Der amerikanische Ständerbau findet bis heute Verwendung. Seit dem frühen 20. Jahrhundert hat das Platform-Framing das Balloon-Framing weitestgehend ersetzt. Mit ähnlichen Komponenten laufen die Wandständer nicht mehr über alle Geschosse durch, sondern sind immer nur geschosshoch, was zwar zu mehr Arbeitsschritten, dafür aber kürzeren Elementen führt.

VORGEFÜGTE EINHEITEN – RAHMENBAU

Die geschossweisen Pfosten konnten schon vorab, zusammen mit waagrechten Schwellen und Balken, beplankt werden, um sie zu Segmenten zusammenzubinden. Auf diese Weise entstand der Rahmenbau, bei dem der schnelle Bauprozess noch stärker im Vordergrund stand. Die konstruktive Verschränkung von Pfosten und Verschalung rationalisierte nicht nur den Baubetrieb, sondern auch die Bestandteile des entstandenen Moduls: Die Beplankung hielt die Pfosten fest, während diese die Beplankung stabilisierten; beide konnten so schlanker werden. Die Rahmenbauweise schaffte dadurch logistische Pakete, die optimal zusammen funktionierten, vor allem aber schnell transportiert und platziert waren. Dem Gedanken der günstigsten und einfachsten Bestandteile des Balloon-Rahmens folgend, setzte der Rahmenbau aber nicht auf das massgebliche Mitwirken des individuellen Nutzers, sondern bezog sich klar auf den Holzbetrieb. Es änderte sich so der Fokus des Fertigens: Mit der Herstellung von beplankten Rahmen verschob sich endgültig die Vorfertigung vom einzelnen Glied mit seinen notwendigen spezifischen Verbindungen zum spezifisch gefügten flächigen Gebilde, das an sich aus einfachsten Elementen besteht.

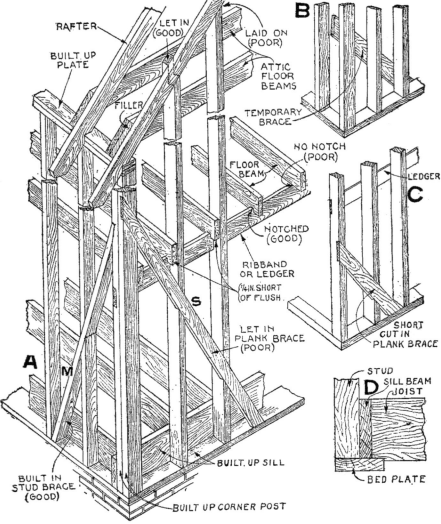

ABB. 3 Balloon-Framing aus günstigen, leichten und vor allem gleichen Elementen.

WACHSMANNS PANEELBAU

Wichtige Impulse erhielt die technisierte Vorfertigung mit der zunehmend komplexen Verwendung von mobilen Gebäuden. Für das Militärwesen wurden bereits im 18. Jahrhundert standardisierte Baracken hergestellt und als Bausätze verschifft. Diese bestanden zumeist aus einheitlichen Balken und Pfosten, die dann jeweils zu einem Skelettbau zusammengesetzt und vor Ort mit Brettern verschalt wurden. Wesentlich schneller und robuster als dieser letzte Schritt war der Einsatz von Wellblechen oder Sperrholzplatten seit der Mitte des 19. Jahrhunderts, ebenfalls in standardisierten Abmessungen und unter Verwendung eines strengen geometrischen Rasters der Einzelteile. Eines der führenden Unternehmen für komplett vorgefertigte Gebäude aus Holz in Europa war Christoph & Unmack aus Niesky. Ausgehend von einem erworbenen Patent zur Herstellung mobiler Militärbaracken wuchs die Firma vor allem durch die erfolgreiche massenhafte Entwicklung von standardisierten Wohnbauten für die englischen Kolonien. Der deutsche Architekt Konrad Wachsmann (1901–1980), der Ende der 1920er-Jahre für Christoph & Unmack als deren Chefarchitekt die Produktpalette des Unternehmens verbrei-

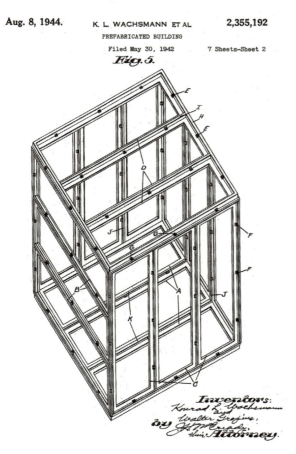

Aug. 8, 1944.   K. L. WACHSMANN ET AL   2,355,192
PREFABRICATED BUILDING
Filed May 30, 1942   7 Sheets-Sheet 2
Fig. 5.

ABB. 4 Konrad Wachsmanns Patent für ein vorgefertigtes Haus aus Holzpaneelen.

terte, entwickelte nach seiner Emigration in die USA zusammen mit dem ebenfalls emigrierten deutschen Architekten Walter Gropius (1883–1969) ein rationales, elementiertes und transportables Wohngebäude, das Packaged House System. Dabei griffen sie auf den leichten und gut verfügbaren Baustoff Holz zurück und verwendeten das Konstruktionswissen aus der Tafelbauweise, das Wachsmann aus seiner Tätigkeit bei Christoph & Unmack gut kannte. In ihrem eigenen Paneelsystem entwickelten sie den Tafelbau weiter und generierten Module, die zur eigentlichen Grammatik des Konstruierens und Entwerfens werden sollten. **[ABB. 4]** Präzise, schlanke Hölzer werden zu Rahmen gefügt, die verschiedenartig beplankt werden können.[7] Im Werk ihrer Firma General Panel Corporation konnte das Holz schnell und genau für diese Zwecke verarbeitet und zu modularen Wandelementen gefügt sowie fertig ausgestattet mit Beschlägen und Glasfüllungen werden. Diese immer gleichen Paneele, gefertigt innerhalb von zwei Stunden, wurden dann auf der Baustelle innerhalb eines Tages zusammengesetzt. Um statt der Nagelverbindung bei dieser frühen Form des Tafelbaus eine vordefinierte lösbare Verbindung zu realisieren, konzentrierte sich Wachsmann vor allem auf die Entwicklung eines universellen Knotens, der in die Holzelemente eingelassen war. Es war die bisher radikalste Form einer industriellen massenhaften Holzbauweise, die einen universellen Anspruch hatte: Wachsam wollte Module herstellen, die günstig verfügbar sind, für verschiedene Bauformen und Funktionen einsetzbar, durch späteres Umbauen innerhalb des Systems wandel- und wiederverwendbar und die bei Bedarf schnell an jedem Ort weltweit zum Einsatz kommen können. Das Projekt, ausgerichtet auf die Bedürfnisse der individualisierten Massengesellschaft, scheiterte allerdings bereits nach wenigen Jahren aufgrund zu geringer Nachfrage.

VORFERTIGUNG FÜR PRÄZISION UND BAUGESCHWINDIGKEIT

Heute haben sich in der hochtechnisierten Vorfertigung beide historischen Formen des Holzbaus erhalten, ja deutlich verfeinert, und stehen für verschiedenen Zwecke nebeneinander: Das industrielle Brettschichtholz ist sowieso auf eine gewisse Vorfertigung angewiesen und wird nun im Werk entsprechend der Zielgeometrie gekrümmt oder mit spezifischem, möglicherweise variierendem Querschnitt gefertigt; der Abbund mit einer digital gesteuerten Fräse schafft die notwendige Geometrie für den exakten späteren Einbau, ähnlich wie es Diderot für den barocken Bauplatz zeigt. Die im Werk fabrizierten seriellen Tafelmodule, ausgestattet mit Dämmung, Fenstern und versorgender Technologie, die sich auf der Baustelle schnell und präzise zum Bauwerk fügen, spiegeln die Visionen und industriellen Entwicklungsschritte Wachsmanns.[8] Nur rücken heute neben der Materialmanipulation, -variation und -kombination vor allem Planung und Fertigung aufs Engste zusammen, sodass das Fertigen nicht mehr das Serielle im Blick hat, sondern die **übergeordnete [S. 137]** geometrische, funktionale und konstruktive Planung. So steht jetzt das komplexe CAD-Modell im Zentrum, das Planung und Fertigung durchgehend **verknüpft [S. 99]** und neben den zu fertigenden Elementen auch die Planer am konkreten Objekt kommunizieren lässt. Die Vorfertigung, die seit Langem Teil des Holzbaus ist, schliesst heute das Besondere und Unregelmässige nicht aus; sie macht es durch die Digitalisierung zum Prinzip.

1   Gottfried Semper, «Entwickelung der Wand- und Mauerkonstruktion bei den antiken Völkern», in: Manfred und Hans Semper (Hrsg.), *Kleine Schriften*, Berlin / Stuttgart 1884, S. 383–395.
2   Gerald Staib, Andreas Dörrhöfer, Markus Rosenthal, *Elemente + Systeme. Modulares Bauen – Entwurf, Konstruktion, Neue Technologien*, Basel / Boston / Berlin 2008, S. 15.
3   Denis Diderot, Jean Rond d'Alembert (Hrsg.), *Encyclopédie, ou Dictionnaire raisonné des sciences, des arts et des métiers*, Abbildungsband 2, Paris 1751–1780, Tafel I.
4   Thomas Herzog et al., *Holzbauatlas*, 4. Auflage, Basel / Boston / Berlin 2003, S. 27.
5   Staib / Dörrhöfer / Rosenthal 2008, S. 17.
6   Gilbert Townsend, *Carpentry and Joinery. A Practical Treatise on Simple Building Construction, Including Framing, Roof Construction, General Carpentry Work, and Exterior and Interior Finish of Buildings*, Chicago 1913.
7   Konrad L. Wachsmann und Walter Gropius, *Prefabricated Building*, U.S. Patent 2,355,192, akzeptiert August 1944.
8   Ulrich Dangel, *Wendepunkt im Holzbau. Neue Wirtschaftsformen*, Basel 2016, S. 121.

Diesem Beitrag vorausgehend stand ein Vortrag von Christian Sumi im Rahmen des Workshops «Potenziale des Holzbaus von morgen» beim Holzbauunternehmen Blumer Lehmann im Mai 2019. In diesem Rahmen formulierte Christian Sumi die These, dass die Architekten selbst die Weiterentwicklung des Bauens (mit Holz) vorantreiben müssten. Diese Aussage bildete die Grundlage für die anschliessende Diskussion um die Rolle der Architektinnen und Architekten im Planungsprozess. Wir er und seine Partnerin Marianne Burkhalter das erworbene konstruktive Wissen immer wieder hinterfragen und mit ihren Holzbauprojekten gängige Konstruktionsweisen herausfordern, um sie weiterzudenken, beschreibt der Beitrag anhand ausgewählter Beispiele.

burkhalter sumi architekten wurde von Marianne Burkhalter und Christian Sumi 1984 gegründet. Mit der Entwicklung und Umsetzung innovativer Holzbauprojekte in unterschiedlichen Massstabsebenen loten sie seit Jahrzehnten die Möglichkeiten des Bauens mit dem Material aus. Im Dialog mit Holzbauingenieurinnen und Herstellern entstehen so Projekte, die in Ausdruck und Konstruktion eigen sind und innovative Ansätze bieten, den Holzbau weiterzuentwickeln. Das Engagement der beiden in der Lehre, an der Accademia di Architettura, Mendrisio oder der EPFL Lausanne, sowie ihre Forschungs- und Ausstellungsprojekte stehen dafür sinnbildlich.

MARIANNE BURKHALTER, CHRISTIAN SUMI

30 JAHRE KONSTRUKTIVER HOLZBAU – AKKUMULATION VON ERFAHRUNG UND WISSEN

In den heutigen, komplexen Planungs- und Bauprozessen sind Architektinnen und Architekten aufgefordert, die Vorgaben aus dem konstruktiven Wissen immer wieder zu hinterfragen, herauszufordern und durchaus auch zu strapazieren. Wenn es also gilt, ein konstruktives Element einzusetzen, so wäre vielleicht die erste Frage im traditionellen Sinn: Wie wende ich es an? Handelt der Architekt als Erneurer und Treiber von Innovationen, ist die erste Frage vielleicht: Was kann ich denn darüber hinaus mit diesem Element anfangen? Wie kann ich es von seiner ursprünglich zugedachten Funktion befreien und etwas ganz anderes daraus machen? Es geht jedoch nicht nur darum, diese Fragen vor dem Hintergrund des eigenen Wissens und der eigenen Erfahrung zu stellen, es geht auch darum, durch Hypothesen und Versuche den eigenen Wissenshorizont zu verlassen, um neue Wege zu beschreiten. In den Arbeiten von burkhalter sumi architekten steckt eine gehörige Portion Experiment – unter kontrollierten Bedingungen, möchte man ergänzen.

burkhalter sumi architekten übernehmen dabei die Rolle der Innovationstreiber, wenn sie sich auf die Erfahrung beziehen, bedeutet dies nichts mehr als die Rückbesinnung auf das Wissen aus ihrer langjährigen Praxis. Qualität und Neues entsteht aber nicht durch Anwendung oder gar Wiederholung des Bekannten. Die Konfrontation mit den Bedingungen der Zeit in der Architektur und die Annahme der Herausforderung, Systeme bewusst anders einzusetzen als ursprünglich gedacht, erzeugen das Neue. Diese Rolle nimmt bei einem Projekt niemand anderes als die Architektin, der Architekt ein.

In der Publikation *The Timber Buildings*[1] sind alle Details von Marianne Burkhalter von Hand und mit Bleistift gezeichnet. Bei der zehn Jahre später erschienen Publikation *De aedibus 8. Konstruktionen / Construction*[2] sind die Konstruktionszeichnungen mit dem Computer in 3D gezeichnet und stammen von den Holzbauingenieuren **Makiol und Wiederkehr** [S. 77]. Dies zeigt die rasante Entwicklung im zeitgenössischen Holzbau – weg von der Handzeichnung der Architektin hin zur digitalen, direkt mit der Produktion vernetzten Computerzeichnung. Eine Entwicklung, welche aus unserer Sicht die Entwurfsarbeit des Architekten, wenn auch beeinflusst, so jedoch nicht grundsätzlich verändert hat.

FÜNF BEMERKUNGEN ZUM HOLZBAU

Um sich der rasanten ästhetischen Vereinnahmung unseres Alltages zu entziehen, sollten wir uns von einer formorientierten hin zu einer mehr *programmorientierten* Haltung bewegen.[3]

1. Aktualisieren

Die in den letzten dreissig Jahren entwickelten Technologien und Verfahren ersetzen nicht die alten, sondern sie bilden ein Fundament von bewährten Lösungen und Wissen, welches immer wieder aktualisiert werden kann.

2. Überhöhung und Identität

Mit der Grapevine-Struktur an der 16. Architekturbiennale 2018 in Venedig findet das Bestreben von burkhalter sumi architekten, die Konstruktion zum Sprechen zu bringen und ihr eine Identität zu geben, einen vorläufigen Abschluss. Anliegen war, die Konstruktion künstlerisch zu überhöhen, sie zu strapazieren und ihr eine tektonische Kraft zu verleihen, analog der Strasseninstallation in Biel. Die Themen beider Installationen sind verschieden: eine prekäre Eleganz in Biel mit einer einsehbaren Statik einerseits und, in Anlehnung an die Arbeiten des Künstlers Joel Shapiro, eine figurativ-abstrakte sperrige Konstruktion in Venedig andererseits. Ein Bekannter von uns nannte sie ein modernes Totem. Will es zu uns sprechen wie der Weinstock im Song von Marvine Gaye *I heard it through the Grapevine?* [ABB. 1]

3. Trägheit

Die Neugierde, immer wieder nach den künstlerischen Potenzialen einer Aufgabe zu fragen, schützt vor entwerferischer Trägheit.[4] Dabei ist Architektur nie Kunst an sich, sondern hat im besten Fall künstlerische Qualitäten. Mies van der Rohes anspruchsvolles Konzept einer «Baukunst» ist klug, da es nicht von der Architektur, sondern vom Bauen ausgeht. Konrad Wachsmann schliesslich entzieht sich der Problematik und spricht vom «Bauen unserer Zeit».

4. Konstruktionstransfer und Vereinheitlichung

In Anlehnung an die Holzbautradition der Moderne der 1930er- und 1960er-Jahre (Paul Artaria, Hans Fischli, Emil Roth, Arne Jakobsen) war es stets unser Anliegen, dem modernen Holzbau eine Seele zu geben. Inwiefern sich durch das Angleichen der verschiedenen Bauweisen, dem Konstruktionstransfer zwischen Stahl, Beton und Holz, die Erscheinung des Holzbaus von anderen Konstruktionsarten in Zukunft noch unterscheiden wird, wissen wir nicht. Die Frage lautet: Kann und will der Holzbau alles können oder sucht er seine **Identität** [S. 19], ohne nostalgisch zu wirken, weiterhin im Spanungsfeld zwischen Struktur, Konstruktion und Tektonik als «Kunst des Zusammenfügens starrer, stabförmig gestalteter Teile zu einem in sich unverrückbaren System», wie dies Gottfried Semper vor über 150 Jahren formulierte.[5]

5. Profession

Voraussetzung des zukünftigen Erfolges des Holzbaues ist, trotz aller Spekulationen, nach wie vor die profunde Kenntnis seiner spezifischen Grundlagen und damit auch der Geschichte.[6]

WIE ENTWERFE ICH EINEN HOLZBAU?

«Holzhäuser müssen konstruiert werden, Steinhäuser können gezeichnet werden», ein Statement des langjährigen Büropartners von Hans Schmidt, Paul Artaria, welches uns seit jeher begleitet.[7] Es ist das Konstruierte, das Standardisierte, das Fügen und damit die Beziehung der Teile untereinander, was burkhalter sumi architekten[8] am Holzbau fasziniert. Dabei werden Ingenieurinnen, Holzbauer und Unternehmerinnen früh in den **Planungsprozess** [S. 99] miteinbezogen, um deren Wissen als *embedded knowledge*[9] abzuholen. Auf die tägliche Arbeit bezogen bedeutet dies im weitesten Sinn:

.	die Koordination der verschiedenen Infrastrukturträger des Gebäudes zwischen Statik und Haustechnik mittels früher Schichtrisse unter Berücksichtigung der bauphysikalischen Bedingungen.

.	das Optimieren von Tragrichtungen und der Dimensionen der Konstruktion durch die Ingenieure. So stammt die Anregung bei den beiden Forstwerkhöfen in Rheinau, die gefällten Baumstämme als Stützen zu verwenden, vom Holzbauingenieur, ein Entscheid, der nicht nur die Kosten gesenkt, sondern auch den Ausdruck des Gebäudes massgebend geprägt hat.

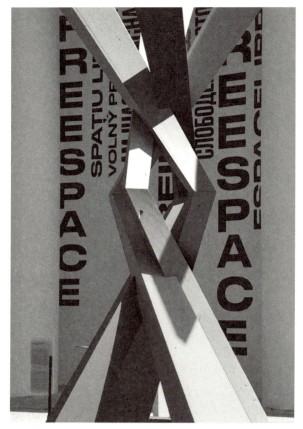

ABB. 1 Grapevine-Struktur, 16. Architekturbiennale Venedig 2018.

· das Bestimmen der Grösse der Bauteile in Bezug zum Transport. Bei der Grapevine-Struktur für die 16. Architekturbiennale in Venedig haben schlussendlich die Tragleistung und Reichweite des Krans sowie die Grösse des Vaporettos die Abmessungen und damit die Anzahl der Bauteile bestimmt.

· das Optimieren von Bauabläufen auf der Baustelle usw.

· das Abstimmen zwischen vor Ort geleisteter Arbeit und Vorfabrikation [die Definition der Schnittstelle(n)].

· die verschiedenen Arten und Techniken von Vorfabrikation.[10]

Am Beginn des Entwurfsprozesses geht es darum, bei jeder Bauaufgabe die thematischen, entwerferischen Potenziale zu erkennen. Eine Zusammenarbeit mit einem Generalunternehmer, wie beispielsweise bei den laufenden Grossprojekten in Bellinzona und St. Gallen, oder beim kürzlich fertiggestellten Umbau der Stadthalle für Swiss Tourismus in Zürich (in Absprache mit der Denkmalpflege), bergen die Möglichkeiten, über Grenzen zu gehen.[11] Für burkhalter sumi architekten ist es dabei wichtig, gewisse Aufgaben eher experimentell zu verstehen, um die Möglichkeiten und **Grenzen des Entwurfes [s. 41]** auszuloten, anstatt sich den gegebenen Rahmenbedingungen unterzuordnen. Diese entwerferisch «zu unterlaufen», ist die Aufgabe des Architekten.

In ihrer Praxis wenden burkhalter sumi architekten konsequent seit Jahrzehnten Konstruktionen und Arbeitsweisen des Holzbaus an. Dabei hinterfragen sie ihre über die Jahre zunehmende Erfahrung immer wieder durch die Verwendung von Material und Elementen in ungewohnter Art und Weise. Als wesentlicher Hintergrund ihrer Arbeit kann eine uneingeschränkte Neugier und der Wille, Neues zu entdecken, gesehen werden. Die hier gezeigten Projekte stellen durch die Vorgehensweise und am Resultat das System der Planung und der Herstellung von Bauten infrage, indem sie den Blickwinkel verändern oder konstruktive Überlegungen in Wechselwirkung mit dem Wissen von Holzbauern und Ingenieurinnen neu denken und anwenden.

Technischen Entwicklungen stehen burkhalter sumi architekten immer aufgeschlossen gegenüber. In Wechselwirkung mit Ingenieurinnen, Konstrukteuren, Herstellerinnen und Baufirmen hinterfragen sie Vorgaben, verschieben den Kontext oder wenden konstruktive Prinzipien konsequent an. Sie zeigen auf, wie die Haltung zur Gestaltung steter Weiterentwicklung bedarf.

Die nachfolgend vorgestellten Holzbauprojekte dokumentieren die Bandbreite der Auseinandersetzung mit dem Baumaterial in jeweils *spezifischen Programmen und thematischen Schwerpunkten.*

1   STRASSENINSTALLATION, BIEL 1986. EINE PREKÄRE KONSTRUKTION, REDUKTION DER MITTEL, ZUG, DRUCK UND ELEGANZ[12]

Die Strasseninstallation entstand 1986 anlässlich der 8. Schweizerischen Plastikausstellung in Biel. Zwei gegenüber aufgestellte Bretterwände, welche in über Kreuz verlegten Stahlkabeln hängen und in zwei Schienen stehen, bilden einen durch die Bauchung im oberen Bereich und den geradlinigen Abschluss im unteren Bereich charakterisierten zweiten Strassenraum.

Die Kombination der Eisenfüsse der einzelnen Bretter mit den Schienen erzeugt eine Spannung. Die Stahlfüsse heben die fragile Konstruktion vom Boden und die Schienen verankern sie am Boden. Die Form der Wand ergibt sich aus dem konstruktiven Dispositiv, die Schwerkraft ist für die Bretterwand gleichsam formbildend. Es entsteht ein prekäres Gleichgewicht, Seilendpunkte und Wandmittelpunkte bilden je ein flach gedrücktes Dreieck, was eine minimale Exzentrizität zur Folge hat und eine prekäre Stabilität der Bretterwand. Die grossen Ablenkkräfte bringen die Bretterwand, insbesondere die Stahlfüsse, an den Rand des Knickens. In einem ersten Montageanlauf ist denn auch die Konstruktion eingebrochen. Das extreme Dispositiv – das Strapazieren der Konstruktion – bewirkt Leichtigkeit, welche bei Windbeanspruchung in sanfte Schwingung gerät. Die Installation musste deshalb später gegen Sturmböen gesichert werden. Eine Art Laboranordnung im Freien auf die Spitze zu treiben, wie wir das in Biel gemacht haben, ist gescheitert, der Erfahrungswert für unsere späteren Arbeiten war jedoch gross.

ABB. 2 **Strasseninstallation, Biel 1986.
Zwei gegenüber aufgestellte Bretterwände stehen in zwei
Schienen und hängen in über Kreuz verlegten Stahlkabeln.**

2 STANDARDISIERTER FORSTWERKHOF, RHEINAU 1994, BLUMER HOHLKASTENELEMENTE. ABSTRAKTION, UNMITTELBARER ÜBERGANG ZWISCHEN TRAGEN UND GETRAGEN WERDEN[13]

1990 erhielten wir vom Hochbauamt des Kantons Zürich den Auftrag, einen Prototyp für vier Forstwerkhöfe zu entwickeln. Wir schlugen einen Baukasten, bestehend aus drei Teilen mit Administration, Garage und offener Halle, vor, der je nach den Gegebenheiten des Ortes verschieden zusammengesetzt werden kann. In Rheinau sind Administration und Garage von der offenen Halle getrennt und bilden einen hofartigen Aussenraum. Der Waldboden ist lediglich chaussiert.

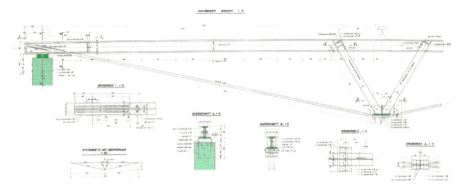

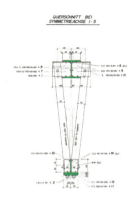

ABB. 3 Forstwerkhof, Rheinau 1994. Die über fünf Meter gespannten, nicht isolierten Hohlkastenelemente der offenen Halle werden von unterspannten verkleideten Stahlträgern getragen.

Von Interesse ist die Verwendung der damals vom Holzbauingenieur Hermann Blumer neu entwickelten Hohlkastenelemente, welche bis zu diesem Zeitpunkt lediglich im Stallbau Verwendung fanden.[14] Diese werden bei den Forstwerkhöfen hinsichtlich ihrer architektonischen Potenziale gleich in zweifacher Hinsicht ausgelotet und haben dadurch den Entwurf massgebend geprägt:

Die Dachkonstruktion des Administrationsgebäudes besteht aus isolierten Hohlkastenträgern. Der Übergang von der Wand zum Dach wird stark vereinfacht und damit modernisiert. Die klassische Balkenlage entfällt, lediglich ein aufgelegtes kragendes Brett markiert den Dachabschluss. Diese Schnitttypologie haben wir in verschiedenen Materialisierungen realisiert, was deren Allgemeingültigkeit belegt. Aus ökologischen Gründen wurde zudem bei der Ständerkonstruktion der Wände auf die üblichen Beplankungen mit formaldehydhaltigen Spanplatten verzichtet und stattdessen ein dampfdurchlässiges Windpapier verwendet.

Die über fünf Meter gespannten, nicht isolierten Hohlkastenelemente der offenen Halle werden von unterspannten verkleideten Stahlträgern getragen, die ihrerseits auf roh belassenen, sechs bis acht Meter hohen Baumstämmen aufgelegt sind. Das Dach wirkt wie eine abstrakte, entmaterialisierte rote Scheibe. Die Baumstämme werden Teil der bestehenden Waldsilhouette. Das von sechs Baumstämmen getragene Dach sagt wenig über die statischen Verhältnisse aus, lediglich die Unterspannung der Stahlträger verweist auf die Gerichtetheit der Konstruktion.

Volumen und Innenräume entledigen sich des traditionellen additiven Holzcharakters mit Sparren und Balken, die statischen Konstruktionsverhältnisse des Daches sind nicht sicht- und damit nicht nachvollziehbar.

3   TIMBERWHALE, LONDON 2014. SCHWALBENSCHWANZ UND FALTEN, EINHEIT DER KONSTRUKTION, VOM KNOTEN ZUM SAUM[15]

Die im Rahmen einer Ausstellung in der Schweizer Botschaft in London ausgestellte Holzskulptur zeigt als Prototyp exemplarisch, dass Häuser wie Möbel zusammengefügt werden könnten. Die Elemente mit Zinken und Schwalbenschwänzen sind nur gesteckt, **Holz verbindet Holz [s. 67]**. Dreieckige Platten stehen im gefalteten Objekt schiefwinklig zueinander und stabilisieren sich dadurch gegenseitig. Das für den Holzbau typische Fügen von Stäben wird durch eine saumartige Verbindung ersetzt.

Die Innenseiten der Platten sind roh belassen und geben dem Innenraum einen «hölzigen» Ausdruck. Die Aussenseiten sind veredelt, gestrichen mit Farben der *Polychromie Architecturale*.[16] Alle Masse sind aus Le Corbusiers Modulor abgeleitet, die blaue und rote Masskette des Proportionssystems sind auf dem Boden der Skulptur aufgemalt.

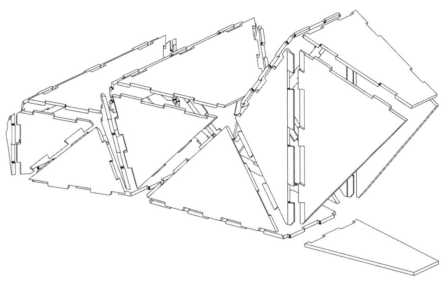

ABB. 4 Timberwhale, London 2014. Holz-in-Holz-Verbindung über ein Schwalbenschwanz-Stecksystem.

ABB. 5 Bürohaus Grosspeter, Basel 2019. Raumentwicklung in die Tiefe des Gebäudes.

ABB. 6 Wohnüberbauung Bellinzona, 2020. Längsbauten in Holzbauweise. Die erschliessenden Veranden dienen gleichzeitig als Fluchtwege.

4   WETTBEWERB BÜROHAUS GROSSPETER, BASEL 2019. EINE LINEARE GERICHTETE KONSTRUKTION, DAS BÜROGEBÄUDE ALS OFFENE INFRASTRUKTUR[17]

Ein Feld von sieben durchgehenden Längsträgern betont die Tiefenentwicklung der Parzelle. Die kräftigen rhythmisierten Längsträger geben den Innenräumen einen dynamischen Längszug. Die **Primärkonstruktion [s. 47]** bleibt sichtbar und schafft eine loftartige Büroatmosphäre. Die gegenseitig leicht verschobenen lateralen Einschnitte schaffen eine Verzahnung zwischen innen und aussen.

Die Holzkonstruktion hat einen hohen Wiederholungsgrad. Die Längsträger und Tragscheiben aus hoch belastbarem Buchenholz ermöglichen die grossen Spannweiten in der Längsrichtung. Wände, Decken und Dach werden im Werk unter kontrollierten witterungsunabhängigen Bedingungen produziert, in Elementen zur Baustelle **transportiert und montiert [s. 47]**.

5   GROSSÜBERBAUUNGEN (AB 2018). BAUEN MIT GENERALUNTERNEHMUNGEN, DICHTE UND SOZIALE VERTRÄGLICHKEIT

Die zwei im Bau befindlichen Grossüberbauungen in Bellinzona (67 Wohnungen) und St. Gallen (103 Wohnungen) sind beide aus Gesamtleistungswettbewerben hervorgegangen.

In der Entwicklung und Realisation ist das Holzbauunternehmen Renggli federführend, damit sind die Schnittstellen klar und gewisse prinzipielle Details des Unternehmens gegeben. Der entwerferische Spielraum wird etwas eingeschränkt, die Diskussion «hart an der Realität» ist jedoch spannend, eine Erfahrung, auf die wir uns gerne einlassen.

Beide Projekte aktualisieren und interpretieren eine traditionelle Gebäudetypologie: das Laubenganghaus, die *casa di rhinghiera*, konzipiert als hofartige Struktur. In Bellinzona sind es zwei gespiegelte Zeilen, in St. Gallen zwei gegenüberliegende, gegenseitig verschobene und geknickte «Ketten» von je drei autonomen Häusern. Im Mittelpunkt beider Projekte steht der soziale Raum bzw. das Wohnen um eine gemeinsame Mitte. Gegenüber den Laubenganghäusern der klassischen Moderne, wie beispielsweise jene von Hannes Meyer in Dessau (1928), sind die Laubengänge überbreit und gegliedert. Lichtkanonen schaffen nischenartige Vorzonen, schirmen die Wohnungen von der Erschliessungszone ab und bringen Licht in die unteren Geschosse. Laubengang und Aussenraum der Wohnungen überlagern sich als soziale Qualität, aber auch als soziale Herausforderung.

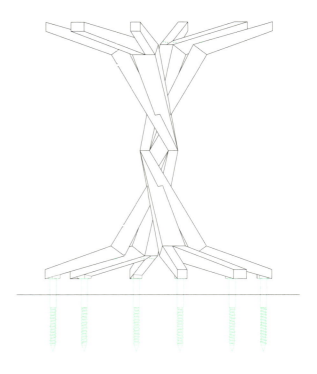

6   GRAPEVINE-STRUKTUR, 16. ARCHITEKTURBIENNALE VENEDIG 2018. DIGITALES ENTWERFEN, EIN SPERRIGER HYBRID, DAS FÜGEN WIRD THEMATISCH AUFGELADEN[18]

Die Skulptur ist aus der von Konrad Wachsmann 1953 entworfenen endlosen Raumstruktur Grapevine (Weinstock) herausoperiert und als moderne Holzkonstruktion umgesetzt.[19] Sie ist massstabslos, repetitiv wie die Drähte eines Maschendrahtzaunes oder wie die Moleküle einer DNS-Doppelhelix. Die Konstruktion besteht aus 24 Balken. Diese sind zu acht schlüsselbeinartigen Teilen zusammengesetzt, welche zwei identische Pilzkonstruktionen bilden. Die beiden Pilze werden rotationsartig übereinandergestellt.

     Es kommen verschiedene Techniken des Fügens und der Holzverarbeitung zur Anwendung: Die Verbindung der vier schlüsselbeinartigen Teile zu einem Pilz besteht aus einer klassischen Zimmermannsverbindung mit Kerben. Die übereinandergestellten Pilze sind gelenkig mit Sherpa-Beschlägen (Verkeilung und Druck) gefügt, ebenfalls die an die aufgehenden Stäbe angedockten, v-förmigen Füsse. Die Balken sind mit einem Roboter gefräst, die aufgehenden Stäbe zusätzlich in sich verdreht. Die ganze Konstruktion steht auf acht Schraubenfundamenten. Erst die Farbgebung nach Le Corbusiers Farbkollektion macht die Struktur als Weinstock lesbar.

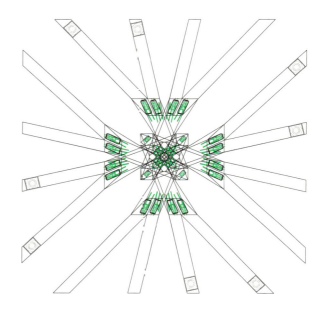

ABB. 7 Grapevine-Struktur, 16. Architekturbiennale Venedig 2018. Die übereinandergestellten Pilze sind gelenkig gefügt, ebenfalls die an die aufgehenden Stäbe angedockten v-förmigen Füsse.

1   Marianne Burkhalter und Christian Sumi, *The Timber Buildings*, Zürich 1996.

2   Heinz Wirz (Hrsg.), *De aedibus 8. Konstruktionen / Constructions. Burkhalter Sumi Architekten / Architects, Makiol Wiederkehr – Holzbauingenieure / Timber Construction Engineers*, Luzern 2005.

3   Siehe dazu: Marianne Burkhalter, Christian Sumi, *Sinnliche Dichte. Projekte und Studien 1999–2003*, Beilage zu *Hochparterre* 11 / 2003.

4   Siehe dazu: Kompetenzzentrum Typologie & Planung in Architektur (CCTP), Hochschule Luzern (Hrsg.), *Modul17 – Hochhaustypologie in Holzhybridbauweise*, Zürich 2019. Die Forschungsarbeit, die die Grundlage bildete für die Publikation, entstand unter Mitwirkung von Yves Schihin.

5   Gottfried Semper, *Der Stil in den technischen und tektonischen Künsten, oder praktische Ästhetik. Ein Handbuch für Techniker, Künstler und Kunstfreunde, Band 1: Die textile Kunst für sich betrachtet und in Beziehung zur Baukunst*, Frankfurt am Main 1860.

6   Ob Building Information Modeling (BIM) den Entwurf verändert, ist schwer abzusehen. Es verlangsamt den Planungsablauf in einer ersten Phase (grosser Datenrucksack), in einer zweiten Phase sollte das Bauen effizienter werden. BIM dient jedoch vor allem auch dem Unterhalt der Gebäude nach deren Fertigstellung (Facility-Management).

7   Paul Artaria, *Schweizer Holzhäuser aus den Jahren 1920–1940*, 2. Auflage, Basel 1947, S. 13.

8   Ab 2009 bzw. 2012 zusammen mit Yves Schihin und Urs Rinklef als Partner. Sie übernehmen 2020 das Büro unter dem neuen Namen Oxid Architektur, Marianne Burkhalter und Christian Sumi führen ein eigenes Atelier weiter.

9   *Embedded Knowledge* steht für eingebettetes Wissen: Wissen ist überall, dies gilt es in geeigneter Form für «die eigene Sache» abzuholen. Siehe dazu auch *Incorporated Knowledge:* Der Prozess der Synthese mehrerer Wissensmodelle zu einem gemeinsamen Modell, um neue Informationen mit einem interdisziplinären Ansatz in einen vorhandenen Wissensbestand zu integrieren.

10 Le Corbusier hat sich sehr früh ausführlich mit diesen Fragen beschäftigt, siehe dazu: Christian Sumi, *Maison á sec / Immeuble-Villa / Plan libre. Das «Projekt Wanner» (1928) und die «Clarté» (1930–1932) in Genf von Le Corbusier und Pierre Jeanneret*, Zürich 1989.

11 Siehe dazu: Hess Investment, *bijou architectural*, Amriswil 2020, S. 60–95.

12 In Zusammenarbeit mit Christoph Haerle und Matthias Schaedler sowie Hans Hugi, Professor für Baustatik und Konstruktion, Institut für Hochbautechnik, ETH Zürich.

13 In Zusammenarbeit mit dem Ingenieurbüro Stucki Hofacker + Partner, Zürich.

14 Gemäss Aussage von Hermann Blumer.

15 Yves Schihin, burkhalter sumi architekten, Zürich; Hermann Blumer, Holzbauingenieur, Herisau; Beat Kämpfen, Kämpfen für Architektur, Zürich; Beat Lauber, Ingenieur, Luzern; Markus Zimmermann, Ingenieur, Rafz; Küng Holzbau, Alpnach.

16 Die sogenannte *Polychromie Architecturale* beschreibt die zwei von Le Corbusier für die Tapetenfirma Salubra entworfenen Farbkollektionen: das *Clavier de couleurs* (1931) mit 43 Farbtönen und eine Kollektion mit 20 Farben, die 1959 entstand.

17 Mit merz kley partner, Altenrhein, und Renggli, Sursee.

18 Mit Marco Pogacnik, IUAV Venedig; Gramazio Kohler Research, ETH Zürich; Erne Holzbau, Laufenburg; kt.COLOR, Uster.

19 Siehe dazu: Marianne Burkhalter, Christian Sumi, *Konrad Wachsmann and the Grapevine Structure*, Zürich 2018.

Der moderne Holzbau stellt vieles im konventionellen Bauen infrage. Diese Umwälzungen betreffen nicht nur konstruktive Neuerungen durch moderne, digitale Produktionstechnologien. Vielmehr werden auch übliche Planungsstrukturen hinterfragt und besonders die Kompetenzen aller Beteiligten neu verhandelt. Denn durch die Fokussierung auf eine umfassende Vorfertigung verschieben und verändern sich die Planungsleistungen und Zuständigkeiten im Entwurfs- und Bauprozess insgesamt. Den Konflikten und Chancen einer neuen Planungskultur aus Sicht der Fertigung widmet sich das folgende Gespräch mit der CEO und Inhaberin der Lehmann Gruppe, Katharina Lehmann, und dem Architekten und Entwurfsprofessor Hermann Kaufmann.

Katharina Lehmann und Hermann Kaufmann überblicken aktuelle Entwicklungen im Holzbau aus ganz besonderen Perspektiven. Planung und Fertigung sind im Denken der beiden eng verknüpft, genauso wie die Anforderungen von Handwerk und moderner Fertigungstechnik. Katharina Lehmann leitet mit der Lehmann Gruppe einen international tätigen und hochinnovativen Holzbaubetrieb, der sich durch zahlreiche Projekte mit führenden Architektinnen und Architekten und herausragende technische Kompetenzen profiliert hat. Sie engagiert sich in verschiedenen Verbänden für optimale Rahmenbedingungen der produzierenden Industrie, aber auch für soziale und ökologische Anliegen. Hermann Kaufmann ist mit seinem Architekturbüro einer der prägendsten Akteure im Holzelementbau des deutschsprachigen Raums und führt, immer wieder neu, architektonische und technische Möglichkeiten des Holzes zeitgemäss zusammen. Als Entwurfsprofessor an der Technischen Universität München beschäftigt er sich in Forschung und Lehre mit dem modernen Holzbau.

KOMPETENZEN, GLEICHZEITIGKEITEN, STANDARDS – TRANSFORMATIONEN EINER PLANUNGSKULTUR

DER SUBMISSONSPROZESS GILT ALS ZENTRALER STREITPUNKT IM HEUTIGEN HOLZBAU. WIE BEURTEILEN SIE DAS AUS IHREN PERSPEKTIVEN?

Hermann Kaufmann: Es besteht ein grosser Unterschied zwischen der öffentlichen und privaten Vergabe. Bei der öffentlichen Vergabe darf man sich im Vorfeld nicht abstimmen, dies ist gesetzlich untersagt. Bei der privaten Vergabe ist dies möglich. Letzteres kommt dem Holzbau zugute.

Katharina Lehmann: Die private Submission ist daher näher am Idealbild eines Bauprozesses als die öffentliche, eben weil eine Abstimmung vor der Ausschreibung möglich ist. Es können Unternehmervarianten entwickelt und ein Optimierungspotenzial aufzeigt werden. Bei der öffentlichen Vergabe wird im Allgemeinen zunächst fertig geplant und dann ausgeschrieben. Je komplexer ein Gebäude, desto additiver werden dann die Fachspezialisten hinzugezogen, es besteht keine koordinierte Planung. Umso unmöglicher wird die Ausführung dieser Planung. Die Folge ist, dass wir die technische Planung ein zweites Mal machen.

Kaufmann: Der Holzbau ist eine Bauweise, die in Zusammenhang mit der Detailkomplexität und der **Vorfertigung [S. 27]** gedacht werden muss. Die heutige Planungs- und Vergabepraxis ist auf den Massivbau ausgelegt. Dort ist die sogenannte rollende Planung umsetzbar. Daher sind die ganzen Vergabeprozesse auf diese Strategie ausgerichtet. Der Holzbau muss aufgrund seiner Komplexität jedoch anders **geplant und ausgeschrieben [S. 53]** werden. Die Planungsphase vor der Ausschreibung und Vergabe erfordert eine andere Detailtiefe. Da die ausführungsrelevanten Entscheide zu einem früheren Zeitpunkt getroffen werden müssen, erfolgt die Abstimmung zwischen Holzbauunternehmen und Architekturbüro im **Entwurfsprozess [S. 47]**. Dies trifft im besonderen Mass auf die Vorfertigung zu, in der Entscheide zur Lage von Haustechnikkanälen etc. bereits in der Entwurfsphase gefällt werden müssen.

Lehmann: Ich bezeichne diese Arbeitsweise als «frühzeitig, gleichzeitig und präzise», denn es ist nicht nur eine Frage der Detaillierung, es ist auch eine Frage des Zeitpunktes, wann geplant und wann entschieden wird. Die Gleichzeitigkeit dieser Phasen ist nicht gespiegelt in der Norm.

Kaufmann: Hinzu kommt, dass die Lösungsmöglichkeiten im Holzbau vielfältiger und weniger normiert sind. Der Holzbau ist (noch) handwerklich gedacht und handwerklich geprägt in der Fabrikation, es fehlen genormte Prozesse in der Umsetzung. Die Lösungsmöglichkeiten sind vielfältig, auch in der **Automatisierung [S. 137]**. Den Abbund macht heute die Maschine, aber die Denkweise dahinter ist immer noch handwerklich.

Lehmann: Dies kann sich im Zuge der Automatisierung des Bauens ändern. Ich sehe hier eine Analogie zum **Planungsprozess bei BIM [S. 99]**. Dort muss sehr früh im Modell alles abgebildet sein und dies versucht die Holzbauplanung bereits in den letzten zwanzig Jahren umzusetzen. Mit dieser Umstellung verändert sich auch der Holzbau. Standards müssen entwickelt, die Logistik mitgeplant werden.

WO UND WIE FLIESSEN DIE INFORMATIONEN ZUSAMMEN?

Lehmann: Wenn wir es mit dem Stahlbau vergleichen, dann versucht das Stahlbauunternehmen sein Gewerk auf eine dreidimensionale Planung umzulegen und die Anschlüsse geometrisch zu lösen, damit es selbst produzieren kann. Ein Holzbauunternehmen dagegen berücksichtigt in seinen 3D-Plänen alle anderen Handwerksgattungen. Die Integration der verschiedenen Fachdisziplinen in die Planung führt zu einer anderen Komplexität.

WÄRE DANN DAS EIGENTLICHE ZENTRALE MODELL BEIM HOLZBAUER?

Kaufmann: Für mich ist das so. In den wenigsten Fällen ist die Planung des Architekturbüros direkt verwendbar, denn es kann nie ausreichend tief in die entsprechenden Fragestellungen, wie etwa das Mitdenken der Logistik etc., eingebunden sein. Das ist auch nicht seine Aufgabe. Darum gibt es aus meiner Sicht in der Schweiz das interessante Modell des **Holzbauingenieurs [s. 77]**, er schliesst die Schnittstelle zwischen den Architektinnen und dem Unternehmer.

Lehmann: Wenn wir zurückkommen auf die öffentlichen Submissionsprozesse, dann darf sich ein Holzbauingenieur, im Gegensatz zu einem ausführenden Betrieb, zu einem früheren Zeitpunkt in die Entwicklung eines Gebäudes einbringen. Das steigert zwar die Qualität und Unabhängigkeit der Planung, bringt jedoch oft das Optimierungspotenzial nicht zum Ausdruck.

WO LIEGEN DIE KOMPETENZEN DES HOLZBAUINGENIEURS?

Kaufmann: Die Holzbauingenieurin sollte die Expertin im Holzbau sein, die bis hin zum Brandschutz alle relevanten Aspekte berücksichtigen kann. Ich glaube nicht, dass es andere Möglichkeiten gibt. Das Architekturbüro kann sich soweit nicht fokussieren, es sei denn, es konzentriert sich auf den Holzbau. Die entscheidende Frage ist, wie ich die integrierte Planungskompetenz zum richtigen Zeitpunkt einbringe?

DER EINSATZ DES HOLZBAUINGENIEURS IST EIN STRATEGISCHER ANSATZ. WELCHE MÖGLICHKEITEN GIBT ES NOCH? KANN DIE FUNKTIONALE AUSSCHREIBUNG EIN VEHIKEL SEIN?

Lehmann: Bei Standardausschreibungen ja. Im anderen Fall ist nach der Vergabe der Einschub der Entwicklungsphase, der Detailplanung, erforderlich. Das Herstellen eines **Mock-ups [s. 59]** ist ein bewährtes Verfahren, um Entscheide über konstruktive oder auch ästhetische Fragen zu fällen. Aber grundsätzlich: Wenn wir kollaborativer planen möchten, dann darf die öffentliche Hand nicht mehr sequenziell vergeben, sondern muss die Planungsdisziplinen miteinander beauftragen.

Kaufmann: Die **integrative Planung [s. 53]** muss im Prozess viel früher erfolgen. Wir benötigen ein Gesamtplanermodell. Eine öffentliche Bauherrschaft muss sich darauf einlassen, dass sie die Riege der Fachplanenden von Anfang an in das Projekt einbeziehen muss.

IST BIM EINE MÖGLICHKEIT, UM EIN STRUKTURIERTES UND VERNETZTES DENKEN ZU ERREICHEN?

Kaufmann: Für den Holzbau ist es eine Chance. Die vorgelagerten Planungsaktivitäten, die erforderliche strukturierte und vernetzte Planung kommt dem Holzbau zugute.

Lehmann: Ich sehe es auch so. Grundsätzlich wird mit BIM früher und gleichzeitig in grösserer Detailtiefe gearbeitet. Alle Beteiligten haben somit einen grösseren **Planungsaufwand [s. 95]** von Beginn an, da das Gebäude mit allen Anschlüssen und Details im Modell durchdacht sein muss. Dies bedeutet auch, dass sich die Bauherrschaft und die **Investoren [s. 13]** mit diesen Prozessen befassen müssen. Der Auftrag an den Architekten, die Architektin ist sehr klar zu definieren und in der Folge ist der grössere Aufwand in den frühen Phasen auch zu honorieren.

WELCHE BEDEUTUNG HAT EINE INTERDISZIPLINÄRE AUSBILDUNG?

Lehmann: Das Verstehen des Materials, von **konstruktiven Prinzipien [s. 33]** sowie der Prozesse, bleibt wichtig, damit ein Dialog zwischen den Planenden und den ausführenden Betrieben stattfinden kann. Grundsätzlich ist ein Holzbau nicht komplizierter als ein Gebäude, das in anderen Materialien ausgeführt wird.

Kaufmann: Die technische und konstruktive Kompetenz muss zentrales Element der Architekturausbildung sein. In München stehen wir dazu, eine technische Hochschule zu sein.

Lehmann: Das ist richtig, die Reduktion auf eine philosophisch-formale Fragestellung, das reicht heute nicht mehr. Architekten

sind für Technikerinnen und Techniker oft keine Gesprächspartner mehr. Sie werden zu «Künstlern» degradiert, die sich auf das Design konzentrieren.

Kaufmann: Es ist schon viel erreicht, wenn die Studierenden nicht nur auf die Oberfläche schauen, sondern zu verstehen versuchen, was dahinter ist. Dann ist ein Lernprozess losgetreten und sie können die richtigen Fragen stellen.

WELCHE TENDENZEN SEHEN SIE HEUTE IM HOLZBAU?

Kaufmann: Der Holzbau wird nie so standardisiert werden, wie der Stahl- oder Betonbau. Ich sehe die Komplexität besonders dann, wenn man beginnt, in Vorfertigung zu denken. Ich muss alle Randbedingungen miteinbeziehen – von Anfang an. Ich habe im Vergleich etwa zum Betonbau viele Schichten, die bei der Planung der Ausführung schwierig sind, etwa bei den Stössen. Bei monolithischen Bauweisen fällt das weg. Nicht umsonst gibt es Überlegungen, auch im Holzbau monolithischer zu werden.

Lehmann: Man muss es differenziert betrachten. Das, was es komplex macht, ist, dass sich die Prozesse verändern. Das Architekturbüro muss sich sehr frühzeitig mit Dingen beschäftigen, um die es sich bei anderen Bauweisen später kümmern kann. Das ist zunächst nicht komplex, es ist eine Veränderung der Arbeitsweise.

Was tatsächlich ein grosses Thema ist, ist die Komplexität der Bausysteme. Das Vokabular im Holzbau ist nicht standardisiert, das macht es schwierig.

Ich glaube, dass sich aus diesem Grund in Ländern, in denen nicht so viel Know-how vorhanden ist, CLT (das Bauen mit vorgefertigten Brettschichtelementen, der Brettsperrholzbau), das wie das Bauen mit Betonfertigteilen gedacht werden kann, durchsetzen wird.

Kaufmann: Im öffentlichen Bauen wird die Entwicklung hin zu Standards, auch zu standardisierten Produkten gehen. Das war im Betonbau nicht anders. Denn problematisch wird es dann, wenn Hersteller eigene Systeme entwickeln, die untereinander nicht kompatibel sind, dafür müssen Standards definiert werden. Wir haben etwa an der TUM zusammen mit der Holzforschung Austria deren bestehende Bauteildatenbank für Deutschland erweitert, um so Standards zu befördern.[1]

Lehmann: Fragen wie die des Brandschutzes sind zentral, das ist ein öffentlich-rechtliches Thema, dort müssen wir mit Normierungen arbeiten. Wir können nicht bei jedem Bauwerk die gleichen Fragen lösen und wieder von vorne beginnen, wie es in den letzten Jahren der Fall war. Jetzt ist die grosse Versuchsphase, doch wir benötigen eine Produktentwicklung. Es werden sich Standards etablieren und durchsetzen.

DIE EIGENTLICHE INNOVATIONSKOMPETENZ LIEGT BEI DEN UNTERNEHMEN, DEN FABRIKANTEN – WIE BEIM BETONBAU VOR HUNDERT JAHREN. FÜHRT DAS NICHT AUCH ZU EINER GROSSEN VERUNSICHERUNG SEITENS DER ANWENDER UND ANWENDERINNEN? WIE GEHT MAN DAMIT UM?

Kaufmann: Bei Brettschichtholz haben wir die Entwicklung hinter uns. Die Produkte sind genormt. Beim Hartholz gibt es Entwicklungen, diese sind auch gut nachvollziehbar und erfassbar. Grundsätzlich sind auch die ingenieurmässigen Dinge nicht komplex. Viel komplizierter wird es bei den einzelnen Bauteilen, ihren Aufbauten, den Fragen des **Schall- und Brandschutzes [s. 77]** bei den unterschiedlichen Schichtenaufbauten der Systeme und Produkte.

Lehmann: Wenn man sie nicht reguliert, sind sie unkontrollierbar in der Qualitätssicherung. In der Schweiz gibt es das System der Prüfingenieure nicht. Unsere Qualitätssicherung funktioniert innerhalb der Branche. Dort gibt es diese Themen, die im Kollektiv gelöst werden müssen und die sich dann in Vorschriften abbilden. Die Brandschutzvorschriften in der Schweiz konnten wir so mitgestalten.

WELCHE UNTERSCHIEDE SEHEN SIE INTERNATIONAL?

Kaufmann: Deutschland ist sehr stark reguliert: Prüfstatik, bautechnische Zulassungen usw. Das ist oft kontraproduktiv für die innovative Entwicklungen, denn es ist schwierig, Planende zu finden, die die Disziplin diesbezüglich beherrschen. Das Architekturbüro ist alleine gelassen. In der Schweiz kann man durch das grössere Vertrauen in den Ingenieur, die Ingenieurin auch neue Dinge ausprobieren. Standardisierung also dort erfolgen, wo sie sinnvoll ist. Es hat keinen Sinn, einen Wandaufbau, der bewährt ist, in 23 Arten zu machen, das hat mit Innovation nichts zu tun. Gleichzeitig sollte man offen sein für neue Varianten, die Ausnahme muss möglich sein. Das Schweizer Modell des Holzbauingenieurs als Partner des Architekturbüros ist ein vielversprechendes Modell, um Kompetenzen zu bündeln.

Lehmann: Was wir in Deutschland feststellen, ist, dass es dort unmöglich ist, Fachleute zu finden, die die Disziplin insgesamt beherrschen, also nicht nur das Tragwerk, sondern auch Schall- und Brandschutz. Im angelsächsischen Raum sind die Prozesse beim Bauen für die öffentliche Hand komplett andere. Die Generalunternehmung hat den Lead, der Architekt, die Architektin arbeitet neben ihr. Als Auftragnehmende interessiert die Generalunternehmung jedoch nicht im Detail, was gebaut wird. Sie übernimmt die Verantwortung für die bautechnische Realisierung und die Kosten. Die architektonische Qualität des Holzbaus oder des Tragwerks ist ihr egal. Das Architekturbüro wird aus dem Baugeschehen vollständig ausgeklammert.

Kaufmann: Im Holzbau müssen wir aufpassen, dass dies nicht passiert. Das ist auch ein Problem der Architekturausbildung.

WAS WÜNSCHEN SIE SICH VON DEN ARCHITEKTEN UND ARCHITEKTINNEN?

Lehmann: Neugierde, sich auf die zeitgenössischen Prozesse einzulassen, Kollaboration im Modell. Man ist dann ein Gesprächspartner, wenn man am Tisch sitzt und einen Mehrwert bieten kann. Die

Zukunft des Bauens liegt in der Vorfertigung und dies nicht nur im Holzbau, sondern auch beispielsweise in der Haustechnik. In dieser Logik müssen sich der Architekt und die Architektin in die Bausysteme hineindenken. Es geht nicht mehr anders. Sie müssen die Zusammenhänge verstehen.

WIE SEHEN SIE DIE ZUKUNFT DES HOLZBAUS?

Kaufmann: Wir sind am Beginn einer Renaissance, denn die Umweltdiskussion befördert den Holzbau massiv. Es wird in Zukunft darum gehen, die notwendigen Fachkompetenzen sowohl in Planung als auch in der Ausführung zu entwickeln und in genügender Anzahl bereitzustellen.

Lehmann: Die Zukunft des Holzbaus liegt in der Vorfertigung. Gründe dafür sind die Planbarkeit, also Kosten und Termine, aber auch die Ressourceneffizienz. Grenzen gibt der Transport vor. Wir werden zukünftig viel konzeptioneller in Bezug auf Haustechnik und Installationen vorfertigen, als wir das heute machen. Und es gibt die Möglichkeit der Raumzellen, nicht Module, sondern eine Baueinheit, die gezielt auf Gebäude reagieren kann: Die Komponenten werden **dreidimensional** [s. 123], für Architekten spannend, da sich die Komplexität reduziert und gleichzeitig ist es möglich, «die Stückzahl 1» zu produzieren.

Kaufmann: Dies wirft auch die Frage nach der Arbeitsteilung auf. Zimmerleute wollen keine Raummodule zusammenbauen, das langweilt sie. Es wird dort möglich sein, weniger ausgebildete Menschen einzusetzen oder ältere, die den Belastungen auf der Baustelle nicht mehr gewachsen sind. Diese Art zu bauen bietet auch mögliche Antworten auf den Fachkräftemangel.

Lehmann: Der Holzbau wird in den **Städten** [s. 19] wachsen. Das Hochhaus hat den Holzbau in den Städten etabliert. Auch die **freie Form** [s. 59] kann für besondere Projekte an Bedeutung gewinnen, der Holzbau ist dafür prädestiniert.

Das Gespräch mit Katharina Lehmann und Hermann Kaufmann führten Mario Rinke und Martin Krammer.

1   Holzforschung Austria – Österreichische Gesellschaft für Holzforschung (Hrsg.), www.dataholz.eu (Stand 2.9.2020).

EINFÜHRUNG

VORPROJEKT

BAUPROJEKT

AUSBLICK

BEISPIELE

ANHANG

Bereits bei den ersten Entwurfsüberlegungen sollten die Bedingungen und Möglichkeiten des Holzelementbaus mitgedacht werden: Welche kritischen Einschränkungen gibt es bezüglich des Schall- oder Brandschutzes? Wie regelmässig lässt sich das Gebäude gliedern, wo gibt es Brüche oder Systemwechsel? Wann sind welche Fachplanenden sinnvoll in die Konzeption einzubinden? Dieses Kapitel zeigt die ersten Schritte, wie sich architektonische und systemische Planung früh finden und verstärken können.

Hermann Kaufmann ist einer der wichtigsten Architekten im zeitgenössischen Holzelementbau des deutschsprachigen Raums. Tief verwurzelt in der handwerklichen Tradition des Bregenzerwaldes faszinierte ihn immer das Ausloten der Möglichkeiten des modernen Holzbaus – das konstruierende Entwerfen in einer technisch geprägten Moderne für eine einfache, sinnliche Architektur. Hermann Kaufmann führt seit 37 Jahren sein eigenes Büro in Schwarzach und forscht und unterrichtet seit 2002 Holzbau an der Technischen Universität München.

HERMANN KAUFMANN

ENTWERFEN UND HOLZELEMENTBAU

Es gibt mit Sicherheit verschiedene Wege in der Lösungsfindung im architektonischen Entwurf. So entwickelt sich die Form entweder im Zusammenspiel von Funktion und **städtebaulichen Festlegungen** [S. 19] oder die Funktionalität folgt gewissen Formvorstellungen, die individuell geprägt sein können oder aber Ergebnis einer eingehenden Auseinandersetzung mit dem Ort sind. Dabei kann das Konstruktionsmaterial schon feststehen, sei es der Auftraggebende hat gewisse Präferenzen oder der Kontext legt eine bestimmte Materialisierung nahe. Oft ist die Entscheidung zum Konstruktionsmaterial aber Ergebnis der **eingehenden Auseinandersetzung** [S. 33] innerhalb des Entwurfsprozesses. Es ist also nicht immer von vornherein klar, welches Konstruktionsmaterial das geeignete ist.

Während meiner langjährigen Tätigkeit als Entwerfer hat sich aber gezeigt, dass es ratsam ist, möglichst früh eine Festlegung zu erarbeiten, weil die unterschiedlichen Konstruktionsmaterialien den Entwurf wesentlich beeinflussen können. Es ist also nicht einerlei, ob ich einen Beton-, Ziegel- oder Holzbau entwerfe, die unterschiedlichen **konstruktiven Gesetzmässigkeiten** [S. 77] bilden ein Korsett, in dem ich mich bewegen kann. Mache ich das rechtzeitig, so bin ich einigermassen sicher, dass wenig mühsame Adaptionen und Überarbeitungen notwendig sind, um den Entwurf realisierbar zu machen. Das spart Zeit und auch Frustrationen. Folgende Vorgangsweise ist ratsam:

1   SIND DIE GRUNDVORAUSSETZUNGEN FÜR EINEN HOLZBAU VORHANDEN?

Schon vor Beginn eines Entwurfes ist zu klären, ob das Projekt überhaupt in Holz umsetzbar ist. Sind **Referenzgebäude** [S. 148] vorhanden, dann ist diese Frage einfach zu beantworten. Allerdings ist hier der Kontext zu analysieren, in denen sie entstanden sind, denn die gesetzlichen Randbedingungen sowie die Existenz von geeigneten Unternehmen für die Umsetzung sind nach Regionen und Ländern noch sehr differenziert.

Trotz grosser Fortschritte sind noch immer die **Brandschutzvorschriften** [S. 77] in einigen Ländern ein grosses Hindernis für den Holzbau. Teilweise sind Gebäude bis zur Hochhausgrenze geregelt, in anderen Ländern gibt es die Möglichkeit, über Brandschutzkonzepte die Genehmigung zu erwirken und es gibt Länder, wo es für diese Grössenordnung noch keine Genehmigungsmöglichkeit gibt. Dasselbe gilt bei grossvolumigen Bauten für Industrie, Sport oder Handel etc.

ABB. 1 Konstruktionssystematik des zeitgenössischen Holzelementbaus: Die grundsätzliche Unterscheidung erfolgt in horizontale bzw. vertikale Bauelemente, bestehend aus massivem Holz oder Holzwerkstoffen. Sie sind aus stabförmigen oder stab- und plattenförmigen Werkstoffen (Tafelbau oder Rahmenbau, Kastendecke) zusammengesetzt. So entstehen aus Überlagerung und Schichtung ebene Elemente mit sehr unterschiedlichen architektonischen und mechanischen Eigenschaften.

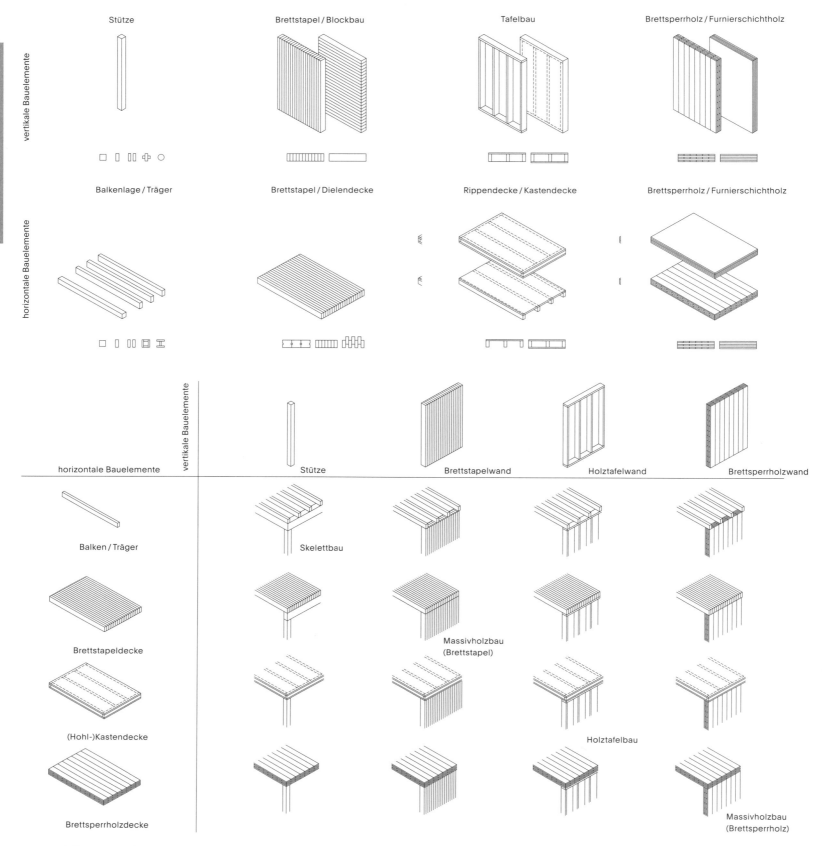

ABB. 2 Einsatz der Holzelemente als horizontale und vertikale Bauteile. Die Elementvarianten sind fast beliebig kombinierbar und führen zu einer grossen Anzahl an Konstruktionssystemen. In der Diagonale sind die klassischen Systeme erkennbar. Sie bilden einen Baukasten an konstruktiven Möglichkeiten, die den Entwurfsprozess begleiten. Diese sollten während der Formfindung parallel immer mitgedacht werden.

Das geringe Gewicht von Holz ist in vielen Bereichen ein grosser Vorteil, in der Frage des **Schallschutzes [S. 77]** aber gibt es klare Grenzen. Normale Auflagen im Wohn- und Gewerbebau sind gut erfüllbar. Für Sondergebäude wie etwa Konzertsäle oder Veranstaltungsräume in dicht bebauter Umgebung mit ausgesprochen hohen Anforderungen sind komplexe und somit auch sehr aufwendige und dadurch teure Konstruktionsaufbauten notwendig, was die Wirtschaftlichkeit sehr schnell infrage stellt.

Der Holzbau bietet mittlerweile vielfältige konstruktive Möglichkeiten, grundsätzlich ist es heute aufgrund der Weiterentwicklung der Holzwerkstoffe, Verbindungsmittel und Bauteile möglich, fast alle Gebäudearten in Holz zu bauen. Ob dies aber mit vernünftigen Kosten darstellbar ist, hängt, wie oben erwähnt, von unterschiedlichen Komponenten ab.

Um dies alles ab- bzw. einschätzen zu können, ist schon im Stadium des Vorprojekts ein umfassendes «Holzbauwissen» notwendig. Der Architekt, die Architektin kommen hier, im Gegensatz zu konventionellen Bauweisen, früher oder später an ihre Grenzen. Daher ist es aus meiner Sicht wichtig, dass schon in dieser Phase ein **Tragwerksplaner oder eine Holzbauingenieurin [S. 77]** mit umfassendem Wissen auch bezüglich des Brandschutzes und der Bauphysik involviert ist. Es hat sich in der Praxis sehr bewährt, die Bauherrschaft frühzeitig auf diesen Umstand hinzuweisen und die dafür notwendigen **Vergaben und Honorarvereinbarungen [S. 53]** zu treffen. Es empfiehlt sich allemal, eine Vergabe so vorzunehmen, dass die Spezialisierung auf den Holzbau höher bewertet wird als der Preis, was bei öffentlichen Bauherrschaften nicht immer einfach ist. Oft ist daher ein Generalplanungsangebot zielführend.

2   IN WELCHEM SYSTEM LÄSST SICH DER ENTWURF DENKEN?

Im Holzbau kennen wir traditionellerweise drei grundsätzliche Konstruktionssysteme:

·   Skelettbau,
·   Holzrahmen- oder Tafelbau,
·   Holzmassivbau.

Diese Einteilung ist für den modernen Holzbau zu eng geworden, neue Bauprodukte haben die grundsätzlichen Möglichkeiten stark erweitert. Aus diesem Grund haben wir am Lehrstuhl für Holzbau und Entwerfen an der Technischen Universität München eine neue Konstruktionssystematik entwickelt, die für Architektinnen und Ingenieure die vielfältigen Möglichkeiten aufzeigen soll. Die grundsätzliche Unterscheidung erfolgt in horizontale bzw. vertikale Bauelemente. Stellvertretend dafür sind in **[ABB. 1]** die alltäglich verwendeten Bauelemente dargestellt. Diese bestehen einerseits aus massivem Holz oder Holzwerkstoffen, andererseits sind sie aus stabförmigen oder stab- und plattenförmigen Werkstoffen (Tafelbau oder Rahmenbau, Kastendecke) zusammengesetzt.

Horizontale und vertikale Bauelemente sind fast beliebig kombinierbar und führten zu einer grossen Anzahl an Konstruktionssystemen, wie in **[ABB. 2]** gezeigt. In der Diagonale sind die klassischen Systeme erkennbar.

Damit hat der Entwerfende einen umfassenden Baukasten an Konstruktionsvarianten an der Hand, der den Entwurfsprozess begleiten und dazu führen kann, dass in der Formfindung die konstruktiven Möglichkeiten parallel mitgedacht werden. Somit vermeidet man in der Regel die oft nachfolgenden schmerzhaften und zeitraubenden Redesign-Phasen. Wie man zum richtigen Konstruktionssystem kommt, hängt von vielen Fragestellungen ab. Nachfolgend sind die wichtigsten genannt:

·   Bleibt die Konstruktion sichtbar? Das ist grundsätzlich eine gestalterische Entscheidung, sie wird aber auch sehr durch Brandschutzanforderungen oder bauphysikalische Notwendigkeiten bestimmt.
·   Ist die **vertikale Lastabtragung [S. 77]** punkt- oder linienförmig? Das hängt stark mit der Funktion sowie mit der geforderten Veränderbarkeit des Gebäudes zusammen, ebenso mit dem Aussteifungskonzept sowie mit dem Öffnungsgrad der Fassade.
·   Welche Anforderungen haben die horizontalen Konstruktionselemente zu erfüllen? Das ist sehr stark mit den bauphysikalischen Anforderungen, den Spannweiten sowie mit dem Aussteifungskonzept verknüpft.
·   Welcher **Vorfertigungsgrad [S. 53]** wird angestrebt? Das hängt ab von Terminanforderungen, die eine notwendigen Baugeschwindigkeit bedingen. Den höchsten Vorfertigungsgrad und somit die kürzeste Bauzeit, mit den wenigsten Problemen bezüglich Nässeschutz und Qualität, bietet die Raumzellenbauweise. Doch nicht für jedes Bauwerk ist diese Methode geeignet, denn um wirtschaftlich zu bleiben, sind gleichbleibende Einheiten

notwendig, die auch transportiert werden können. Gerade diese Methode wirkt sich einschränkender auf den Entwurf und die Konstruktionsmethoden aus als die Vorfertigung mit flächigen Elementen.

· Welche Brandschutzauflagen sind zu erfüllen?
· Welche ökologischen Anforderungen bezüglich schadstoffarmen Bauens, Rückbaubarkeit oder Eigenholzverwendung sind zu erfüllen?

Die Klärung dieser Fragen ist entscheidend für die Wahl des sinnvollen Konstruktionssystems. Dazu müssen Sonderfachleute und **Fachingenieurinnen** [S. 77] eingebunden werden, es sei denn, das Holzbauwissen des Architekturbüros reicht aus für die Komplexität des Projektes.

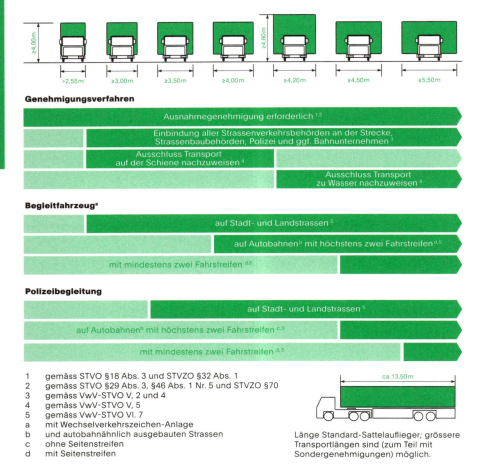

1   gemäss STVO §18 Abs. 3 und STVZO §32 Abs. 1
2   gemäss STVO §29 Abs. 3, §46 Abs. 1 Nr. 5 und STVZO §70
3   gemäss VwV-STVO V, 2 und 4
4   gemäss VwV-STVO V, 5
5   gemäss VwV-STVO VI. 7
a   mit Wechselverkehrszeichen-Anlage
b   und autobahnähnlich ausgebauten Strassen
c   ohne Seitenstreifen
d   mit Seitenstreifen

Länge Standard-Sattelauflieger; grössere Transportlängen sind (zum Teil mit Sondergenehmigungen) möglich.

ABB. 3 Maximale Transportabmessungen je nach Aufwand und Genehmigung: höchstens 4,5 × 13,5 Meter (in Deutschland).

3   WIE LÄSST SICH DER ENTWURF VORFERTIGEN?

Eine Besonderheit im Holzbau ist die Möglichkeit einer umfassenden **Vorfertigung** [S. 27]. Anders als bei anderen Konstruktionsmaterialien ist das Zusammenführen von verschiedenen Funktionen und damit Gewerken in einem integralen Bauteil relativ einfach möglich. Die Verlagerung von Produktionsschritten in die Werkstatt verkürzt die Montagezeit auf der **Baustelle** [S. 99], was insbesondere bei grossen Gebäuden das Risiko der Durchnässung durch Regen minimiert und den Aufwand für Wetterschutzmassnahmen senkt. Der Vorfertigungsgrad von Gebäudehülle, Innenausbau und Haustechnik ist für die Zeiteinsparung entscheidend. Diese hat auch wirtschaftliche Vorteile, die je nach Projekt unterschiedlich stark zum Tragen kommen. Zum Beispiel gibt es kürzere Lagerzeiten und Vorbereitungsschritte für die Teile auf der Baustelle, da sie möglichst direkt versetzt werden. So reduziert sich das Lager nicht nur insgesamt, sondern auch die Dauer der gesamten Bauzeit und damit auch teure Vorhaltezeiten der Kräne, Gerüste und anderer Elemente der Baustelleneinrichtungen. Ausserdem gibt es bei einer Vorfertigung im Werk ein kontrolliertes Zusammenspiel der Gewerke und damit weniger Überraschungen. Unwägbarkeiten auf der Baustelle, die zu Überschneidungen, Verzögerungen und damit Konflikten in den **Schnittstellen** [S. 53] zwischen den Gewerken führen können, werden innerhalb einer weitestgehenden Vorfertigung minimiert.

Im Fall von Ersatzneubauten reduziert sich auch ein kostenintensiver Nutzungsausfall. Beim **Bauen im Bestand** [S. 111] sind so Massnahmen im laufenden

Betrieb möglich, die beim konventionellen Bauen in dieser Weise nicht denkbar wären. Die Zeit von Planungsbeginn bis Fertigstellung verkürzt sich nicht im selben Mass, da die Vorfertigung eine exakte und fertige Werksplanung mit den dazugehörigen **rechtzeitigen Entscheidungen** [S. 53] erfordert und nicht so wie in konventioneller Bauweise «rollend», das heisst im Laufe der Bauausführung erfolgen kann.

In der Vorentwurfsphase werden die entscheidenden Grundsteine für eine sinnvolle und wirtschaftliche Vorfertigungsmöglichkeit gelegt, welche die Architektur natürlich entscheidend beeinflussen. Ob Elementfertigung oder Raumzellenfertigung – das hängt von Terminanforderungen ab, die eine entsprechende Baugeschwindigkeit bedingen. Den höchsten Vorfertigungsgrad und somit die kürzeste Bauzeit mit den wenigsten Problemen bezüglich Nässeschutz und Qualität bietet die Raumzellenbauweise. Doch nicht jedes Bauwerk ist strukturell für diese Methode geeignet und um wirtschaftlich zu bleiben, sind gleichbleibende Einheiten ab einer Stückzahl von circa 20 notwendig, die auch transportiert werden können. Die maximale Dimension beträgt circa 4,5 Meter in der Breite und maximal 13,5 Meter in der Länge. [ABB. 3] Die Raumzellenbauweise wirkt sich einschränkender auf den Entwurf und die Konstruktionsmethoden aus als die Vorfertigung mit flächigen Elementen. Auch die Materialisierung der Fassade steht in Abhängigkeit mit dem Vorfertigungsgrad, denn nur wenige Fassadenmaterialien sind für die Vorfertigung geeignet. Dazu gehören Holz und robuste Fassadenplatten, unter Umständen auch Glas. Metallfassaden sind aufgrund ihrer Schadensanfälligkeit beim Transport wenig geeignet.

Die Vorfertigung als charakteristisches Kennzeichen des zeitgemässen – und noch viel mehr des zukünftigen – Holzbaus verschiebt die Tiefe der Planungsleistungen weit nach vorn. Während in herkömmlichen Bauprojekten viele technische Details und letzte Ausführungsentscheidungen erst nach der Ausschreibung fixiert werden, konzentriert sich das Zusammenspiel aller Planungsbeteiligten mit allen zugehörigen Entscheiden auf die frühesten Projektphasen. Dies bringt Verwerfungen mit sich, die früh bedacht und kommuniziert werden müssen, intern, den Planungsbeteiligten und vor allem der Bauherrschaft gegenüber. Dieser Beitrag demonstriert Hintergründe und Strategien der Planung von Projektierungsprozessen im Holzbau.

Die Architektin Sandra Schuster und der Architekt Manfred Stieglmeier forschen als wissenschaftliche Mitarbeitende an der Professur für Entwerfen und Holzbau der TU München seit einigen Jahren an der Optimierung von Planungs- und Ausführungsprozessen im vorgefertigten Holzbau. Mit mehreren internationalen Partnern, darunter auch die Hochschule Luzern, arbeiteten sie am EU-geförderten Forschungsprojekt leanWOOD als Koordinatoren.

Neben ihrer wissenschaftlichen Tätigkeit sind sie dem Thema Holzbau auch in anderen Bereichen verbunden. Schuster ist seit 2019 Geschäftsführerin des Forschungs- und Lehrverbundes TUM.wood an der TU München und hat einen Lehrauftrag an der FH Augsburg. Stieglmeier führt ein eigenes Architekturbüro mit Schwerpunkt Holzbau in München und ist in der Lehre an der FH Salzburg tätig.

SANDRA SCHUSTER, MANFRED STIEGLMEIER

DIE PLANUNG DER PLANUNG FÜR DEN VORGEFERTIGTEN HOLZBAU[1]

DER HOLZBAUGERECHTE PLANUNGSPROZESS

Wesentliches Merkmal des modernen Holzbaus ist die Produktion von Bauelementen mit hohem **Vorfertigungsgrad [S. 47]** in einer Werkstatt. Dieser ist die Voraussetzung für eine hohe Präzision und Wirtschaftlichkeit sowie für eine Steigerung der Qualität in der Ausführung. Gegenüber konventionellen Baumethoden unterscheidet sich die Vorfertigung in der Planung und Ausführung erheblich. Sie erfordert eine frühe, tiefe Auseinandersetzung mit dem Bauprozess in Bezug auf **Elementierung und Montageablauf [S. 99]**. Sie wirkt sich aus auf Gestaltung, Konstruktion und Materialwahl. Änderungen beeinflussen mit fortschreitendem Planungsprozess wesentlich stärker als bei herkömmlichen Baumethoden Termine, Qualität und Kosten. Sämtliche Bauteile müssen immer **integral [S. 33]** mit allen Schichten betrachtet werden – vor allem **Brand- und Schallschutz [S. 77]** in den Innenbauteilen; aber auch Feuchte- und Wärmeschutz in der Hülle werden fast immer von Roh- und Ausbau gemeinsam geleistet. Das schrittweise und baubegleitende Planen von Rohbau, Fassade und Ausbau ist für den modernen Holzbau ungeeignet.

Im deutschsprachigen Raum ist aufgrund der **Vergaberichtlinien [S. 41]** die Trennung von Planung und Ausführung etabliert, um die Unabhängigkeit von wirtschaftlichen Interessen zu garantieren. Ein Team aus jeweils einzeln beauftragten Architekten und Fachplanenden erstellt in aufeinander aufbauenden Phasen – Vorentwurf, Entwurf und Ausführungsplanung – eine für das Unternehmen umsetzbare Planung. Dessen Aufgabe beschränkt sich darauf, diese Vorgaben in seiner Werk- und Montageplanung zu organisieren und danach umzusetzen. Der Erstkontakt zwischen Architektin und ausführendem Unternehmen findet, gemäss Honorarordnung, erst nach sieben von neun Leistungsphasen statt. Zu diesem Zeitpunkt hat der Architekt bereits zwei Drittel seiner Leistung erbracht. Im üblichen Planungsablauf wird daher, ohne die spezialisierte **Holzbaukompetenz [S. 77]** in der frühen Planungsphase, nach der Vergabe häufig eine Redesign-Phase notwendig. **[ABB. 1]** Zudem weisen Holzbauunternehmen oft eigene Spezifika auf, die Einfluss auf die Konstruktion nehmen: Produktionsweise, Erfahrungsschatz, Planungskompetenz oder das jeweilige Zuliefernetzwerk.[2] Um den Planungsprozess im Rahmen der Trennung von Planung und Ausführung holzbaugerecht zu gestalten, bieten sich zwei unterschiedliche Strategien an. **[ABB. 4]**

Im **ersten Fall** bringt das Planungsteam die notwendige Kompetenz ein – entweder über die Beratungsleistung eines Holzbauunternehmens oder über eine unabhängige Fachperson, etwa eine Holzbauingenieurin. Dieses Vorgehen wird in

Projektverlauf konventionell («Praxis»)

Projektverlauf mit Holzbaukompetenz im Planungsteam

ABB. 1 **Vergleich eines konventionellen und eines holzbaugerechten Projektverlaufs.**

der Schweiz bereits praktiziert. Der Leistungsanteil des Holzbauingenieurs differiert je nach Kompetenz der weiteren Planungsbeteiligten. In der Regel übernimmt er die Tragwerksplanung und die Ausschreibung, wirkt an der Detaillierung mit und ist oft auch ausgebildet, die Werk- und Montageplanung für das ausführende Unternehmen zu erstellen. Zum Teil bietet er Planungsleistungen zu Brandschutz und Bauphysik an. Die Honorierung ist abhängig von den Leistungen, die der Holzbauingenieurin, dem Holzbauingenieur im Einzelfall tatsächlich übertragen werden.

Im **zweiten Fall** fliesst die Fachkompetenz über eine frühere Vergabe der Holzbauleistung in den Planungsprozess ein. Dabei wird für die Ausschreibung ein Leistungsverzeichnis mit Leistungsprogramm (auch funktionale Ausschreibung genannt) angewendet, bei dem für eine zu lösende Bauaufgabe auf Grundlage einer detaillierten Beschreibung eines Gebäudes (oder Teilen davon) ein Angebot abgegeben wird. Auch hier unterliegt ein öffentlicher Auftraggeber den Regeln der Vergabeordnung und muss diese Art der Ausschreibung begründen. Gründe können im Wissensvorsprung auf Bieterseite wie auch in der Existenz unterschiedlicher technischer Lösungen liegen. Die damit verbundene Verlagerung von Teilen der Planung auf das Holzbauunternehmen kann sinnvoll sein.

VERGABE VON PLANUNGSLEISTUNGEN

Im Gegensatz zur Planung in konventioneller Bauweise sind bei der Planung vorgefertigter Holzbauten Entscheidungen bis in die Detailebene zu einem früheren Zeitpunkt zu treffen. Das bedeutet, Architekten, Fachingenieurinnen und Bauherren müssen mehr Zeit in die Vor- und Entwurfsplanung investieren. Die Notwendigkeit der frühen Festlegung von Konstruktionssystemen, Bauteilaufbauten und -anschlüssen beim vorgefertigten Bauen mit Holz machen die frühe Integration und Koordination aller beteiligten Fachingenieure und -ingenieurinnen unabdingbar. Eine vertiefte Ausarbeitung der Planung muss bereits bis Ende Vorplanung erfolgt sein. [ABB. 2] Der so erzielte Planungsstand ist Basis für die weitere, im Idealfall störungsfreie Projektabwicklung, die dann auch eine hohe Kosten- und Terminsicherheit bieten kann.

In der Konsequenz führt dies zu einer Verschiebung von Leistungen innerhalb der gängigen Leistungsbilder der Honorarordnung. Die Leistungsbilder basieren auf den Gesetzmässigkeiten der konventionellen Bauweise, die eine umfassende Ausarbeitung der Planung erst in der Ausführungsphase und teilweise baubegleitend vorsieht. Die geltende Honorarordnung bietet die Möglichkeit, auf die holzbauspezifischen Planungsabläufe zu reagieren. Die Verschiebung von Leistungen zwischen den Phasen ist möglich. [ABB. 1] Die Gestaltung des jeweiligen

Leistungsbildes, insbesondere die individuelle Zuordnung der Grundleistungen in den Planungsablauf des Planungsteams, ist projektspezifisch und sollte bei Auftragserteilung werkvertraglich festgelegt werden.

Die Vorgehensweise hat in ihrer Konsequenz auch Auswirkungen auf die von öffentlichen Auftraggebenden oftmals praktizierte stufenweise Beauftragung. Eine Checkliste beschreibt die spezifischen Anforderungen bei der Planung eines vorgefertigten Holzbaus während der einzelnen Planungsphasen. [ABB. 3] Das angepasste Leistungsbild wurde hier für Fachplanende und für die Sonderfachplanende erstellt. Gemeinsam mit der Checkliste liegt damit eine Handlungsempfehlung vor, die Hilfe bei der Festlegung werkvertraglicher Vereinbarungen bietet und den Planungsprozess unterstützt.[3]

SCHNITTSTELLEN IN PLANUNG UND AUSFÜHRUNG

In jedem Fall sind Architektinnen und Planer aufgefordert, ihre Leistungen diszipliniert und phasengerecht abzuliefern. Insbesondere an der **Schnittstelle [S. 99]** von Konstruktion, Brandschutz und Haustechnik kommt es häufig zu Planungslücken wegen unklarer Terminvorgaben und Zuständigkeiten. Die Zuordnung, wer wann welche Leistungen zu erbringen hat, ist derzeit nicht ausreichend geklärt, das Aufgabenfeld zwischen Architekturbüro, Tragwerksplanenden, technischer Ausrüstung und Brandschutz oft nicht eindeutig definiert.[4]

Erfahrungen aus der Praxis zeigen, dass die traditionellen Vergabe- und Kooperationsmodelle die disziplinen- und gewerkeübergreifende Kooperation nicht immer ausreichend unterstützen. Es gibt Ansätze, die eine Alternative für private Auftraggebende darstellen.

DAS ALTERNATIVE BAUTEAMMODELL

«Ein Bauteam ist ein projektbezogener strategischer Zusammenschluss zwischen Planenden und Ausführenden mit dem Ziel, Synergien aus der kooperativen Entwicklung in frühen Projektphasen nutzbar zu machen.»[5] Dieses Modell ermöglicht eine sehr frühe gleichberechtigte Zusammenarbeit von Bauherrschaft, Architekten und Architektinnen, Fachplanenden und ausführenden Unternehmen auf Augenhöhe. Die partnerschaftliche Vorgehensweise unterstützt Kosten- und Terminsicherheit bei hoher Ausführungsqualität. Ein andauernder Dialog und die Festlegung der Moderation ist Grundvoraussetzung zur Projektoptimierung. In diesem Zusammenhang spielen die vertraglichen und haftungsrechtlichen Vereinbarungen eine bedeutende Rolle. Die unterschiedlichen Vorgehensweisen von Projektabwicklungen unter dem Begriff Bauteam zeigen, dass es keinen **einheitlichen Standard [S. 41]** gibt, deshalb spricht man auch von Bauteammodellen.[6]

Dabei kooperieren Planende und (Haupt-)Ausführende bereits in frühen Projektphasen als gleichberechtigte Partner. Die Bauherrschaft wird, je nach Modell, mehr oder weniger in die Planung und Optimierung einbezogen. Das Innenverhältnis in einem Bauteam zur Regelung der Haftung muss sorgfältig im Vorfeld geklärt werden. Die Ziele eines eingesetzten Bauteams werden idealerweise in einem Rahmenvertrag festgelegt. Um Bedenken bezüglich der Einschränkung des freien Wettbewerbs zu begegnen, empfiehlt es sich, in diesem Vertrag auch eine Ausstiegsklausel bei Nichterfolg aufzunehmen. In der Regel erfolgt die Beauftragung mittels Einzelverträgen, damit entfällt für die einzelnen Planenden und Unternehmen das Risiko der gesamtschuldnerischen Haftung.

Eine breite Umsetzung von Bauteammodellen im DACH-Raum ist bislang nicht erkennbar.[7] Jedoch empfehlen einige Architekturbüros Bauteammodelle, um im Rahmen einer Zusammenarbeit auf Vertrauensbasis höhere Bauqualität zum gleichen Preis zu erzielen. Mangelnde Erfahrung und Routinen in der gewerkeübergreifenden Zusammenarbeit sowie Schwierigkeiten bei der Etablierung der Koordinationskultur sind Kritikpunkte von Gegnern des Bauteammodells. Im Gegensatz zu reinen Architektur- oder Preiswettbewerben werden im Bauteam hochwertige Gestaltung und wirtschaftliche Umsetzung als Einheit betrachtet. Für die Anwendung im vorgefertigten Holzbau bietet das Modell die Chance einer frühen Beteiligung des Holzbauunternehmens mit allen damit verbundenen Vorteilen der kooperativen Entwicklung.

DER WETTBEWERBLICHE DIALOG

Eine frühe gleichberechtigte Kooperation aller Beteiligten ist grundsätzlich auch für öffentliche Auftraggebende machbar – im Rahmen des sogenannten

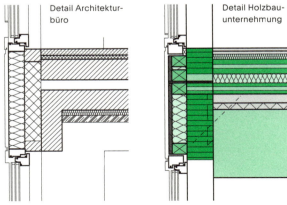

Detail Architekturbüro

Detail Holzbauunternehmung

ABB. 2 Das konstruktive Detail in den Entwicklungsstufen der Beteiligten.

ABB. 3 **Wer macht was? Die Praxis zeigt, dass den Akteuren der verschiedenen Disziplinen oft im Detail die Leistungen des jeweils anderen Planenden, deren Umfang und Schnittstellen nicht oder nur begrenzt bekannt sind. Auch die Plandarstellung in Abhängigkeit der Detailtiefe eines Projekts ist häufig nicht einheitlich definiert. Die leanWOOD-Matrix stellt die Verknüpfung von Darstellung, Planinhalten und Verantwortlichkeiten entlang der Hierarchie vom Bauteil bis zu den Komponenten her.**

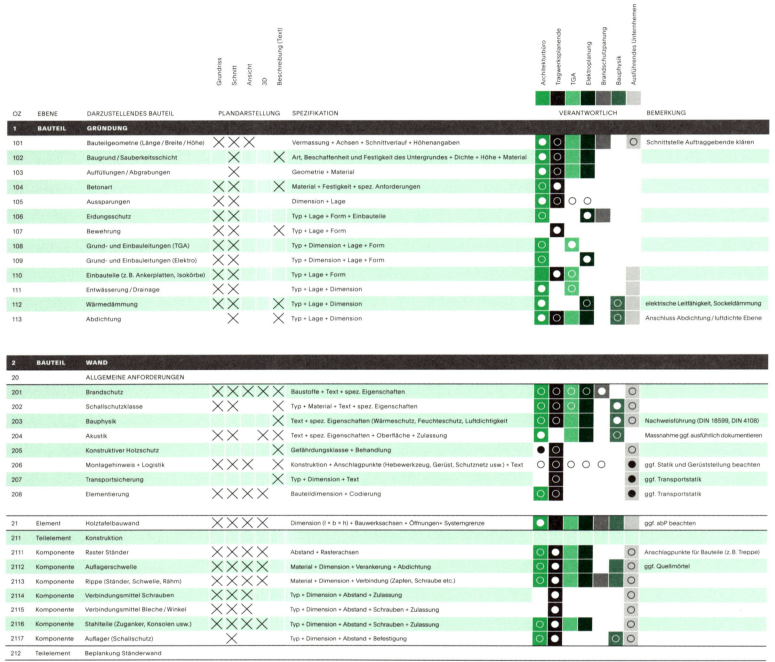

OZ	EBENE	DARZUSTELLENDES BAUTEIL	PLANDARSTELLUNG	SPEZIFIKATION	VERANTWORTLICH	BEMERKUNG
1	**BAUTEIL**	**GRÜNDUNG**				
101		Bauteilgeometrie (Länge / Breite / Höhe)	Grundriss, Schnitt, Ansicht	Vermassung + Achsen + Schnittverlauf + Höhenangaben	Architekturbüro ●, Tragwerksplanende ○, TGA, Elektroplanung; Ausführendes Unternehmen ○	Schnittstelle Auftraggebende klären
102		Baugrund / Sauberkeitsschicht	Schnitt, Beschreibung	Art, Beschaffenheit und Festigkeit des Untergrundes + Dichte + Höhe + Material	Architekturbüro ●, Tragwerksplanende ○	
103		Auffüllungen / Abgrabungen	Schnitt	Geometrie + Material	Architekturbüro ●, Tragwerksplanende ○	
104		Betonart	Grundriss, Schnitt, Ansicht, Beschreibung	Material + Festigkeit + spez. Anforderungen	Architekturbüro ○, Tragwerksplanende ●	
105		Aussparungen	Grundriss, Schnitt	Dimension + Lage	Architekturbüro ●, Tragwerksplanende ○, TGA ○, Elektroplanung ○	
106		Erdungsschutz	Grundriss, Schnitt	Typ + Lage + Form + Einbauteile	Architekturbüro ○, Elektroplanung ●	
107		Bewehrung	Grundriss, Schnitt, Beschreibung	Typ + Lage + Form	Tragwerksplanende ●	
108		Grund- und Einbauleitungen (TGA)	Grundriss, Schnitt	Typ + Dimension + Lage + Form	Architekturbüro ○, TGA ●	
109		Grund- und Einbauleitungen (Elektro)	Grundriss, Schnitt	Typ + Dimension + Lage + Form	Architekturbüro ○, Elektroplanung ●	
110		Einbauteile (z. B. Ankerplatten, Isokörbe)	Grundriss, Schnitt	Typ + Lage + Form	Tragwerksplanende ●, TGA ○	
111		Entwässerung / Drainage	Grundriss, Schnitt	Typ + Lage + Dimension	Architekturbüro ●, TGA ○	
112		Wärmedämmung	Grundriss, Schnitt, Beschreibung	Typ + Lage + Dimension	Architekturbüro ●, Bauphysik ○, Ausführendes Unternehmen ○	elektrische Leitfähigkeit, Sockeldämmung
113		Abdichtung	Schnitt, Beschreibung	Typ + Lage + Dimension	Architekturbüro ●, Tragwerksplanende ○, Ausführendes Unternehmen ○	Anschluss Abdichtung / luftdichte Ebene
2	**BAUTEIL**	**WAND**				
20		ALLGEMEINE ANFORDERUNGEN				
201		Brandschutz	Grundriss, Schnitt, Ansicht, 3D, Beschreibung	Baustoffe + Text + spez. Eigenschaften	Architekturbüro ○, Tragwerksplanende ○, TGA ○, Elektroplanung ○, Brandschutzplanung ●, Ausführendes Unternehmen ○	
202		Schallschutzklasse	Grundriss, Schnitt	Typ + Material + Text + spez. Eigenschaften	Architekturbüro ○, Tragwerksplanende ○, TGA ○, Bauphysik ●, Ausführendes Unternehmen ○	
203		Bauphysik	Beschreibung	Text + spez. Eigenschaften (Wärmeschutz, Feuchteschutz, Luftdichtigkeit)	Architekturbüro ○, Bauphysik ●, Ausführendes Unternehmen ○	Nachweisführung (DIN 18599, DIN 4108)
204		Akustik	Grundriss, Schnitt, Beschreibung, Text	Text + spez. Eigenschaften + Oberfläche + Zulassung	Architekturbüro ●, Bauphysik ○	Massnahme ggf. ausführlich dokumentieren
205		Konstruktiver Holzschutz	Beschreibung	Gefährdungsklasse + Behandlung	Architekturbüro ●, Tragwerksplanende ○, Ausführendes Unternehmen ○	
206		Montagehinweis + Logistik	Grundriss, Schnitt, Ansicht	Konstruktion + Anschlagpunkte (Hebewerkzeug, Gerüst, Schutznetz usw.) + Text	Architekturbüro ○, Tragwerksplanende ○, TGA ○, Elektroplanung ○, Brandschutzplanung ○, Ausführendes Unternehmen ●	ggf. Statik und Gerüststellung beachten
207		Transportsicherung	Beschreibung	Typ + Dimension + Text	Tragwerksplanende ○, Ausführendes Unternehmen ●	ggf. Transportstatik
208		Elementierung	Grundriss, Schnitt, Ansicht, 3D	Bauteildimension + Codierung	Architekturbüro ○, Tragwerksplanende ○, Ausführendes Unternehmen ●	ggf. Transportstatik
21	Element	Holztafelbauwand	Grundriss, Schnitt, Ansicht, 3D	Dimension (l × b × h) + Bauwerksachsen + Öffnungen + Systemgrenze	Architekturbüro ●, Tragwerksplanende	ggf. abP beachten
211	Teilelement	Konstruktion				
2111	Komponente	Raster Ständer	Grundriss, Schnitt, Ansicht, 3D	Abstand + Rasterachsen	Architekturbüro ○, Tragwerksplanende ●, Ausführendes Unternehmen ○	Anschlagpunkte für Bauteile (z. B. Treppe)
2112	Komponente	Auflagerschwelle	Grundriss, Schnitt, Ansicht, 3D	Material + Dimension + Verankerung + Abdichtung	Architekturbüro ○, Tragwerksplanende ●, Ausführendes Unternehmen ○	ggf. Quellmörtel
2113	Komponente	Rippe (Ständer, Schwelle, Rähm)	Grundriss, Schnitt, Ansicht, 3D	Material + Dimension + Verbindung (Zapfen, Schraube etc.)	Architekturbüro ○, Tragwerksplanende ●, Ausführendes Unternehmen ○	
2114	Komponente	Verbindungsmittel Schrauben	Grundriss, Schnitt, Ansicht	Typ + Dimension + Abstand + Zulassung	Tragwerksplanende ●, Ausführendes Unternehmen ○	
2115	Komponente	Verbindungsmittel Bleche / Winkel	Grundriss, Schnitt, Ansicht	Typ + Dimension + Abstand + Schrauben + Zulassung	Tragwerksplanende ●, Ausführendes Unternehmen ○	
2116	Komponente	Stahlteile (Zuganker, Konsolen usw.)	Grundriss, Schnitt, Ansicht, 3D	Typ + Dimension + Abstand + Schrauben + Zulassung	Architekturbüro ○, Tragwerksplanende ●, Ausführendes Unternehmen ○	
2117	Komponente	Auflager (Schallschutz)	Schnitt	Typ + Dimension + Abstand + Befestigung	Architekturbüro ○, Tragwerksplanende ○, Bauphysik ○, Ausführendes Unternehmen ○	
212	Teilelement	Beplankung Ständerwand				

● Hauptverantwortlicher Planer   ○ Mitwirkung

wettbewerblichen Dialogs: «Beim wettbewerblichen Dialog führt der Auftraggeber, nachdem eine unbeschränkte Anzahl von Unternehmern öffentlich zur Abgabe von Teilnahmeanträgen aufgefordert wurde, mit ausgewählten Bewerbern einen Dialog über alle Aspekte des Auftrags. Ziel des Dialogs ist es, eine oder mehrere, den Bedürfnissen und Anforderungen des Auftraggebers entsprechende Lösung oder Lösungen zu ermitteln, auf deren Grundlage oder Grundlagen die jeweiligen Bewerber zur Angebotsabgabe aufgefordert werden.»[8]

Dieses Szenario könnte eine Möglichkeit für die öffentlichen Auftraggebenden sein, allerdings bedeutet das Verfahren für alle Beteiligten einen hohen Aufwand, insbesondere einen erheblichen Zeitaufwand.

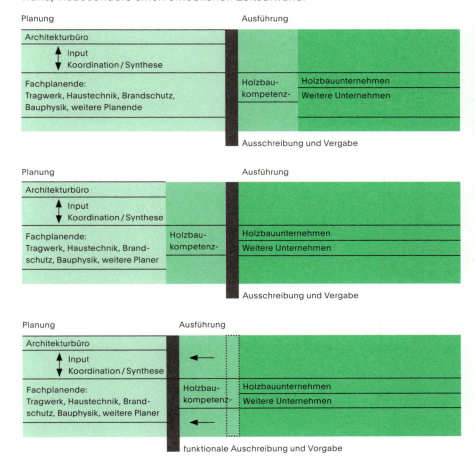

ABB. 4 Strategien zur Integration der Holzbaukompetenz in Planungsabläufe (leanWOOD). Oben: Status quo; Mitte: Strategie 1: frühzeitige Integration von holzbauspezifischem Fachwissen in den konventionellen Planungsprozess. Das Planungsteam bindet einen Holzbauunternehmen oder eine unabhängige Fachperson, z. B. einen Holzbauingenieur, eine Holzbauingenieurin früh in den Planungsprozess ein; unten: Strategie 2: frühzeitige Integration von holzbauspezifischem Fachwissen durch Vergabe in früher Projektphase. Die Holzbaukompetenz fliesst über die frühe Vergabe der Holzbauleistung durch eine funktionale Ausschreibung in den Planungsprozess ein.

1   Die Grundlage des nachfolgenden Abschnittes ist das von der Europäischen Union geförderte internationale Forschungsprojekt leanWood im Rahmen des Programms ERA-Net Woodwisdom-Net, WoodWisdom-Net 2. Die Forschungspartner waren die Technische Universität München, Professur für Entwerfen und Holzbau, die Hochschule Luzern – Technik & Architektur, Kompetenzzentrum Typologie & Planung in Architektur (CCTP), die Aalto University Helsinki, Wood Program, das VTT Technical Research Centre of Finland und das Institut Technologique Forêt Cellulose Bois-construction Ameublement (FCBA) in Frankreich. Die einzelnen Forschungspartner wurden zusätzlich national gefördert, der nachfolgende Beitrag beschreibt das nationale Ergebnis der Technischen Universität München, gefördert durch das Bundesministerium für Ernährung und Landwirtschaft (BMEL) unter Projektträgerschaft der Fachagentur Nachwachsende Rohstoffe e.V. (FNR) und der Koordination der Professur Entwerfen und Holzbau von Prof. Hermann Kaufmann.
2   Hier zeigt sich das Manko der intelligenten Standardisierung im Holzbau. Einen Lösungsbeitrag liefert exemplarisch die Bauteildatenbank dataholz.eu, die «zugelassene» Bauteile anbietet und somit zeitintensive behördliche Abstimmungsverfahren vereinfacht. Ein erster Schritt in Richtung einer neutralen Planung.
3   Zur Dokumentation der leanWOOD-Leistungsbilder siehe auch: https://mediatum.ub.tum.de/1537683 (Stand 21.7.2020).
4   Eine Matrix in Form einer detaillierten Beschreibung der Bauteilhierarchie, die die Zusammenarbeit von Architekten, Tragwerksingenieuren und Fachplanern unterstützt, ist im Forschungsbericht zu finden https://www.ar.tum.de/holz/leanwood/final-report/ (Stand 21.7.2020).
5   Architektenkammer Baden-Württemberg (Hrsg.), *Bauteam – ein Leitfaden für Architekten und Handwerker*, Stuttgart 2009.
6   In Deutschland wurden mehrfach Projekte im Rahmen geförderter Modellvorhaben durchgeführt. Die Organisationsformen dieser Bauteammodelle folgen dabei der ursprünglichen Idee des niederländischen *Bouwteams*.
7   Annes Weeber, Simone Bosch, *Unternehmenskooperationen und Bauteam-Modelle für den Bau kostengünstiger Einfamilienhäuser*, Stuttgart 2005, S. 13.
8   Vgl. dazu 2. Hauptstück, 1. Abschnitt § 31 Abs. 9 BVergG (Bundesvergabegesetz, Österreich).

In der Fülle der zeitgenössischen Produktion im Holzbau sind Bauwerke mit besonderen Geometrien in der Minderzahl. Sie bilden eine Art Spezialdisziplin. Und obwohl diese Bauteile in ihrer Form und in ihrer Fertigung stark von der Standardproduktion im Holzbau abweichen, sind sie doch gerade Ausdruck der neuen technischen Möglichkeiten. Diese zeigen sich zum einen in der umfassenden digitalen Planung und in Folge der komplexen maschinellen Produktion. In der Holzfertigung ist heute formal fast alles möglich, aber dennoch sind im Entwurf gewisse Aspekte zu beachten. Wie der Planungsprozess von geometrisch anspruchsvollen Bauteilen aussieht, welche wesentlichen Fragen und Herausforderungen zu lösen und welche konstruktiven Konsequenzen daraus entstehen können, wird in diesem Kapitel erläutert. Die hier besprochenen Punkte sind als Startpunkte für Diskussionen mit Fachplanenden und Unternehmen, aber auch bei architektonischen Entwurfs-prozessen zu verstehen.

Kai Strehlke ist eine Schlüsselfigur im modernen Holzbau, wenn es um die Planung und Fertigung geometrisch anspruchsvoller Holzbauwerke geht. In seinem Denken und der täglichen Arbeit verbinden sich untrennbar die Perspektiven der Architektur, der digitalen geometrischen Model-lierung und der maschinellen Fertigung. Er setzt sich seit über 20 Jahren immer grenzüberschreitend und anhand immer wieder neuartiger Projekte und Prozesse mit den Möglichkeiten dieser Prozesse auseinander. Seine Erfahrung als Verantwortlicher für digitale Prozesse bei Blumer Lehmann vermittelte er als Dozent an verschiedenen Lehrstühlen von technischen Fachhoch-schulen und Universitäten.

KAI STREHLKE

ASPEKTE DER GEOMETRIE IN DER PLANUNG VON VOR- UND BAUPROJEKT

GRUNDSÄTZLICHE FRAGEN

Der Entwurf und die Fertigung von Freiformen unterliegen besonderen Anforderungen an die Planenden und das ausführende Unternehmen. Dabei ist die **Schnittstelle [S. 99]** zwischen Entwurf und Fertigung entscheidend. Architektinnen und Architekten sollten daher im **Entwurfsprozess [S. 47]** bestimmte Rahmenbedingungen beachten und frühzeitig den Kontakt zum Holzbauunternehmen suchen, um die relevanten Parameter für Entwurf, Produktion und Montage abzuklären. Relevante Fragen sind dabei: Welche Formate verwenden die Fachplanenden? Welche das produzierende Unternehmen? Welche Maschinen verwendet das Unternehmen und beeinflussen diese die möglichen Holzverbindungen, die Dimensionierung der Elemente, den Produktionsaufwand und die Kosten?

Für den Entwurf einer Freiform sind insbesondere die Eigenschaften des Rohstoffs zu berücksichtigen. Wie jedes andere Bauteil aus Holz sind frei geformte Holzteile von den **Eigenschaften [S. 77]** der Holzfasern abhängig. Holz ist anisotrop und verhält sich längs zur Faserrichtung anders als quer zu ihr. Für die Fertigung einer bestimmten Geometrie muss die Ausrichtung des verwendeten Holzes beachtet werden. Die Konstruktion sollte mit und nicht gegen die Holzfaser gedacht werden. Bei der Konzipierung von Bauteilen im Raum und deren Verschränkung sollten Planende diese Abhängigkeit im (noch materiallosen) **Geometriemodell [S. 99]** (CAD) immer im Hinterkopf behalten.

Grundsätzlich gibt es bei Freiformen zwei Arten, um Bauteile im Raum anzuordnen: einfach gekrümmte oder doppelt gekrümmte. Dieser Konzeptentscheid im Entwurf beeinflusst die weitere Planung und Fertigung massgeblich und somit die zu erwartenden Kosten. Zur Überprüfung des Entwurfsentscheids ist daher, wie unten ausgeführt, bei Freiformen das Erstellen eines Mock-ups in der Entwurfsphase sinnvoll.

GEOMETRIE – AUSRICHTUNG DER BAUTEILE IM RAUM

Im Folgenden wird der Prozess anhand einer möglichen Methode in der Umsetzung eines Entwurfsansatzes beispielhaft veranschaulicht. In konventionellen Prozessen wird die statische Untersuchung eines digitalen dreidimensionalen Entwurfsmodells in ein räumliches Stabwerk überführt. Die geometrische und

ABB. 1 **Projektion des Grundrissschemas auf die Masterfläche und Ableitung räumlicher Elemente.** Zunächst wird das Grundrissschema angelegt, darüber die Masterfläche, welche die später räumliche Orientierung anzeigt. Vom Grundriss aus wird die Anlage der Elemente als Linien auf die Masterfläche projiziert. Anschliessend werden diese Linien in Elemente übersetzt. Bei diesem Prozess muss die genaue Orientierung der Elemente sowohl im Raum (vertikal oder senkrecht auf die Fläche) als auch gegenüber der Masterfläche entschieden werden.

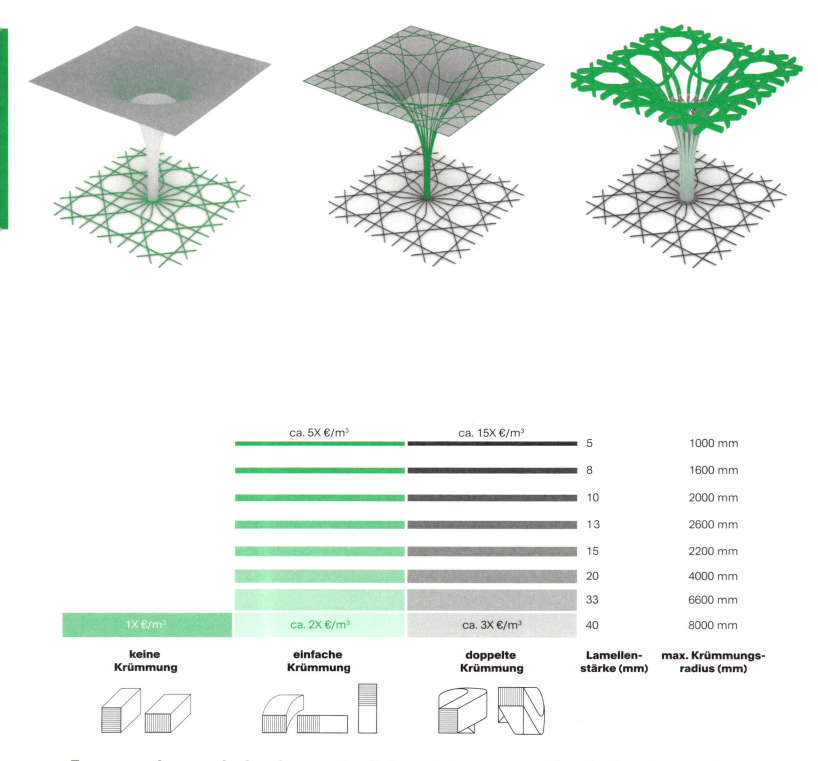

keine Krümmung	einfache Krümmung	doppelte Krümmung	Lamellen-stärke (mm)	max. Krümmungs-radius (mm)
ca. 5X €/m³		ca. 15X €/m³	5	1000 mm
			8	1600 mm
			10	2000 mm
			13	2600 mm
			15	2200 mm
			20	4000 mm
			33	6600 mm
1X €/m³	ca. 2X €/m³	ca. 3X €/m³	40	8000 mm

ABB. 4 **Zusammenhang zwischen Lammellendicken, Krümmung und Fabrikationskosten: Die mögliche Krümmung bei Brettschichtholzelementen entspricht minimal der zweihundertfachen Lammellendicke.** Dies bedeutet, dass für die maximalen Dicken von 40 Millimetern mindestens ein Krümmungsradius von acht Metern zu wählen ist. Verlangt die gewünschte Bauteilgeometrie kleinere Krümmungsradien (also stärkere Krümmungen), so führt das zum Einsatz von schlankeren und damit mehr Lamellen bei gleichem Elementquerschnitt. Zweifach gekrümmte Elemente mit den dicksten Lamellen verursachen etwa die dreifachen Herstellungskosten im Vergleich zu geraden Elementen; bei den dünnsten Lamellen können die Kosten bis etwa auf das Fünfzehnfache steigen.

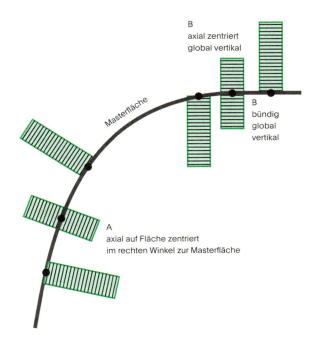

ABB. 2 A, B Räumliche Orientierung der Elemente in Bezug auf die Masterfläche (Schnitt). Genaue Ausrichtung der Elementquerschnitte im Raum und zur Masterfläche. Die Elemente können jeweils senkrecht zur Fläche [A] oder vertikal ausgerichtet sein [B]. Im ersten Fall sind sie doppelt gekrümmt, im zweiten Fall handelt es sich um einfach gekrümmte Elemente. Ausserdem können die Elemente innerhalb dieser grundsätzlichen Ausrichtung dann axial auf die Fläche zentriert sein oder ihre Aussenkanten verlaufen bündig mit der Fläche.

ABB. 3 Ist die Ausrichtung der Elemente ausschliesslich senkrecht, weisen diese eine einfache Krümmung auf, dann begegnen sie sich bündig und können so in dieselbe Richtung versetzt und am Zielort vertikal eingeschoben werden (oben). Komplexer wird die geometrische Vermittlung, wenn die zu verbindenden Elemente unterschiedliche Neigungen aufweisen (unten). Damit die Anschlusspunkte der Elemente meistens auch senkrecht zur Masterfläche orientiert sind, wie beispielsweise der Einschnitt bei einer Überblattung, wird das Element in ebendiese Richtung eingeschoben. Weisen also die begegnenden Elemente unterschiedliche Neigungen auf, muss auch deren unterschiedliche Orientierung des Einschubs beachtet werden. Das kann eine bestimmte Montagesequenz oder aber kompliziertere Anschlussdetails erfordern. Auch die Fertigung dieser Elemente ist entsprechend aufwendiger.

konstruktive Planung dient letztendlich der Vorbereitung der Fertigung, zum Beispiel durch die Zergliederung der Struktur. Um die geometrische Modellierung von Freiformen zu erreichen, besteht eine Strategie darin, das Grundrissschema des Entwurfs mit einer Masterfläche, also einer räumlich modellierten Systemfläche, die die Geometrie der tatsächlichen räumlichen Struktur definiert, zu überlagern. Das Grundrissschema wird auf diese Masterfläche projiziert und anschliessend mit den konstruktiven und statisch erforderlichen Querschnitten in räumliche Elemente umgewandelt. [ABB. 1]

Der architektonische **Entwurf** [S. 47] bildet dabei die Basis, die dann in die mögliche Konstruktion übersetzt wird. Mit diesem Schritt müssen Entscheide zur Dimensionierung der Bauteile und zur Geometrie der Elemente getroffen werden.

Für die Anlage der räumlichen Elemente muss die Orientierung dieser Elemente zur Bezugsebene festgelegt werden. Einerseits betrifft das deren Ausrichtung und die Beantwortung der Frage, wie sich die Elementachse zur Masterfläche verhält. [ABB. 2]

Komplexer ist die Frage der Orientierung im Raum, also die Rotation der Elementachsen in Bezug zum räumlichen Verlauf der Masterfläche. Es gibt zwei Arten, Bauteile im Raum anzuordnen. So können die Elemente senkrecht zur Masterfläche angeordnet werden [ABB. 2A] oder global im Raum, also unabhängig von der Krümmung der Fläche [ABB. 2B]. Dies ist eine den Entwurf prägende Entscheidung. Die räumliche Orientierung der Elemente ist dabei nicht nur entscheidend für den konstruktiven Ausdruck, sondern hat einen bestimmenden Einfluss auf die Entwicklung der Anschlussdetails, die Produktion sowie die spätere Montage auf der Baustelle und das Fügen der Elemente. [ABB. 3]

Unabhängig von der geometrischen Modellierungsstrategie kann der Entwurf auch parametrisiert werden. Eine Parametrisierung, also ein mit variablen Geometriegrössen angelegtes Modell zur Optimierung der Form, kann besonders bei komplexen Projekten, bei denen zahlreiche Änderungen erwartet oder Varianten studiert werden sollen, lohnen. Sie erlaubt, dass Anpassungen am Entwurfsmodell schnell vorgenommen und überprüft werden können.

HERSTELLUNGSKOSTEN VON GEBOGENEN BRETTSCHICHTHOLZELEMENTEN

Wie stark und wie unterschiedlich ein Element gekrümmt ist, hat einen grossen Einfluss auf die Herstellungskosten und die notwendige Segmentierung. Daher muss bei der geometrischen Anlage der Elemente im Raum deren Krümmung überprüft werden.

Dazu muss man den folgenden Zusammenhang berücksichtigen: Werden Brettschichtelemente hergestellt, möchte man möglichst dicke Lamellen verwenden, um den Material- und Klebeaufwand zu reduzieren. Die Lamellendicke ist abhängig von der Krümmung, die mit dem Element erzeugt werden soll.

Die Anordnung der Elemente im Raum ist weiterhin entscheidend. Der entstehende Aufwand spiegelt sich in den Herstellungskosten: Einfach gekrümmte Elemente sind etwa doppelt so teuer wie gerade Brettschichtelemente, bei denen auf maximale Lamellenstärken zurückgegriffen werden kann. Sollen stattdessen die dünnsten Lamellen verwendet werden, um beispielsweise einen Krümmungsradius von einem Meter zu realisieren, dann steigen die Kosten auf das etwa Fünffache der geraden Elemente.

Wird eine doppelte Krümmung der Bauteile nötig, weil die Elemente nicht nur entlang der Masterfläche, sondern gleichzeitig auch um ihre eigene Achse gekrümmt werden, erhöht sich deren Herstellungsaufwand und damit die Kosten. [ABB. 4]

VERMITTLUNG DER SEGMENTE UNTERSCHIEDLICHER KRÜMMUNG

Komplexe räumliche Geometrien erfordern oft Bauteile, die keine konstante Krümmung aufweisen, sondern sich vielfach ändern. Da unterschiedliche Krümmungen jeweils eigene Lamellendicken und damit andere Elemente zur Folge haben, müssen die Konsequenzen der Formgebung auch für die Segmentierung der Bauteile bedacht werden.

Bei der Planung der Bauteilsegmentierung spielen Statik, Montage und Logistik auf der Baustelle ebenso eine Rolle wie die Holzkosten [die Fertigung der verwendeten Elemente (Lamellenstärken)]. Während dünne Lamellen höhere Holzkosten erzeugen, entstehen beim Einbau einer Verbindung (für den Wechsel zwischen Elementen unterschiedlicher Lamellenstärken) weitere Prozesse in Fertigung und Montage. Diese Faktoren bedingen die Umsetzung und Positionierung der Elementstösse. Diese gilt es abzuwägen, wobei der Entscheid des **Tragwerksplanenden** [S. 77] immer massgebend ist, er kann die Segmentierung vorgeben. [ABB. 5]

ABB. 5 A, B, C Krümmungsradius und mögliche Segmentierung. Bauteile können in sich selbst verschiedene Krümmungen aufweisen. Das ist technisch kein Problem. Diese Krümmungen müssen aber vermittelt werden: Stärkere Krümmungen (also kleinere Krümmungsradien) erfordern dünnere und damit mehr Lamellen im selben Querschnitt [A]. Dieser Lamellenaufbau würde dann das ganze Element definieren. Ein Wechsel zu einem anderen Lamellenaufbau ist nur mit einem neuen Element, also einem zusätzlichen Stoss möglich. Dieser Aufwand muss gegen die höheren Herstellungskosten der dünnen Lamellen abgewogen werden [B]. Die Bauteile werden so schliesslich für die Fertigung gemäss ihrer Krümmung gruppiert [C].

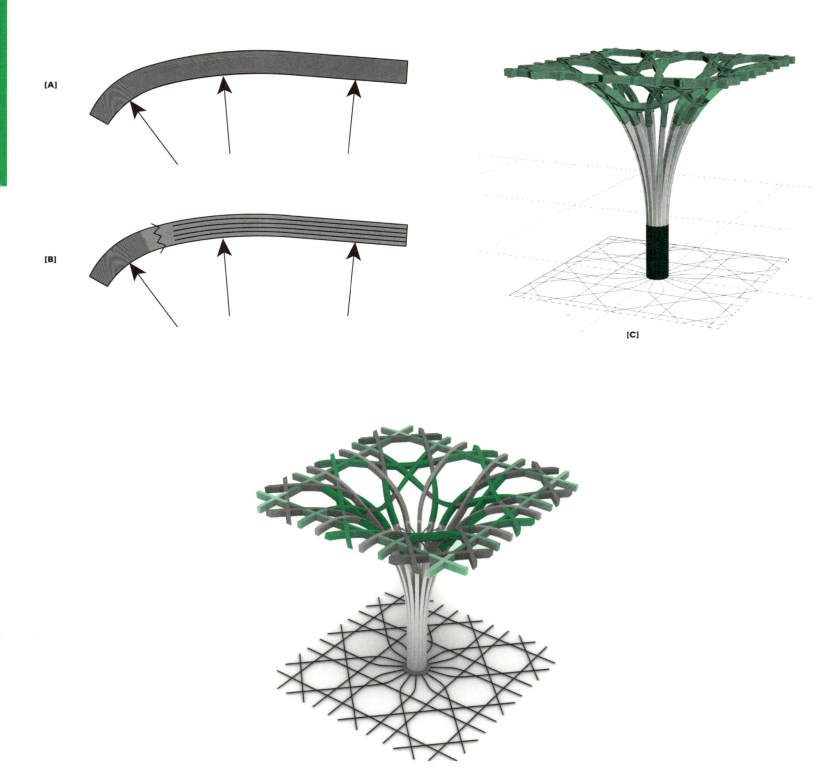

[A]

[B]

[C]

ABB. 6 Segmentierung und tatsächliche Gruppierung. Die Gruppierung der Bauteile gemäss ihrer Krümmung wird in einem weiteren Schritt anhand möglicher räumlicher Überblattungen oder notwendiger Montagestösse in die tatsächlichen Elemente zergliedert. Die Segmentierung unterscheidet möglicherweise auch verschiedene Elementtypen: einzelne und vorgängig in einem Zwischenschritt zusammengefügte Gruppen [ABB 7].

Im Sinne einer Kostenminimierung kann überprüft werden, an welchen Stellen in der Gesamtstruktur sowieso ein Elementstoss naheliegt: Geht beispielweise ein langes Bauteil von einer starken Krümmung in einen deutlich weniger stark gekrümmten oder geraden Bereich über, bietet sich ein Elementstoss an. Im anderen Fall müsste man die dünnen Lamellen, die sich aus der starken Krümmung ergeben, auch für die Bauteile der anderen Bereiche übernehmen, obwohl dies für deren Krümmung gar nicht notwendig ist. Man sollte also in Übergängen von Krümmungsbereichen nach Stellen suchen, an denen sich wegen kreuzender Elemente oder anderen Montagegründen eine Segmentierung anbietet. **[ABB. 6]**

Zudem hat, wie oben ausgeführt, die tragstrukturelle Modellierung Einfluss auf die Segmentierung. Sie kann dabei helfen, den Spielraum zur Festlegung von Stössen zu ermitteln. Denn mit den Stössen werden letztendlich Steifigkeiten modelliert, also kontinuierliche Bereiche (Steifigkeit) und mögliche oder gewünschte weichere Stellen (Gelenke) dazwischen.

Es kann abschliessend gesagt werden, dass die Komplexität der Zusammenhänge von Materialisierung und Geometrien das Zusammenwirken von Planenden und Unternehmen frühzeitig notwendig macht.

ABBUND – DAS VORBEREITEN DER KONSTRUKTION FÜR DIE MONTAGE

Entsprechend der Krümmung der Elemente unterscheidet sich auch die Komplexität des Abbunds und damit der Fügung. Dies ist entscheidend für die Herstellung der einzelnen Teile auf der CNC-gesteuerten Fertigungstrasse: Werden die Elemente in ihrer geometrischen Ausrichtung senkrecht orientiert, sind also einfach gekrümmt, führt das, wie zuvor beschrieben, zu einer einfacheren Fertigung und Montage. Anders bei doppelt gekrümmten Elementen.

Man sollte sich die Bearbeitungsschritte in der Fertigung deshalb fernab von der CAD-Planung vor Auge führen und die entsprechenden Werkzeuge und Arbeitsschritte verstehen. Grundsätzlich gilt, dass alle subtraktiven Volumen nur durch Fräsungen realisierbar sind und deshalb auf Regelflächen beschränkt bleiben sollten, denn nur so kann diese Fläche mit der Fräse bearbeitet werden. Doppelte Krümmungen müssten mit einem Kugelfräser herausgearbeitet werden, was einen enormen Mehraufwand generiert.

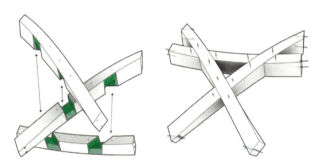

ABB. 7 Konstruktive Ausformulierung der Verbindung mit Überblattung oder stumpfen Stössen und Verschraubungen.

VERBINDUNGEN – DAS FÜGEN DER ELEMENTE

Für die Verbindungen ist die Krümmung der Elemente eine ebenso massgebende Grösse. Die Herstellung der Bauteilstösse hat Auswirkungen auf die Steifigkeiten des Elementes und der Gesamtkonstruktion. Wie sie ausgeführt werden, ist durch die Statik determiniert. Die Entscheidung zur mechanischen Wirkungsweise der Verbindungsstellen ist die Grundlage für die Fabrikation. Diese sieht dann im Sinne einer einfachen, das heisst relativ zügigen Herstellung der Bauteile, entsprechende Verbindungsformen vor. Wobei grundsätzlich angestrebt werden sollte, die Komplexität in der Fertigung zu belassen, um die Montage auf der Baustelle so einfach wie möglich zu halten. Auch die Option der Vormontage im Werk ist durch das Unternehmen zu prüfen. Es gibt zwei grosse Unterschiede bei den Verbindungsarten: **Holz-Holz-Verbindungen [S. 67]** (Überblattungen) und Holz-Stahl-Verbindungen (Montagestösse). Oft werden beide Verbindungsarten in einem Bauwerk verwendet. Man entscheidet sich also, wo im Bauwerk welche Verbindung sinnvoll ist. Der Entscheid für ein System dient jeweils dazu, die Komplexität der Verbindung (für die Fertigung und die spätere Montage) und damit der Konstruktion zu reduzieren. **[ABB. 7]**

Überblattungen sorgen für steife Verbindungen, erfordern aber eine äusserst präzise Fertigung. Sie müssen daher immer geometrisch geprüft werden. Sowohl auf ihre Herstellbarkeit als auch auf die Montage auf der Baustelle, denn es sind immer Toleranzen mitzudenken. Montagestösse werden je nach notwendiger Kraftübertragung am Zielort durch geschlitzte Stahlbleche hergestellt oder stumpf gestossen und verschraubt.

Bei Anschlüssen mit Schlitzblechen legt man zunächst im Werk an beiden Stabenden Bleche in mittige Schlitze ein und verdübelt diese dann mit dem Holzelement (Holz-Stahl-Verbindung). Vor Ort werden die Stahlbleche miteinander verbunden (Stahl-Stahl-Verbindung). **[ABB. 8]** Ziel der fabrikationsbasierten Planung ist es, die Komplexität der Konstruktion zu reduzieren, indem die Vorfertigung maximiert und die Montage vereinfacht wird. Am Ende steht idealerweise eine Art Lego-System, das die architektonische Absicht voll unterstützt.

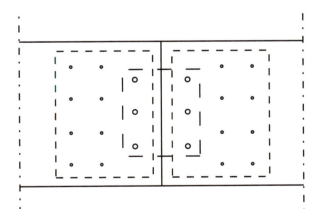

ABB. 8 Montagestoss mit eingestecktem Schlitzblech:
1) Im Werk werden an beiden Stabenden Bleche in mittige Schlitze eingelegt und mit dem Holzelement verdübelt (Holz-Stahl-Verbindung),
2) vor Ort wird das eigentliche Verbindungsblech eingesteckt, das die beiden zuvor eingelegten Bleche anhand weiterer Dübel verbindet (Stahl-Stahl Verbindung).

BAUTEILABMESSUNGEN UND LOGISTIK

Bei der gewünschten oder notwendigen Segmentierung der Holzstruktur in die tatsächlichen Bauteile sind neben den konstruktiven die logistischen Einschränkungen relevant. Alle gefertigten Teile werden von der Produktionsstätte auf die Baustelle transportiert und sind den jeweiligen **Transportbedingungen** [S. 47] unterworfen, die ganz direkt ihre Abmessungen beschränken. Die maschinelle Fertigung wird daher im Idealfall abgestimmt auf die Transportmöglichkeiten eines Lastwagens oder Schiffscontainers. Die 60 Meter lange CNC-Maschine bei Blumer Lehmann kann Bauteile mit einer Länge von 27 Metern produzieren. Werden zwei Bauteile im sogenannten Pendelbetrieb parallel bearbeitet, reduziert sich deren maximale Länge auf 13,5 Meter. Dies entspricht einer LKW-Länge. Die Konzeption der Segmentierung bringt so also zwei Bestrebungen zusammen: Aus wirtschaftlichen, statischen (Steifigkeit) oder architektonischen Gründen möchte man lange Bauteile herstellen, für die Handhabung in der Fertigung und für den Transport sind eher kleinere Elemente wünschenswert. Diese Aspekte gilt es jeweils abzuwägen.

DER MEHRWERT VON MOCK-UPS IN DEN PLANUNGSPHASEN

Zur Klärung der oben ausgeführten den Entwurf massgeblich determinierenden Parameter und Abhängigkeiten hat sich die Überprüfung der Entwurfsentscheide anhand eines Mock-ups, eines 1:1-Modells der Holzstruktur, bewährt. Während ein Mock-up bei herkömmlichen Projekten zur Veranschaulichung der Fassaden mit den zugehörigen Konstruktionsdetails und der Materialisierung kurz vor der tatsächlichen Bauausführung dient, unterstützt die physische 1:1-Demonstration bei innovativen, geometrisch anspruchsvollen Projekten als Machbarkeitsstudie den Entwurfsprozess. Es ist eine wichtige Hilfe, um Entscheidungen voranzubringen und dient als Kommunikationsplattform zwischen den Beteiligten. Das Mock-up ist zugleich der erste Moment, in dem sich die **Architektur zeigt** [S. 33]. [ABB. 9]

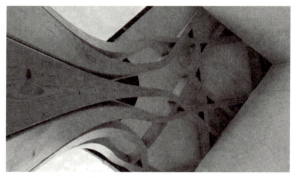

ABB. 9 Mock-up zur Überprüfung der Herstellbarkeit und Genauigkeit von Anschlüssen.

Nicht nur bei grossen Projekten hat sich gezeigt, dass der Einsatz von Mock-ups in allen Planungsphasen sinnvoll ist, um eine Überprüfung aller zuvor besprochenen Aspekte in einem frühen Projektstadium zu gewährleisten. Während massstäbliche Modelle im Vorprojekt zur Überprüfung gestalterischer, geometrischer oder konstruktiver Grundfragen dienen, sind sie aufgrund der sich aus dem jeweiligen Massstab ergebenden anderen Verbindungsgeometrien nicht geeignet, Entwurfsentscheide im Hinblick auf die Fertigung zu überprüfen. Entgegen ihrem Ruf als Kostentreiber sorgen Mock-ups tatsächlich meist für eine viel präzisere Kostenkontrolle, weil Überraschungen systematisch verringert werden können. Denn gerade da, wo bewusst herkömmliche Pfade verlassen werden (sollen), muss das Risiko bei allen Planungsschritten so gut wie möglich erkannt und begrenzt werden. Dabei kann auch die Realisierbarkeit (Produktion und Montage) überprüft werden. Die damit einhergehende **Planungs- und Kostensicherheit** [S. 53] hilft der Abstimmung zwischen Architektinnen und Fachplanenden ebenso wie zwischen den Planenden und der Bauherrschaft.

Oftmals wird das Mock-up erst nach der Ausschreibung erstellt. Dies ist der gängigen Vergabepraxis geschuldet. Planende und Bauherrschaft wähnen sich auf der sicheren Seite, da das ermittelte und beauftragte «günstige» Unternehmen nun die geplante Konstruktion umsetzen muss. Allerdings ist nicht selbstverständlich, dass das preislich günstigste Unternehmen auch tatsächlich zur korrekten Ausführung in der Lage ist. Nicht erwähnt werden muss, dass bei einem späteren Ausfall des Produzenten sich der Bauprozess enorm verzögern und verteuern kann; alle Beteiligten nehmen durch den grossen Aufwand des erneuten Planungsanlaufs Schaden.

Entscheidet man sich für die Erstellung eines Mock-ups, ist es daher wichtig, den passenden Zeitpunkt sowie die zu klärenden Fragen zu definieren: Welche Unsicherheiten und offenen Punkte gibt es konzeptionell und technisch? Wann lassen sich diese auf welche Weise demonstrieren? Welche Partner und Bereiche sollen involviert werden (z. B. auch die Fassadenplanung)? Steht beispielsweise ein Grundsatzentscheid an, kann die Überprüfung anhand des Mock-ups wertvolle Hinweise für die Ausschreibung liefern: etwa ob die **Funktionsschichten** [S. 77] (Versorgung, Struktur und Fassade) möglichst kompakt zusammengelegt werden sollten oder eher nebeneinander verlaufen, um komplizierte Überschneidungen, Durchbrüche und Kollisionen im Bau oder während der späteren Wartung zu vermeiden. Gleichzeitig muss die Einarbeitung der Erkenntnisse in die laufende Planung berücksichtigt und zeitlich eingeplant werden. Um auf diese Weise die Überprüfungen der Konstruktion am 1:1-Modell zu ermöglichen, sollte möglichst früh mit der Bauherrschaft eine Entscheidung für dieses Vorgehen getroffen werden. Denn auch ein Mock-up muss geplant werden und die Zeit im Projekt entsprechend berücksichtigt sein. Dies gilt auch für die möglicherweise notwendige Überarbeitung des Entwurfs im Anschluss. Das Argument der Bindung an ein Unternehmen beim Erstellen eines Mock-ups im Laufe der Vor- und Bauprojektphase ist kaum haltbar, denn Unternehmen können ausschliesslich für das Realisieren konzeptioneller Mock-ups beauftragt werden. Bei Betrachtung der Gesamtkosten des Projekts spielen diese zusätzlichen Aufwendungen eher eine untergeordnete Rolle.

Der Erkenntnisgewinn, die Sicherheit, die man durch die Überprüfung des Entwurfs am 1:1-Modell erreicht ist so gross, dass man bei hochkomplexen Gebäuden eine Mock-up-Phase einplanen sollte. Zur effizienten Verminderung von Projektrisiken ist dies absolut zu empfehlen.

Das konstruktive Entwerfen im heutigen Holzbau zielt vor allem auf eine sinnvolle, leistungsfähige und praktische Fertigung von Bauteilen. Die formalen und technischen Bedingungen erfassen dabei besonders das Zusammenspiel von Materialien und die Rolle und Komplexität der Teile im Gesamtgefüge. Ein grosses Dilemma bleibt dabei oft die Verbindung, die – anders als die hoch-speziellen Teile – punktuell mit standardisierten Blechen realisiert wird, meist im Sinne der raschen Montage. Mit zeitgenössischer Planungs- und Fertigungstechnik kann man aber das grosse Potenzial traditioneller Holzverbindungen nutzbar machen. Dieser Beitrag zeigt, wie sich Holz-Holz-Verbindungen in die konzeptionelle und konstruktive Planung integrieren lassen, ja diese schliesslich entscheidend zusammenführen können.

Yves Weinand ist einer der wichtigsten Forscher des zeitgenössischen Holzbaus. Der Architekt und Ingenieur forscht und baut seit 1996 in seinem Architektur- und Ingenieurbüro in Lüttich und seit 2004 an der EPF Lausanne. Seine grundlegenden Fragen und Erkenntnisse drehen sich dabei nicht um Probleme innerhalb der Disziplinen, sondern um die technischen und tektonischen Möglichkeiten des Baustoffs selbst. Innovative neue Ansätze und regelmässige Prototypen sind Ausdruck eines forschenden Konstrukteurs, der mit seinen Arbeiten und Projekten immer wieder ein eigentlich selbstverständliches Gesicht des möglichen zeitgenössischen Holzbaus zeigt.

YVES WEINAND

HOLZ-HOLZ-VERBINDUNGEN. FÜR EINEN NACHHALTIGEN MODERNEN HOLZBAU

Während Holz heute für vielfältige leistungsfähige Anwendungen industriell gefertigt und vor allem in **komplexen Geometrien [S. 59]** eingesetzt werden kann, bleiben die Verbindungen meistens pragmatische Standardknoten aus Stahl. Diese konzeptionelle Trennung zwischen Bauteil und Verbindung ist nachteilig, denn sie bedingt einen weiteren Arbeitsschritt in der Fertigung und Ausführung, zudem entstehen **bauphysikalische [S. 77]** Schwachpunkte in der Konstruktion. Ausserdem ignoriert dieser Pragmatismus die vielfältigen Möglichkeiten der industriellen Fertigung. Nachfolgend werden Holzkonstruktionen vorgestellt, bei denen Holz-Holz-Verbindungen zum Einsatz kommen. Diese Konstruktionsmethoden können komplexe geometrische Formen wie Origami oder Freiformen erzeugen; sie können aber auch standardisierten Geometrien dienen. Darüber hinaus bieten diese Verbindungen Ansatzpunkte für **neue architektonische Formen [S. 59]** und Fügungsprozesse und sie gewährleisten einen schnellen, präzisen und vereinfachten Montageprozess. Letztendlich kann die frühe Einbettung der Verbindungen in den Entwurfsprozess die Kluft zwischen dem entwerferisch-konzeptionellen und dem konstruktiv-technischen Teil dieses Prozesses sogar aufheben.

1   EINLEITUNG

Heutzutage müssen Baumaterialien vieles gleichzeitig sein: nachhaltig, leicht, strukturell, multifunktional – sie müssen also vielfach überzeugen. Idealerweise ermöglichen sie auch parametrisch entwickelte Formen aus dem digitalen Design. Viele dieser Kriterien erfüllt Holz als Baumaterial. Holz und Holzprodukte sind sehr leistungsfähig. Holz kann als tragende Struktur, Fassadenverkleidung, Fussboden- oder Lüftungssystem, für den Innenausbau und den Möbelbau verwendet werden. Darüber hinaus wird es aufgrund seiner organischen Maserung sowie der Farb- und Tontiefe allgemein als ästhetisch angesehen.

Die lange **Geschichte [S. 27]** der Holzarchitektur beinhaltet komplexe Konstruktionssysteme, die massgeblich von ihren Verbindungen geprägt sind. Die bekanntesten sind die der traditionellen japanischen und chinesischen Tempelarchitekturen. Die traditionellen Holz-Holz-Verbindungen aus Europa und dem angelsächsischen Raum sind durch ihre Entstehungsorte, Materialien und auch ästhetische Werte beeinflusst und unterscheiden sich sehr von denen aus China und Japan. Die Bauweisen verkörpern verschiedene konstruktive Kulturen. In der traditionellen Holzarchitektur sind die Verbindungen die Hauptakteure, sie bestimmen die Gestaltung und Umsetzung der geplanten architektonischen Form und beeinflussen die Konstruktionsmethode des gesamten Bauwerks. Gleichzeitig bieten die Verbindungen Hinweise zum Verständnis der Konstruktionsprinzipien – von der Konzeption bis zur Herstellung.

Dank neuer Technologien und Fortschritten in der Materialforschung erlebt das Holz heute eine Renaissance als moderner Baustoff. Dieses Wiederaufleben spiegelt sich bisher vor allem in spektakulären Bauformen oder in repetitiven **Elementbauten [s. 47]** wider, wobei der konstruktive und architektonische Fokus oft auf das Bauteil beschränkt bleibt. Dabei könnte, ganz im Sinne der traditionellen Konzepte, die Holzkonstruktion mit ihren Details auf ganzheitliche Weise verstanden werden. So könnten tektonische Entwürfe entstehen, in denen die Kunst des Bauens als eine poetische Verbindung zwischen Konstruktion, Struktur und Architektur verstanden wird. Bei den im Folgenden vorgestellten konstruktiven Methoden sind Holz-Holz-Verbindungen jeweils ein zentraler Impuls für die daraus entstehenden komplexen Strukturen. Diese Verbindungen denken die technischen Möglichkeiten und vor allem die konstruktive Nutzung des Holzes neu; sie stützen sich auf die Möglichkeiten der **digitalen Fertigung [s. 99]** und integrieren sie in Entwurfsprozesse, die architektonisches und strukturelles Denken verbinden. Kooperation und **übergreifendes Planen [s. 53]** ist daher eine grundlegende Strategie für neue Holzverbindungen und -konstruktionen mit tektonischem Charakter.

2 BESTÄNDIGKEIT UND INNOVATION KONSEQUENTER HOLZ-HOLZ-VERBINDUNGEN

Die **Automatisierung [s. 137]** ist im Baugewerbe zunehmend präsent, sei es in der Konstruktions-, Fertigungs- oder Montagephase. Dank aktueller Technologien können neue Formen der Gestaltung von Bauteilen erdacht und umgesetzt werden. Auch komplexe Methoden und Montageabläufe lassen sich schnell einrichten. Am Lehrstuhl für Holzkonstruktionen, IBOIS ENAC, EPFL Lausanne, wurden zahlreiche Forschungsarbeiten durchgeführt, insbesondere zu Holz-Holz-Verbindungen, die sogenannten *Integral Mechanical Attachments* (IMA). IMA für Holzbauelemente bieten eine Alternative zum Strukturkleben. Herstellungsprozess und Geometrien sind flexibler und können auch zur Gestaltung anderer Holzbauprodukte verwendet werden. Zudem ist eine drastische Qualitätskontrolle wie beim Klebevorgang nicht erforderlich. Zunächst wurden die Verbindungen für gefaltete Plattenstrukturen und später auch für zweischichtige Holzplattenschalen mit besonderen Geometrien eingesetzt. Mit den gewonnenen Erkenntnissen konzentriert sich die Arbeit von IBOIS nun mehr auf die Entwicklung von vorgefertigten **Standardbauteilen [s. 47]** (Dach oder Platte) unter Verwendung von IMA, um diese Techniken für die Praxis von Architektur und Ingenieurwesen bereitzustellen.

Im traditionellen Zimmermannshandwerk gab es eine Vielzahl von IMA-Techniken. Tragfugen in Hochbaukonstruktionen wurden typischerweise für die Verbindung von linearen Elementen wie Balken und Pfosten verwendet. Beispiele hierfür sind Zapfen-, Überblattungs- oder Schrägverbindungen.[1] Plattenförmige Elemente wie Holzbretter wurden jedoch eher als überlappende Aussenverkleidungen, Fussböden oder Terrassen verwendet. Mechanische Verbindungselemente fixierten diese Elemente in der Regel an den tragenden Holzrahmen. Für diese Anwendungen waren keine Kantenverbindungen erforderlich. Stattdessen finden sich im traditionellen Möbelbau eine Vielzahl von IMA zum Fügen von plattenförmigen Elementen. Beim Schreinerhandwerk waren für viele Gegenstände, die direkt aus Platten zusammengesetzt wurden, wie Kisten, Schränke oder Schubladen, hochkantige Plattenverbindungen erforderlich. Abgesehen von steifen Verbindungen zwischen den Teilen mussten diese Verbindungen die geringe und ungleichmässige Formstabilität von Holz berücksichtigen. Diese Techniken sind alt und bereits im alten Ägypten nachgewiesen, in Grabstätten fand man Schwalbenschwanzverbindungen bei Truhen und Särgen.[2] Verschiedene geometrische Variationen dieser Verbindungen wurden im Laufe der Zeit sowohl in Europa als auch in Asien entwickelt. Durch die **Industrialisierung [s. 27]**, die auch die Fertigung im Holzbau weitreichend veränderte, wurde die manuelle Bearbeitung der IMA weitestgehend verdrängt.

Die computergesteuerte Fertigungstechnologie, die bereits in der Holzfertigteilindustrie verfügbar ist, ermöglicht eine effiziente, automatische Herstellung. Die zunehmende Verbreitung von automatischen Tischlermaschinen hat anpassbare 1-Freiheitsgrad-Verbindungen (1-DOF) ermöglicht, mit denen vorgefertigte Bauteile schnell und präzise montiert werden können. Moderne Holzwerkstoffplatten wie Brettsperrholz (CLT) oder Furnierschichtholz (LVL) bieten zusätzliche Vorteile. Diese Laminate sind in Grossformaten erhältlich, sie sind formstabil und ermöglichen ein homogeneres, quasiorthotropes mechanisches Verhalten, das selbst für dünne Platten eine grosse Festigkeit bietet. Eine besonders interessante Variante von IMA sind die sogenannten 1-Freiheitsgrad-tab-and-slot-Verbindungen

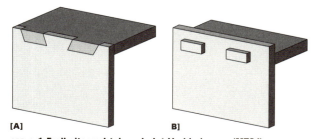

ABB. 1 1-Freiheitsgrad-tab-and-slot-Verbindungen (MTSJ), **[A]** mit offener Geometrie **[B]** mit geschlossener Geometrie.

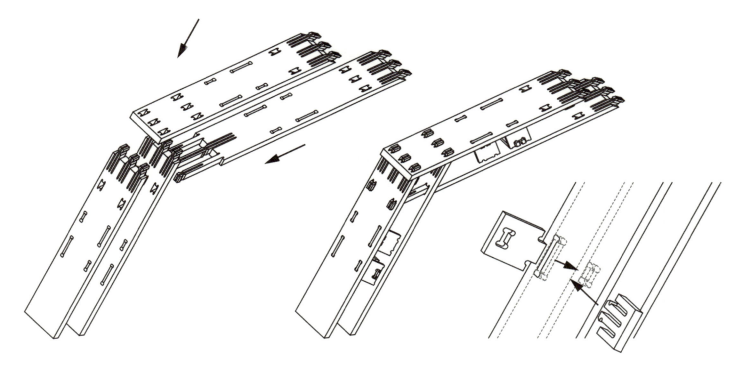

ABB. 2 Montage von Through-Tenon-Verbindungen (TT-Verbindungen) bei einem Prototypen. Unten: Konfigurationen von Steckverbindungen mit unterschiedlichen Richtungen des Einschubs.

(MTSJ).[3,4] Sie können sowohl mit offener als auch mit geschlossener Schlitzgeometrie realisiert werden. [ABB. 1] Derartige Verbindungen bieten mehrere Vorteile: Neben ihrer tragenden Funktion (Verbinderfunktion) integrieren sie auch Funktionen zum schnellen und präzisen Positionieren dünner Elemente (Positioniererfunktion). Sie stellen keine Einschränkungen für die Plattendicke dar und können in jede Plattengeometrie integriert werden.

Verlängert man die Schlitzverbindung in ein zweites, dahinter liegendes Element, entstehen steife Verbindungen, sogenannte *Through Tenon* (TT). In gefalteten Plattenstrukturen sind diese räumlichen Verbindungen viel überzeugender als Schrauben. Bei der Montage solcher TT-Verbindungen verbinden sich durch Kreuzung mehrere benachbarte Platten steif miteinander. [ABB. 2] So ist nach der dargestellten Methode eine ganzheitliche Befestigung von vier Platten möglich. Auf einer Bergfalte schneidet die untere Platte beide Gegenstücke mit einer doppelten TT-Verbindung [A]. Dann wird die obere Platte wie eine Verbindungslasche auf die Zapfen ihrer Gegenstücke aufgesetzt, was als umgekehrte Montage bezeichnet wird [B]. Bei einer Talfalte wird die obere Platte mit einem Doppelzapfen und die untere Platte umgekehrt eingesetzt. Zu den Vorteilen dieser Technik gehört die direkte Verbindung der unteren mit den oberen Schichten ohne zusätzliche Verbinder, der fixierte Abstand der beiden Schichten sowie das sichere Blockieren der Elemente.

Alle Platten werden von anderen Teilen blockiert und festgehalten. Eine Demontage ist nur in umgekehrter Reihenfolge der Montage möglich. Auf diese Weise sind keine zusätzlichen Anschlüsse erforderlich, um die Platten zu befestigen. Dies bringt nicht nur ästhetische Vorteile, eine schnelle Montage und Kosteneinsparungen mit sich, sondern ermöglicht auch den Einsatz dünner Platten, bei denen die Verwendung von hochkant geschraubten Verbindungen möglicherweise nicht zulässig ist.

Die Technik zum Aufbau bidirektional gefalteter Oberflächenstrukturen durch gleichzeitigen Aufbau mehrerer Kanten wurde gezielt für zweischichtige Konstruktionen angepasst, was zu zusätzlichen Einschränkungen bei der Herstellung und beim Aufbau führt.[5] [ABB. 3]

3　EINE NEUE KONSTRUKTIVE EINFACHHEIT

Die Gestaltung formaktiver Oberflächenstrukturen mit Holzwerkstoffplatten ist Gegenstand mehrerer Untersuchungen und experimenteller Prototypen in der Architektur und dem Bauingenieurwesen. Freiformholzplattenstrukturen sind im Wesentlichen eine räumliche Anordnung einer Vielzahl dünner Platten unterschiedlicher Form und Grösse, die durch Winkelverbindungen der Kanten mit ihren jeweiligen Nachbarn in Verbindung stehen. Während traditionelle **Holzrahmenkonstruktionen [S. 27]** Holzplatten nur als Sekundärkonstruktion für die Verkleidung und Versteifung von Trägern verwenden, werden sie bei **Freiformholzplattenstrukturen [S. 59]** als primäre, tragende Struktur eingesetzt. Die gefaltete Geometrie ermöglicht es, dass die Platten kombiniert als **Scheiben und Platten [S. 47]** wirksam werden, was zu gleichermassen effizienten und eleganten Strukturen führt. Im Folgenden werden bereits entwickelte Verbindungen gezeigt.

ABB. 3 **Der vierstufige integrale Aufbau von doppelschichtigen Holzfaltwerken erfordert eine genaue Reihenfolge. Die einzelnen Platten werden jeweils präzise in die Nachbarelemente eingeschoben, wodurch sie selbst und auch die anderen fixiert sind. So sind keine zusätzlichen Anschlüsse erforderlich, um die Platten zu befestigen. Dies bringt nicht nur ästhetische Vorteile, eine schnelle Montage und Kosteneinsparungen mit sich, sondern ermöglicht auch die Verwendung von sehr schlanken Elementen.**

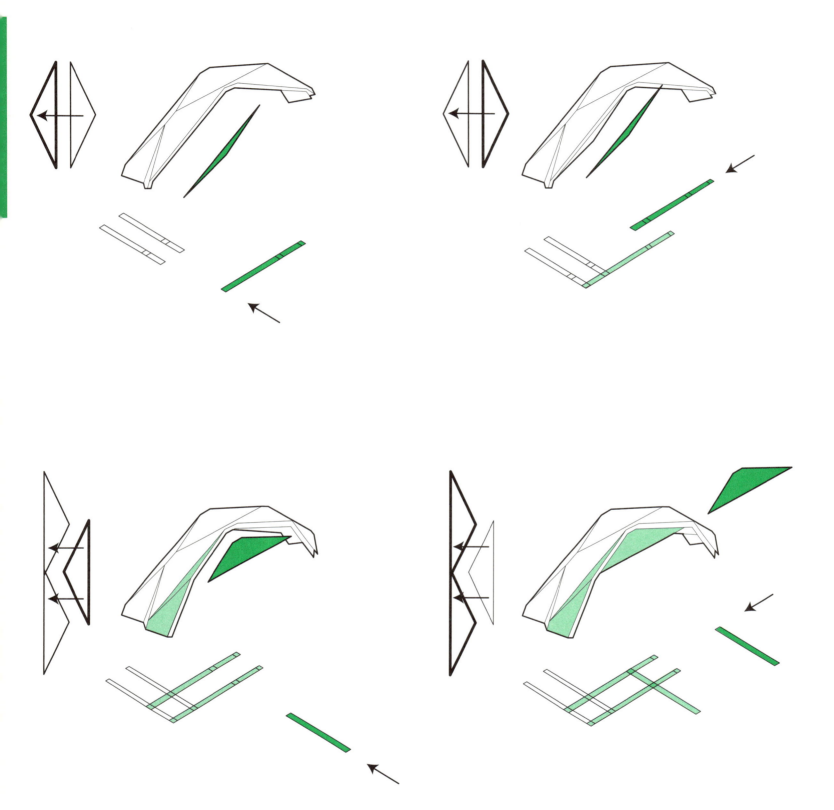

ABB. 4 Sperrholz-Prototyp einer gefalteten Plattenstruktur.

ABB. 5 Kapelle St. Loup, Pompaples 2008, Yves Weinand, Hani Buri, Localarchitecture, Danilo Mondada. Aussenansicht [oben], Stahlplatten-Verbinder für Aussenfalten [unten].

3.1 EINSCHICHTIGES TRAGWERK MIT ZUSÄTZLICHEN STAHLVERBINDERN

Gefaltete Plattenstrukturen sind aufgrund ihrer strukturellen, räumlichen und plastischen Eigenschaften attraktiv. Das Falten von Papier ermöglicht ein sehr direktes und intuitives Wahrnehmen und Erfassen ihrer Geometrie und Steifheit. Hände und Augen entwickeln im Dialog ein unwillkürliches Verständnis für das Potenzial solcher Formen. Die Entwurfsmethode für Faltstrukturen kann so die Grundlage für eine produktive Zusammenarbeit zwischen Architektinnen und Ingenieuren bilden.

Dünne Oberflächen können durch eine Reihe von Falten versteift werden und somit als tragende Elemente den Raum überspannen. Die **Variation von Licht und Schatten [S. 33]** entlang der gefalteten Oberfläche betont die Plastizität von Raum und Hülle. Falten erhöhen nicht nur die Steifigkeit, sondern auch die Wahrnehmungstiefe. Sie geben dem Raum Rhythmus. Variationen können eine räumliche Abfolge gestalten oder Tragkapazitäten anpassen.

2006 entstand am IBOIS eine konkrete architektonische Anwendung des Origami. **[ABB. 4]** Eine gefaltete Plattenstruktur mit einem regelmässigen Fischgrätenmuster bildete ein komplettes Tonnengewölbe mit einer Spannweite von 6,5 Metern bei einer Höhe von 2,4 Metern und einer Breite von 2,8 Metern. Da zu diesem Zeitpunkt noch keine CNC-Fräsmaschine am IBOIS verfügbar war, wurde die Bearbeitung von Hand unter Verwendung von Fertigungs- und Montagevorrichtungen durchgeführt. Das Gewölbe bestand aus 144 Flächen, die in zwölf Bogen mit zwölf Trapezplatten angeordnet waren. Das verwendete Material war ein 21 Millimeter dickes Fichtensperrholz.[6]

Die Kapelle von St. Loup **[ABB. 5]** in Pompaples war 2008 die erste Konstruktion in Originalgrösse, deren Entwurf und Konstruktion auf dieser Vorarbeit beruhte. Als temporäre Struktur war die zufällig gefaltete Plattenstruktur ideal für die Erprobung der Falttechnik. Sie überspannt neun Meter und besteht aus Brettsperrholzplatten (CLT) mit einer Dicke von 40 Millimetern für die 28 Wandelemente und 60 Millimetern für die 14 Dachelemente. Die von Origami inspirierte Form verwendet eine umgekehrte Falttechnik, die es den geraden Falten ermöglicht, ihre Richtung im Raum zu ändern – in diesem Fall entlang der Spannweite der Struktur. Die unregelmässige Form ist mit unterschiedlichen Flächenwinkeln zwischen den Platten (104 bis 130 Grad) gestaltet. Die variablen Winkel wurden hergestellt, indem einfache Gehrungsverbindungen mit zwei Millimeter dicken Stahlplattenverbindern kombiniert wurden. Die Stahlplatten wurden an der Aussenseite des Gebäudes mit selbstklebenden Schrauben aufgebracht.[7]

Das verwendete Formerstellungswerkzeug ermöglichte es, sowohl den Entwurf der Struktur als auch das Produktionsdesign von Anfang an in den **Planungsprozess [S. 99]** zu integrieren. Die Kapelle wurde vollständig in einem 3D-CAD-Programm entworfen und die Geometrie der Platten konnte ohne Änderungen direkt in die Fertigung übertragen werden. Die bis zu 9,5 Meter langen Brettsperrholzplatten (CLT) der Kapelle konnten durch die computergestützte Planung und Maschinentechnologie (CNC) präzise und schnell gefertigt und platziert werden. Daher dauerte das gesamte Projekt von Anfang bis Ende weniger als sechs Monate und die Kapelle wurde in weniger als zwei Monaten errichtet.

3.2 EINSCHICHTIGES TRAGWERK MIT HOLZ-HOLZ-VERBINDUNGEN

Um die IMA ohne Klebung zu erweitern und zu testen, wurde in einem weiteren Projekt 2014 auf die Schwalbenschwanzverbindung und die japanische *Nejiri Arigate*-Verbindung verzichtet. **[ABB. 6]** Das diamantähnliche Sechseckmuster, abgeleitet von *Yoshimura*-Faltmustern (Origami), wurde für ein Tonnengewölbe mit drei Metern Spannweite, 1,32 Meter Höhe und 2,8 Meter Breite eingesetzt. Hier blockierten die Montagefolge und die Geometrie der Platten durch ein vielfaches Ineinandergreifen ihre Relativbewegung. Die Fugengeometrie ermöglichte die gleichzeitige Montage zwischen Platten, die aus mehreren nicht parallelen Kanten bestehen. Diese Anordnung ist nur möglich, wenn alle Montagerichtungen der einzelnen Kanten einer Platte parallel sind. Auf eine Verklebung zu verzichten, bedeutet eine schnelle und **einfache Montage [S. 47]** vor Ort. Die Verbindung ist ästhetischer und nicht teurer als kaltgeformte Stahlplatten und mechanische Verbindungselemente. Die Dicke der Platten kann auf ein Minimum reduziert werden (21 Millimeter).[8]

ABB. 6 Verbindungen von Faltwerkelementen eines Tonnengewölbes. [a] Anschlüsse durch gewindebohrende Schrauben. [b] Direkte räumliche Einfügung von drei nicht parallel geschnittenen Feldern.

ABB. 7 **Vergleich von zweilagigen Winkelverbindungen von Kante zu Kante. In [A] werden zusätzliche transversale Winkelelemente verwendet. Diese Variante nutzt jedoch nicht die Vorteile der integrierten Kantenverbindungen innerhalb der Platte für die Montage von Platten mit unterschiedlichen Öffnungswinkeln. Das kleine Diagramm darüber veranschaulicht einen weiteren Mangel: Die vier weissen Punkte stellen die vier Platten dar, die in dieser Verbindung verbunden sind. Die Linien verdeutlichen, dass diese Platten nicht direkt, sondern durch das zusätzliche Verbindungselement (GRÜNER PUNKT) miteinander verbunden sind. In [B] wurden kastenförmige Komponenten mit integrierten Verbindungen montiert, aber die Verbindung zwischen den Kisten wird mit mechanischen Verbindungselementen hergestellt. [C] zeigt eine ähnliche Konfiguration, bei der integrierte Verbindungen mit Scherblockelementen kombiniert wurden. Schliesslich werden alle vier Platten in einer sich überschneidenden Konfiguration direkt miteinander verbunden [D]. Gleichzeitig fixiert die Fugengeometrie den Abstand zwischen den Platten.**

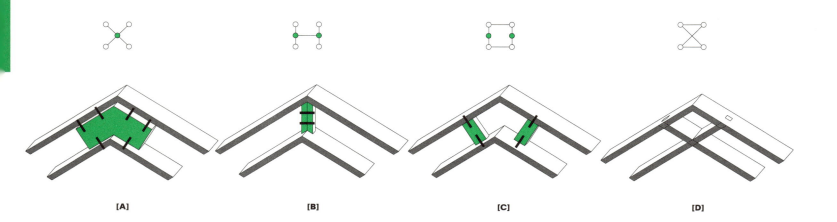

[A] [B] [C] [D]

ABB. 8 **Demonstration einer Faltwandstruktur mit einer Doppelschicht. Die doppelt verzahnten Schichten erhöhten die Trägheit um einen Versatz von 110 Millimetern zwischen den beiden dünnen Platten. Die Montagereihenfolge für Falzplattenstrukturen einschliesslich Rückfaltung kann durchaus komplex sein kann. Die am Ende eingesteckten Schubblockierungen fixieren den Aufbau endgültig, sodass die Verbindung nur noch zum Recycling demontiert werden kann.**

3.3 DOPPELSCHICHTIGES TRAGWERK MIT HOLZ-HOLZ-VERBINDUNGEN

Die Kombination von Schnappverbindungen und Tab-and-slot-Verbindungen ermöglicht im Vergleich zu Schraubverbindungen die seitliche Verbindung von dünnen Furnierschichtholzplatten (LVL). Daher können Doppelschichtstrukturen anstelle einer einzigen Schicht dicker Platten eine grosse statische Höhe bei geringem Eigengewicht erreichen und die Druck- und Zugfestigkeit der Platten oben und unten nutzen. Ein besonderer konstruktiver Vorteil der Schnapp- und Tab-and-slot-Verbindungen bei solchen Zweischichtaufbauten ist die Möglichkeit, eine direkte Kantenverbindung zwischen allen vier Schichten einer Falte herzustellen. Mit längeren Schnappverbindern können sich die Innenplatten einer Falte zunächst wie eine Zapfenverbindung durchkreuzen und dann in die darüber liegenden Aussenschichten einrasten. Die Innenplatten verriegeln nun die Aussenplatten doppelt und die beiden zusätzlichen Linienverbindungen pro Kante verbessern die Steifigkeit der Verbindung sowie die Gesamtsteifigkeit. Ein weiterer Vorteil solcher zweilagiger Konstruktionen ist die mögliche Integration von Dämmstoffen, die während des Transports vor mechanischen Beschädigungen im Inneren der Bauteile geschützt sind.

2014 konnte dazu die Montage einer Faltwandstruktur mit einer Doppelschicht [ABB. 8] demonstriert werden. Die doppelt verzahnten Schichten erhöhten die Trägheit um einen Versatz von 110 Millimetern zwischen den beiden dünnen Platten. Es ist anzumerken, dass die Montagereihenfolge für Falzplattenstrukturen einschliesslich Rückfaltung komplex sein kann. Die Clipfunktion des Schnappverschlusses eliminiert nach dem Einsetzen den letzten Freiheitsgrad. Die Verbindung kann nur noch zum Recycling demontiert werden.

Basierend auf dem bisherigen Versuch einer doppelten Verriegelungsschichtstruktur wurde 2016 ein einseitig niedrig gekrümmter Prototyp [ABB. 9] mit 3,25 Metern Spannweite für ein Gesamtgewicht von 90 Kilogramm entwickelt.[9] Der Abstand zwischen den Schichtplatten wurde diesmal auf 48 Millimeter (vierfache Plattendicke) eingestellt. Für die Herstellung wurden neunfach furnierte Birkensperrholzplatten mit einer Dicke von 12 Millimetern verwendet. Dies würde einer massstäblichen Struktur mit 21 Millimeter dicken Platten und einem Schichtabstand von 84 Millimetern entsprechen.

2017 wurde der erste Vollausbau einer zweischichtigen gefalteten Plattenstruktur realisiert für einen Neubau des Théâtre Vidy-Lausanne in Lausanne. [ABB. 10] Hierfür wurde eine stützenfreie Spannweite von bis zu 21 Meter bei einer Holzplattendicke von 45 Millimetern erreicht. 304 verschiedene Platten und 456 TT-Verbindungen von Kante zu Kante bilden das Tragwerk. Die für die Herstellung verwendeten Brettsperrholzplatten (CLT) wurden in der Schweiz aus fünf miteinander verklebten Kreuzschichten mit einer Gesamtdicke von 45 Millimetern hergestellt. Die unregelmässig gefaltete Form implizierte unterschiedliche Viertelwinkel mit einem Mittelwert von 125 Grad und einem Maximum von 138 Grad. Ermöglicht durch eine neuartige Doppelzahn-Anschlusstechnik, dient die Form der Bauteile gleichzeitig als Fügehilfe für eine schnelle und präzise Montage sowie für eine direkte Kraftübertragung zwischen den Platten und zwischen den beiden Schichten der Konstruktion. Möglich wird dies durch projektspezifische CAD-Komponenten, mit der viele Parameter laufend angepasst werden konnten.[10]

Der Bau des zerlegbaren Pavillons des Théâtre Vidy-Lausanne zeigt eine beispiellose Tragkonstruktion, die ausschliesslich aus Holzplatten besteht, welche kontinuierlich durch Holz-Holz-Verbinder miteinander verwoben sind. Seine doppelt gefaltete Plattenstruktur wirkt so weniger durch die Steifigkeit der Verbindungen, sondern integral als Gefüge. Die Konstruktion erfordert daher eine individuelle Vorfertigung: Steckverbinder werden im Werk zusammen mit den Paneelen in einem Arbeitsgang geschnitten. Nach der Montage gewährleisten diese Holzplatten allein die Gebäudestruktur und minimieren den Einsatz von Metallverbindungen. Wand- und Dachmodule werden werkseitig vormontiert und baustellenfertig geliefert (die gesamte Konstruktion besteht aus 22 Wand- und elf Dachsegmenten). Die Montage vor Ort erfolgte Gestell für Gestell. Zuerst wurden die vorgefertigten Wände eingebaut, dann kamen die 20 Meter langen vormontierten Dächer direkt auf einen Anhänger und wurden in einem Arbeitsgang angehoben und in die Laschen der Wand eingeführt. Dadurch wurde die **Bauzeit vor Ort** [S. 47] erheblich reduziert. Zusätzlich wurde die Fertigungszeit durch die automatisierte Generierung der einzelnen Plattengeometrien minimiert, was das gesamte Projekt sehr zeit- und kosteneffizient machte.

Ein weiteres doppelschichtiges Tragwerk aus Holzplatten wurden für den Hauptsitz der Annen Holzbau in Manternach realisiert. Es besteht aus einer Reihe von 23 Gewölben mit Spannweiten von 22,5 bis 53,7 Metern. Die konstante Höhe und Breite des Tragwerks beträgt neun bzw. sechs Meter. Die 5800 Quadratmeter grosse Anlage umfasst eine Produktionsfläche für die Holzfertigung sowie Büros. Jeder Bogen ist eine doppelt gekrümmte Schalenkonstruktion, welche von Eladio

ABB. 9 Doppelt geschwungene zweilagige Schale mit *Miura-Ori*-Muster.

ABB. 10 Holzpavillion des Théâtre Vidy-Lausanne, Lausanne 2017, Yves Weinand Architectes sàrl, Lausanne, unterstützt durch Atelier Cube, Lausanne.

Diestes Gauß'schen Backsteingewölben inspiriert ist. Die Schale besteht aus zwei miteinander mittels Zapfenverbindungen verbundenen Schichten von Holzplatten. Die Gewölbe weisen überlappende s-förmige Querschnitte auf. Die Platten werden über integrierte 1-DOF-Verbindungen zwischen allen Platten (vertikal und horizontal) miteinander verbunden, um die Eigenschaften von Positionshalter und Verbinder optimal zu nutzen. Dieses Projekt verschiebt die **Grenzen** [s. 47] des Bauens. Ein Prototyp mit 7,1 Meter Spannweite, 1,75 Meter Breite und 2 Meter Höhe wurde für eine Ausstellung im September 2016 gebaut. [ABB. 11] Der mit 40 Millimeter starken Buchfurnierschichtholzplatten ausgebaute Bogen bestand aus sechs verschiedenen Modulen, die mit Schrauben zusammengefügt wurden. Das System verwendet Zapfenverbindungen für eine schnelle, präzise und einfache Montage, die den Bau einer Reihe von unterschiedlich geformten Schalen ohne kostspielige Formen oder **Tragkonstruktionen** [s. 77] ermöglichen.[11]

3.4 EIN BAUPRINZIP, VERSCHIEDENE ERSCHEINUNGSPROZESSE

Das Grundkonzept der Zweischichtverbindung ist der Schnittpunkt der Innenplatten miteinander sowie ihre direkte Verbindung mit den Aussenplatten. Diese Art der Verbindung funktioniert nicht für flache oder krümmungsarme Oberflächen. Auch wenn das Aussehen der Form gleich ist, kann die innere Struktur von Zweischichtenverbindungen sehr unterschiedlich sein. Ein Vergleich von alternativen Bauweisen ist in **ABB. 7** dargestellt.

4 SCHLUSSFOLGERUNG

Die neue Planungslogistik hat Folgen:

1. **Projektpläne und Ausführungspläne** [s. 53] verschmelzen. Dasselbe parametrische Modell wird für beide Phasen gleichermassen genutzt. Das bedeutet vor allem einen Zeitgewinn. Schlussendlich muss die **Honorarordnung der Architekten** [s. 41] diesen neuen Gegebenheiten Rechnung tragen, ebenso wie die Gesetzgebung der öffentlichen **Ausschreibung und Vergabe** [s. 53].
2. Die Bauphasen Rohbau und Ausbau verschmelzen ebenfalls. Es gibt eine einzige Bauphase, in der sowohl vorgefertigte und in der Werkstatt vorinstallierte als auch auf der Baustelle gefertigte Bauteile gleichzeitig entstehen und eingebaut werden.

In den letzten Jahren ist die Notwendigkeit der Nutzung nachhaltiger Baustoffe im Bausektor deutlich geworden, in der Folge ist das Interesse an Holz als Baumaterial wieder gestiegen. Der Anspruch an zeitgenössische Holzkonstruktionen sollte jedoch sein, das Baumaterial und seine Details ganzheitlich zu verstehen, um tektonische Entwürfe zu schaffen, in denen die **Baukunst** [s. 33] eine poetische Kombination aus Konstruktion, Struktur und Architektur schafft. Die hier gezeigten methodischen und konstruktiven Schritte zeigen, dass ein integrales Planen und Bauen möglich und vielfach sinnvoll ist.

Die Forschung am IBOIS konzentriert sich auf die Entwicklung und Integration digitaler Technologien im Bereich der Architektur, insbesondere im Holzbau. Das ehrgeizige Ziel von IBOIS ist es, die nächste Generation von Holzkonstruktionen aus innovativen Holzwerkstoffen zu entwickeln und die umfassende Erforschung zukünftiger Holzkonstruktionen, welche auf den mechanischen und strukturellen Prinzipien des Holzes aufbauen. Dazu werden neue Bauweisen und Baustoffe entwickelt, um den Automatisierungs- und Fertigungsprozess unmittelbar in die Produktion zu integrieren.

Die entstehenden Projekte eröffnen so einen Dialog über **Konstruktionsmethoden** [s. 47]. Zentral ist die Integration des Materialverhaltens in den Entwurfsprozess sowie die Integration von Berechnungswerkzeugen und Fertigungsprozessen, vor allem aber die Weitergabe von Wissen an angehende Architektinnen und Designer. Dies wirft zentrale Fragen nach disziplinären Rollen, bestehenden Designparadigmen und dem Potenzial zukünftiger leistungsfähiger Design-, Analyse- und **Fertigungswerkzeugen** [s. 137] auf – Fragen, die für die Zukunft der Praxis und die nachhaltige Zukunft unserer Städte entscheidend sind.

ABB. 11 Projekt für den Hauptsitz von Annen Holzbau, Manternach 2016, Yves Weinand, Valentiny hvp architects. [a] Prototyp, [b] Bogen.

1   Christopher Robeller, *Integral Mechanical Attachment for Timber Folded Plate Structures*,
        Thesis, EPFL Lausanne, Lausanne 2015.
2   Ebd.
3   Ebd.
4   Stéphane Roche, *Semi-Rigid Moment-Resisting Behavior of Multiple Tab-and-Slot Joint
        for Timber Plate Structures*, Thesis, EPFL Lausanne, Lausanne 2017.
5   Robeller 2015.
6   Hans Buri, Yves Weinand, «Origami: Faltstrukturen aus Holzwerkstoffen», in:
        Bulletin Holzforschung Schweiz 2, 2006, S. 8–12.
7   Ebd.
8   Roche 2017.
9   Robeller 2015.
10   Yves Weinand (Hrsg.), *Le pavillon en bois du théâtre de Vidy*, Lausanne 2017.
11   Yves Weinand (Hrsg.), *Advanced Timber Structures. Architectural Designs and
        Digital Dimensioning*, Basel 2017, S. 196.

Holz ist ein vielseitiger Baustoff voller Möglichkeiten, erfordert wegen seiner komplexen Natur aber ein spezifisches konstruktives Wissen. Bereits in den ersten Schritten müssen die Bedingungen und Eigenarten mit den entwerferischen Vorstellungen in Einklang gebracht werden, da sonst später aufwendige Umplanungen notwendig werden können. In den folgenden Entwurfsphasen müssen diese Bedingungen und die beabsichtigte Konstruktionslogik immer wieder überprüft und geklärt werden; die Ausführung wird dann, genau wie die Gesamterscheinung, umso stringenter. Der folgende Beitrag zeigt die zentralen Entwurfsaspekte aus Vor- und Bauprojekt aus Sicht des Holzbauingenieurs auf und weist auf Chancen und Risiken hin.

Der konstruktive und strukturelle Umgang mit Holz erfordert heute ein komplexes Denken zwischen Disziplinen, Spezialfachgebieten und Massstäben. Als Zimmermann und architektonisch denkender Holzbauingenieur ist Peter Makiol ein wichtiger Entwurfspartner für viele Architektinnen und Bauingenieure. Gemeinsam mit Reinhard Wiederkehr führt er seit 1992 eines der mittlerweile bedeutendsten Holzbauingenieurbüros der Schweiz, das für spektakuläre, aber auch für kleinteilige Projekte verantwortlich zeichnet und eine wichtige Stimme jenseits des rein Technischen darstellt.

PETER MAKIOL

GRUNDSÄTZLICHE FRAGEN DES ENTWURFS AUS SICHT DES HOLZBAUINGENIEURS

1   EINLEITUNG

Dort, wo Wald- und Holzvorkommen vorhanden sind, war von jeher das Bauen mit Holz eine Selbstverständlichkeit. Man sprach früher nicht vom Schonen der Ressourcen oder dem Vermeiden von grauer Energie, sondern baute mit dem Material, das **vor Ort [S. 131]** zur Verfügung stand: Stein, Lehm oder Holz. Die Holzbranche ist dadurch stark mit dem traditionellen Handwerk verbunden. Hinzu kommt ein innovativer und unternehmerischer Geist, der die «Hölzigen» umgibt. Zudem gab es schon immer Architekten, die sich mit Holzbauten auseinandersetzten. Dies geschieht vermehrt wieder seit den 1980er-Jahren. Die neue Ausbildung an den Fachhochschulen zum Holzingenieur und zur Holzbauingenieurin sowie das grosse Engagement der Holzbranche in brandschutztechnischen Fragen der letzten 30 Jahre und die daraus resultierenden Anpassungen der Brandschutzvorschriften in den Jahren 2003 und 2015 waren aus Schweizer Sicht weitere Schlüsselereignisse, die den Holzbau in eine neue Ära führten.

Im Rahmen des Pariser Klimaübereinkommens[1] hat sich die Schweiz verpflichtet, ihren Treibhausgasausstoss bis 2030 gegenüber dem Stand von 1990 zu halbieren. Aufgrund von neuen wissenschaftlichen Erkenntnissen hat der Bundesrat dieses Ziel zusätzlich verschärft. Ab 2050 soll die Schweiz nicht mehr Treibhausgase ausstossen als natürliche und technische Speicher aufnehmen können und somit klimaneutral sein. Nicht zuletzt dank dieser Ziele und der damit verbundenen Klimastrategie hat in den letzten Jahren das Bewusstsein im Umgang mit nachhaltigen und nachwachsenden Rohstoffen im Bausektor deutlich zugenommen.

Der positive Trend wird verstärkt und angetrieben durch die rasanten Entwicklungen in der **Digitalisierung [S. 99]** der Planungs- und Produktionsprozesse. Die technologischen Fortschritte in der Produktion und der hohe **Vorfertigungsgrad [S. 47]** haben dazu geführt, dass Bauten in Holz wirtschaftlich und im Vergleich mit dem Massivbau in kurzer Zeit realisiert werden können.

Die **Planungsphase [S. 53]** ist jedoch für alle Beteiligten umso intensiver und anspruchsvoller. Die materialspezifischen Eigenschaften von Holz setzen gewisse Überlegungen und Rahmenbedingungen voraus, welche zu berücksichtigen sind. In den folgenden Abschnitten sind einige dieser Themen aufgeführt und sollen den Architektinnen und Architekten die relevanten Aspekte beim Entwurfsprozess von Holzbauten aus Sicht des Holzbauingenieurs aufzeigen.

2 PROJEKTENTWICKLUNG (VORPROJEKT, EBENE DER LOGIK)

Am Anfang des Entwurfsprozesses geht es für den Holzbauingenieur darum, die jeweilige Entwurfsidee zu verstehen und daraus die Konzeptideen aus statischer und materialtechnischer Sicht zu entwickeln bzw. einzubringen. Ziel ist ein statisches und **konstruktives Konzept [s.47]**, das die Entwurfsidee stärkt und dem gewählten Material gerecht wird.

Um dieses Ziel zu erreichen, fliessen folgende Themen in den Entwurfsprozess ein:

· Ort und Umgebung,
· Nutzung und Nutzende, Bauherrschaft,
· Geometrie, Struktur und Konstruktionsweise,
· Materialisierung,
· Brandschutz,
· Bauphysik,
· Schnittstellen.

In der Regel ist der architektonische Entwurf des Gebäudes bereits stark beeinflusst vom Ort, der Umgebung sowie der Nutzung und den Nutzenden des zukünftigen Bauwerks. Dies sind für uns Ingenieure ebenfalls zentrale Themen, welche sich auf die statischen und materialtechnischen Lösungen auswirken. Die statischen Konzepte, die Konstruktionsweise wie auch die Materialisierung müssen aus diesen Themen und Rahmenbedingungen logisch und sinnig entwickelt werden. So sind die Bauvorhaben dann auch ökologisch und ökonomisch umsetzbar. Werden die Weichen hier richtig gestellt, kann das Projekt erfolgreich realisiert werden.

2.1 ORT UND UMGEBUNG

Wind hat insbesondere in exponierten Lagen einen grossen Einfluss auf die statische Beanspruchung durch Winddruck und abhebende Kräfte infolge Windsog. Diese sind oft relevant bei Vordachkonstruktionen, Gebäudeeinschnitten und dergleichen. Der Einfluss der Sonne bzw. der Besonnung eines Gebäudes reicht von der erwünschten passiven Sonnenenergienutzung bis hin zum Schutz vor sommerlicher Überhitzung. Vordachkonstruktionen, Laubengänge oder Rankgerüste sind in diesem Zusammenhang von Bedeutung. Bei der Konzeption der Gebäudehülle sind Fragen zum Schutz vor Regen, die Thematik der Dachentwässerung und Retention sowie Schlagregen und daraus folgende Undichtheiten von beweglichen Bauteilen oder heiklen Anschlüssen zu lösen. Die Gebäudeausrichtung spielt eine wesentliche Rolle. Auch die Frage der Alterung und Verfärbung einer Holzfassade hat viel mit der Exposition und Beanspruchung durch Sonne und Regen zu tun. Wie beim Sonnenschutz können auch hier Vordächer und vorgelagerte Bauteile wesentlich zu einem konstruktiven Schutz beitragen. **[ABB. 1]**

Es gibt in der Schweiz Regionen und Orte, wie beispielsweise das Wallis oder die Stadt Basel, in denen mit grossen Erschütterungen durch Erdbeben gerechnet werden muss. Wie bei den Einwirkungen infolge der Windlasten sind auch bei Erdbeben erhebliche horizontale Lasten abzutragen. Das hat einen entscheidenden Einfluss auf die Gebäudestabilisierung und demzufolge auf die Konzeption des gesamten Gebäudes. Schnee und Schneeverwehungen sind in schneereichen Regionen entscheidend bezüglich der Belastung des Daches. Rechnen wir im Flachland lediglich mit etwa 80kg/m^2 vertikaler Last infolge von Schnee, sind es in hohen Lagen schnell bis zu 1000kg/m^2. Umgebung und Nachbarschaft können erhebliche Emissions-, Immissions- oder Erschütterungsquellen sein. Beispielsweise die Erschütterungen und Lärmbelastungen aus Bahnbetrieben, Auto- und Flugverkehr.

2.2 NUTZUNG UND NUTZENDE, BAUHERRSCHAFT

In der Regel hilft die Nutzungsvereinbarung zwischen Bauherrschaft, Architekt und Ingenieurin, um die relevanten statischen Themen verbindlich zu definieren. Die Nutzung gibt vor, auf welchen Lasten (ständige und veränderliche) und Steifigkeiten die Bauteile ausgelegt werden müssen. Sie ist ferner ausschlaggebend für die Anforderungen an die bauphysikalischen und brandschutztechnischen Eigenschaften der Bauteile und des Tragwerks. Die Nutzungsdauer und zukünftige Entwicklung des Bauwerks, etwa eine Erweiterung, Umnutzung oder **Aufstockung [s.111]**, ist relevant für die gesamte Auslegung der Struktur und der Bauteile. Speziell sind Gebäude, die zum Wiederaufbau, temporär, veränderbar und dergleichen konzipiert

ABB. 1 Wohnbau St. Ursula, Brig 2019, Walliser Architekten, Makiol Wiederkehr (Holzbau und Brandschutz). Konstruktiver Holzschutz: Die nach Südwesten ausgerichtete Vordach- und Laubenkonstruktion bietet Schutz vor direkter Sonneneinstrahlung und Witterungseinflüssen.

werden. Flexibilität, Veränderbarkeit und Umnutzungen sind für ein Gebäude, das über Generationen Bestand haben soll, unumgänglich und erfordern eine robuste Grundkonzeption. Dies widerspiegelt sich oft in der statischen Struktur und in der Erschliessungsidee. Die Vorgaben der Bauherrschaft bezüglich der Erstellungskosten, des Unterhalts sowie der ökologischen und sozialen Ziele haben auch auf den Holzbau und dessen Ausformulierung Auswirkungen. Insbesondere auf

- die Materialisierung, vor allem der inneren Oberflächen und der Fassade;
- die Vorstellungen zur Robustheit eines Gebäudes und zu seinem Unterhalt, zum Beispiel der inneren Oberflächen, Fassadenverkleidungen, Fenster, dem Fensterfutter und der Auswechselbarkeit der Bauteile und Ausbauelemente;
- die Wertschöpfung: eigenes Holz, Verfügbarkeit, Sortiment;
- die Vorstellungen zu Ökologie und Nachhaltigkeit;
- das **Submissionsverfahren** [S. 53]: international, national oder regional.

Entscheidende Fragen mit grossem Kosteneinfluss sind:

- Was sind die Ansprüche der Nutzenden an den Komfort und das Raumklima sowie an die Hausinstallationen?
- Ist eine Erweiterung und / oder **Aufstockung** [S. 111] miteinzuplanen? Falls ja, sollen bei einer Aufstockung die Mehrinvestitionen für die höheren Brandschutzauflagen (etwa R60 statt R30), die Gebäudestabilisierung und die Mehrlasten bereits getätigt werden?
- Sind spätere Nachrüstungen oder Ausbauten einzuplanen, beispielsweise eine Photovoltaikanlage, Dach- oder Balkonbepflanzungen?

2.3 GEOMETRIE, STRUKTUR UND KONSTRUKTIONSWEISEN

Die Geometrie und die Abmessungen (Grundriss und Höhe) des Gebäudes haben einen direkten Einfluss auf die statische Tragstruktur und die Bemessung der Bauteile. Es sind insbesondere die Decken und deren Spannrichtung und Auflagermöglichkeiten, die vom Grundriss abhängen. Ebenso relevant ist die Stabilisierung des Gebäudes infolge horizontal einwirkender Kräfte wie Windlasten und die Einwirkungen durch Erdbeben, insbesondere bei hohen, mehrgeschossigen Bauwerken.

- Grundriss, vertikale Lastabtragung, Spannweiten

Aus der Typologie des Grundrisses sowie dem Öffnungsverhalten der Fassaden ergeben sich die sinnvollen statischen Strukturen. Die Möglichkeiten der primären und sekundären statischen Tragstruktur, die Vor- und Nachteile der flächigen oder linearen **Bauteile** [S. 47] sind in Abhängigkeit von Grundrissdisposition und Fassadengestaltung zu prüfen. [ABB. 2, 3] Die Möglichkeiten der Lastabtragung sind entscheidend für die gesamte Struktur des Gebäudes: Ist ein regelmässiges Raster vorhanden? Können vertikale Lasten punktuell mittels Stützen oder linear, zum Beispiel mit tragenden Wänden, abgetragen werden? Ist eine Abfangdecke erforderlich?

Die **Durchgängigkeit** [S. 47] der Geschosse im Hinblick auf die vertikale Lastabtragung beschäftigt uns bis zum Schluss der Projektierung. Sie steht oftmals der gewünschten Nutzung entgegen. So sind grosse stützenfreie Räume (Nutzung und Entfluchtung) oft im Erdgeschoss angeordnet. Dies kann die Ausführung einer Abfangdecke in Stahlbeton oder in Holzbauweise erfordern, die immer ausserordentliche Aufwände verursacht. Hier gilt es den optimalen Konsens zu finden, damit das Holzbaukonzept nach wie vor tragfähig ist und nicht beliebig wird. Grundsätzlich sind vertikal versetzte Grundrissstrukturen im Holzbau ungünstig. Bei der Evaluation des geeigneten Deckensystems im Wohnungsbau, das in der Regel ein sekundäres Tragwerk ist, spielt die Spannweite eine wesentliche Rolle. Für kurze Spannweiten (unter vier Metern) eignen sich einfache Balkendecken, Brettsperrholz- oder Brettstapeldecken. Bei grösseren Spannweiten kommen zum Beispiel Rippenplatten, Hohlkastendecken oder Holz-Beton-Verbunddecken zum Einsatz. [ABB. 4]

- Gebäudestabilisierung

Aus den einwirkenden Windlasten und dem Lastfall Erdbeben sind erhebliche horizontale Lasten abzutragen. Das hat einen entscheidenden Einfluss auf die Konstruktionsweise des Gebäudes. Statisch wirksame Wandscheiben, die schubfest mit den Deckenscheiben verbunden sind, gewährleisten im Holzbau die Stabilisierung des Gebäudes. In der Regel erfolgt die Lasteinleitung in ein massives Untergeschoss oder Fundament. Je schmaler die Wandscheiben sind, desto grösser werden die abhebenden Kräfte, die in die Fundamente eingeleitet werden müssen.

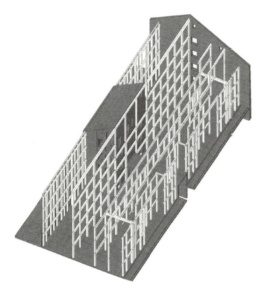

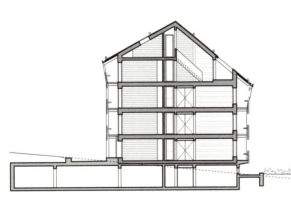

ABB. 2, 3 Wohnbau St. Ursula, Brig.
Die beiden äusseren Längswände wie auch die beiden inneren Längsachsen werden zu primären Elementen der vertikalen Lastabtragung. Die Decken spannen mit moderaten Spannweiten quer zum Gebäude. Die Montage wurde geschossweise vorgenommen, dementsprechend sind auch die Wandelemente (mit integrierten Stützen) immer geschosshoch konstruiert. Die Stabilisierung des Gebäudes wird durch die beiden massiven Giebelwände, den massiven Treppenhauskern sowie durch die Scheibenausbildung der Decken gewährleistet.

ABB. 4   Stapferhaus, Lenzburg 2018, pool Architekten, Makiol Wiederkehr (Holzbau und Brandschutz). Die Forderung nach Flexibilität und Veränderbarkeit sowie die Notwendigkeit grosser Spannweiten haben beim Ausstellunggebäude Stapferhaus zu einer grossformatigen Rippendecke und einer tragenden Struktur mit Füllungen für die Aussenwand geführt. So sind jederzeit Öffnungen für neue Erschliessungswege möglich.

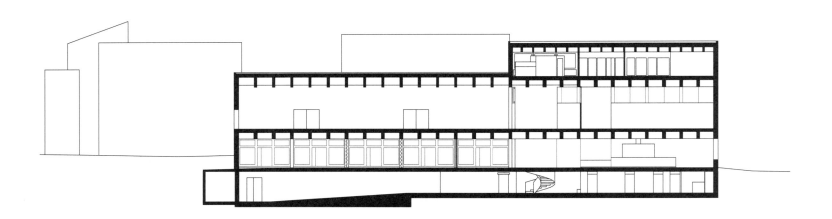

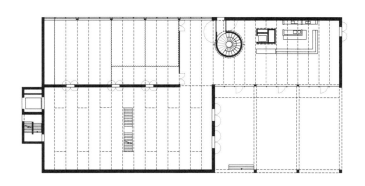
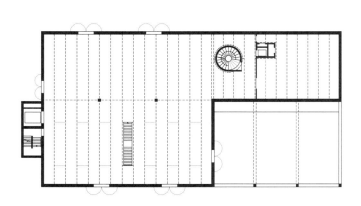

- Durchgehende vertikale Lastabtragung?

- Einfache Stabilisierung in vorhandenen Raumelementen möglich?

- Konstruktiver Holzschutz möglich?

- Anforderungen an Komfort und Raumklima?

- Spätere Erweiterung oder Aufstockung?

- Spätere Nachrüstungen oder Ausbauten (Photovoltaik, Bepflanzung)?

- Wird eine Löschanlage eingebaut?

- Fluchttreppenhäuser massiv oder in Holzbauweise?

- Anforderungen an brandabschnittsbildende Bauteile?

- Falls kontrollierte Wohnungslüftung, welche Leitungsführung?

- Nasszellen und Küchen für Abwasserführung übereinander?

- Verteilung Strom und Wasser: Installationsschächte gross genug?

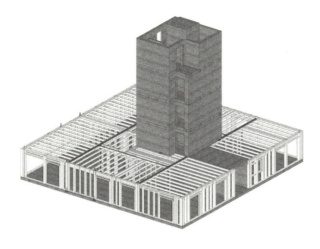

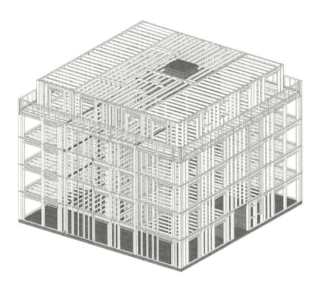

ABB. 5 Mehrfamilienhaus Heiligkreuz, Chur 2009, Konzept und Vorprojekt Robert Albertin, Ausführung Büsser, Makiol Wiederkehr (Holzbau und Brandschutz). Die Stabilisierung des Gebäudes wird primär mit dem massiven Treppenhauskern sowie durch die Scheibenausbildung der Decken gewährleistet.

Falls ein massiver Erschliessungskern vorhanden ist, kann dieser in das Stabilisierungskonzept einbezogen werden.

Dazu sind Fragen zu klären wie: Gibt es Einspannmöglichkeiten in den Untergeschossen? Hat es genügend durchgängige Wandscheiben, die bis in die Fundation laufen? Hat das Gebäude massive Kerne, die als stabilisierende Pfeiler am richtigen Ort stehen oder handelt es sich um eine Laubengangerschliessung?

· Konstruktionsweisen

Das **stabförmige [S. 47]** Prinzip generiert oft eine klare Hierarchie in ein primäres und sekundäres Tragsystem. Es kommt idealerweise ein Raster zum Tragen. Notwendige Flächen werden so zu Füllungen, die keine vertikal tragende Funktion haben. Insbesondere das primäre Tragwerk zeichnet sich durch die Ausbildung der dreidimensionalen Knoten aus. Durch die Konzentration der Lastabtragung über die Knoten lassen sich das unerwünschte, liegende (auf Querdruck beanspruchte) Holz und die daraus folgenden Setzungen vermeiden.

Auskreuzungen oder die Ausbildung der Füllungen zu statisch wirksamen Wandscheiben können als aussteifende Elemente dienen. Die konsequenteste Umsetzung führt zu einem klassischen Skelettbau.

Flächige Bauteile aus Holz oder Verbundbauteile (z. B. Holz-Beton-Verbund) haben, anders als eine Stahlbetondecke, die in beide Richtungen gleichermassen tragen kann, meist eine Haupt- und eine Nebentragrichtung. Sie sind deshalb auf ein mehr oder weniger lineares Auflager, eine Wand oder eine Träger-Stützenachse, angewiesen. Umso mehr wird zwischen tragenden und nicht tragenden Wänden und Achsen unterschieden.

Aufgrund der Elementgrössen und des Montageablaufs kommt mehrheitlich das geschossweise Konstruieren zum Zug. Die vertikale Lastabtragung erfordert spezielle Details, um liegendes (auf Querdruck beanspruchtes) Holz und die daraus folgenden Setzungen zu vermeiden. Als aussteifende Elemente werden die tragenden Wände und Decken zu statisch wirksamen Scheiben ausgebildet und schubfest untereinander verbunden. Die konsequenteste Umsetzung führt zu einem klassischen Plattenbau.

Die Zellenbauweise (etwa Raummodule) generiert bei konsequenter Ausformulierung doppelschalige Bauteile. Dies kann zum Vorteil genutzt werden, zum Beispiel für Schallschutzlösungen. Neben den logistischen Herausforderungen sind die Erschliessungen der Haustechnik und das Zusammenführen der einzelnen Zellen zu einem Gebäude von entscheidender Bedeutung.

In der Regel führen Zellen zu kleinen statischen Spannweiten und einfachen flächigen Bauteilen, die zusammengefügt werden. Eine grosse Herausforderung sind jedoch die Kräfte aus den Montagezuständen, die Anhängepunkte der Hebemittel und das Handling der Raumzellen. Ihre Grösse wird meist durch die Rahmenbedingungen des **Transports [S. 47]** bestimmt. **[ABB. 5]**

Entscheidende Fragen mit grossem Kosteneinfluss sind:

· Sind die Grundrissstrukturen über alle Geschosse durchgängig?
· Ergeben sich daraus geeignete Spannweiten für das Deckensystem?
· Kann das Gebäude auf einfache Weise stabilisiert werden?

2.4 DAS MATERIAL HOLZ

Immer wieder muss man sich vor Augen führen, was dieser geniale, nachwachsende Baustoff eigentlich ist. Mikroskopisch betrachtet handelt es sich beispielsweise bei Fichtenholz um ein Röhrenbündel: Röhren aus Zellulosefasern, zusammengeklebt mit Lignin. Dies erklärt auch die unterschiedlichen Eigenschaften des Holzes je nach Beanspruchungsrichtung, parallel oder quer zur Faser, auf Zug, Druck oder Biegung. In der Logik des Baumes ist Holz also vor allem parallel zur Faser sehr hoch beanspruchbar. Einfach verfügbar und ohne viel Aufwand als lineares Bauteil einsetzbar ist nach wie vor der Balken. Das Verkleben von Holz bei der Herstellung von Holzwerkstoffen ist verwandt mit dem Verkleben der Fasern mit Lignin. Kamen früher Haut- und Knochenleime zum Einsatz, so sind es heute moderne Klebstoffe, die es ermöglichen, Holzwerkstoffe wie Brettschicht-, Brettsperr- oder Furnierschichtholz herzustellen. Damit sind grössere Abmessungen in Stabform oder als flächige Bauteile bzw. Halbfabrikate möglich. Ebenso einfach ist es, Holzwerkstücke mit Werkzeug zu bearbeiten und mechanisch zu verbinden, sei es mit **Holzverbindungen [S. 67]** oder Verbindungsmitteln aus Stahl.

Im europäischen Raum wird im konstruktiven Holzbau hauptsächlich mit dem gut verfügbaren Fichtenholz gearbeitet. Bei hohen Lasten, beispielsweise im mehrgeschossigen Holzbau, wird auch immer häufiger auf Laubholzarten (etwa

ABB. 6 Hotel in Modulbauweise, Bever 2015, FH Architektur, Uffer (Modulbau), Makiol Wiederkehr (Holzbau und Brandschutz). Neben der Logistik sind im Modulbau die Erschliessungen der Haustechnik und das Zusammenführen der Zellen zu einem Gebäude entscheidend. Beim Hotel in Bever wurden die Hotelzimmermodule im Betrieb des Holzbauers vorgefertigt. Sämtliche Gewerke, von den Installationen bis zum Innenausbau, konnten ihre Arbeiten im Betrieb des Holzbauers ausführen. Einzig das Dach und die Korridore wurden als Elemente gefertigt. Im Korridorbereich sind auch die Installationen koordiniert und verbunden. Die Stabilisierung des Gebäudes erfolgt über die Modulwände und -decken.

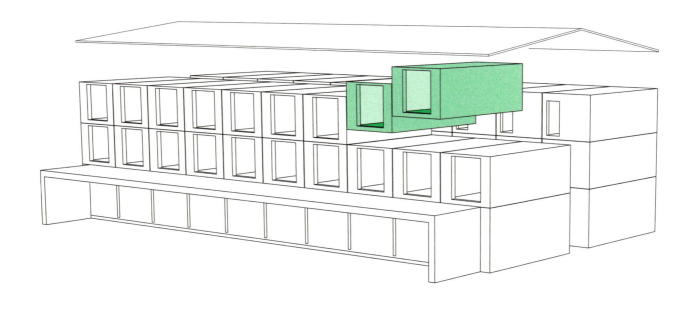

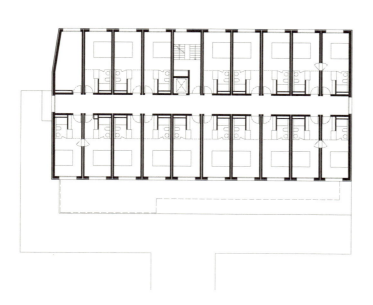

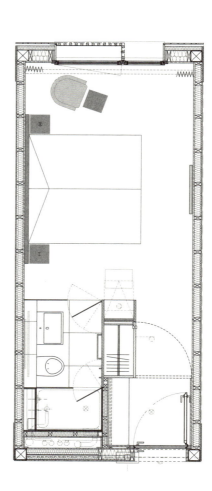

ABB. 7 Ausbildungszentrum Holzbau, Buchs 2017, Peter Moor, Makiol Wiederkehr (Holzbau und Brandschutz). Ein Skelettbau mit sichtbarer Struktur. Das grosse allseitige Vordach sowie eine sorgfältig Detailausbildung stehen für den konstruktiven Holzschutz.

Buche, Eiche, Esche) zurückgegriffen. Die stabförmigen Querschnitte bestehen in der Regel aus verklebten Holzlamellen (Brettschichtholz). Als flächige Bauteile kommen mehrschichtige Massivholzplatten zum Einsatz, welche aus mehreren kreuzweise verklebte Brettlagen bestehen (Brettsperrholz). Holzverdübelte Bretter (Brettstapel) ergeben flächige Bauteile und kommen ohne Klebstoff aus. Holz altert in der Regel schön und ist grundsätzlich ein robustes Material. Es gibt primär zwei Dinge, die beim Konstruieren mit Holz zwingend beachtet werden müssen: Das natürliche Schwind- und Quellverhalten des Holzes sowie die Empfindlichkeit gegen anhaltende Feuchte. Die meisten für Bauwerke gängigen einheimischen Holzarten (Fichte, Tanne, Lärche, Douglasie, Buche, Esche) sind nicht pilzresistent – mit dem unweigerlichen Einsetzen eines Pilzbefalls wird das Holz organisch abgebaut, das heisst zerstört.

Ist Holz also von Witterung (insbesondere Regen) beansprucht, muss es gut und zeitnah wieder abtrocknen können. Das heisst, die Querschnitte der Bauteile sollten klein (Brett oder Latte) und luftumspült sein, das Wasser muss ablaufen können. Diese Grundsätze entsprechen den Regeln des konstruktiven Holzschutzes, bei dessen Einhaltung ein unterhaltsarmes, langlebiges Bauwerk entsteht. **[ABB. 7]** Es stehen eine Vielzahl von verschiedenen Holzarten mit verschiedenen Eigenschaften und unterschiedlichem optischen Ausdruck zur Verfügung. Ob der Einsatz im Innen- oder Aussenbereich erfolgt, muss aus den oben beschriebenen Gründen unterschieden werden.

Robuste einheimische Holzarten wie Eiche, Robinie oder Edelkastanie zeichnen sich durch einen hohen Gerbstoffgehalt aus und sind deshalb wesentlich pilzresistenter. Ihre Verfügbarkeit, ihr hoher Materialpreis, das starke Verwerfen bei Feuchteeintrag und die starken Verfärbungen und Ausblühungen durch die Gerbstoffe müssen in der Planung mitgedacht werden. Dabei stellt sich die Frage, ob Holzwerkstoffe grundsätzlich robuster sind als Holz. Dies muss verneint werden. Alle Holzwerkstoffe mit einem bedeutenden Anteil an Holz sind bezüglich der klimatischen Einflüsse wie Sonne und Regen empfindlich auf Rissbildung und Auffeuchtung mit anschliessendem Pilzbefall, somit also ungeeignet im ungeschützten Aussenbereich.

ABB. 8 Stapferhaus, Lenzburg. Vorfabrizierte Holzträger während der Montage mit Aussparungen für die Installationsführung.

2.5   BRANDSCHUTZ

Ein gutes Brandschutzkonzept ist der Schlüssel für ein funktionierendes, effizientes und wirtschaftliches Gebäude. Nicht umsonst werden daher Brandschutzspezialisten oftmals bereits in Wettbewerbsphasen in den Entwurfsprozess miteinbezogen. Dabei ist das Ziel der Massnahmen in erster Linie der Personenschutz, also die Entfluchtung aus einem Gebäude, und in zweiter Linie die Begrenzung des Sachschadens bei einem Brandereignis. Holz ist in seinem Brandverhalten gegenüber anorganischen Baumaterialien im Vorteil, da es im Brandfall nicht seine Festigkeit verliert, sondern durch das Verkohlen «nur» Masse. Eine Brandfallbemessung der statischen Querschnitte ist beispielsweise bei der Anforderung von 30 Minuten Feuerwiderstand einfach und wesentlich wirtschaftlicher als bei brandschutzbekleideten Bauteilen. Die Gebäudehöhe wie auch die Grösse der Grundrissfläche haben, neben der Nutzung, einen direkten und wesentlichen Einfluss auf die Auflagen der Brandschutzbehörden (gemäss den Brandschutzvorschriften).[2]

Entscheidende, den Holzbau beeinflussende Fragen sind:

- Wird eine Löschanlage eingebaut oder nicht? Dies hat einen grossen Einfluss auf die Sichtbarkeit der Holzoberflächen und auf die Feuerwiderstandsanforderungen der tragenden Bauteile (etwa bei der Kategorie Beherbergungsbetrieb a[3]).
- Werden die Fluchttreppenhäuser in massiver Bauweise oder in Holzbauweise hergestellt? Dies hat einen wesentlichen Einfluss auf das Aussteifungskonzept.
- Welche Anforderungen werden an die brandabschnittsbildenden Bauteile (Trennwände und Geschossdecken) gestellt?
- Werden die tragenden Bauteile mit Feuerwiderstandsanforderungen auf Abbrand bemessen oder mit nicht brennbaren Materialien bekleidet?

2.6   BAUPHYSIK

Holz hat gute Eigenschaften, wenn es um die Wärmeleitfähigkeit und die Behaglichkeit geht. Es ist jedoch empfindlich auf Feuchtigkeit, die zum Beispiel durch Kondensation entsteht. Zwar vermag das Holz einiges an Feuchte aufzunehmen, muss diese aber wieder abgeben können. Dies erfordert eine sorgfältige Konst-

ABB. 9 Aufstockung Betriebsgebäude SZU, Zürich 2010, burkhalter sumi architekten, Ingenieure Makiol Wiederkehr (Holzbau und Brandschutz). Bei der viergeschossigen Aufstockung auf eine bestehende zweigeschossige Schaltzentrale sind die Deckenelemente gegen Erschütterungen speziell gelagert und frei von Aussenwand zu Aussenwand gespannt, da keine Lastabgabe in das Innere des Gebäudes möglich ist. Um möglichst wenig Gewicht zu generieren, kam eine Hohlkastendecke zum Einsatz.

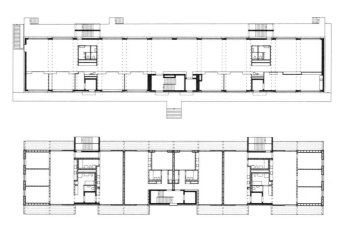

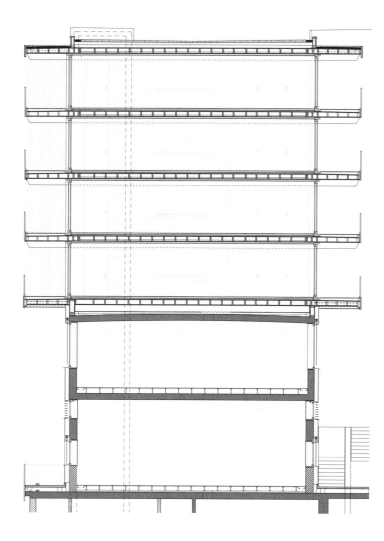

ABB. 10 Wohnbau St. Ursula, Brig. Vorbereitung der Bodenkanäle im Lärchenboden.

ruktion der Bauteile, insbesondere an der Gebäudehülle. Damit keine warme Luft von innen nach aussen strömt und kondensiert, wird luftdicht konstruiert. Dies gilt auch für die Elementstösse. Die guten akustischen Eigenschaften des Holzes sind aus dem Instrumentenbau bekannt. Für den Schallschutz unter verschiedenen Nutzenden ist jedoch die Masse der Bauteile und / oder die Entkopplung der Schichten ausschlaggebend. Wohnungstrenndecken und -wände sind dementsprechend sorgfältig auszuführen. Sie erreichen somit gewisse Bauteilstärken. Für den sommerlichen Wärmeschutz sind eine wirkungsvolle Beschattung und mineralische Wärmepuffer erforderlich – ein zunehmend wichtiges Thema.

Die entscheidenden Fragen mit grossem Kosteneinfluss sind:

·   Was sind die Anforderungen und Ansprüche der Nutzenden?
·   Was sind die gesetzlichen Anforderungen am jeweiligen Ort und im Hinblick auf die Nutzung?

2. 7 SCHNITTSTELLEN

Ob Holzbau, Massivbau oder Hybrid, die folgenden Themen beschäftigen uns fast bei jedem Bauwerk. Einerseits die Ausbildung des Sockels und des Sockelgeschosses sowie der Übergang zum Terrain und andererseits die Frage, ob aus strukturellen oder anderen Gründen Stahlbetondecken den Holzdecken vorzuziehen sind. Bei der Ausführung einer Stahlbetondecke sind die Schnittstellen zum Holzbau, die Bauabläufe, die unterschiedlichen Arbeitsweisen der Holzbauer (trocken und präzise) und Baumeister (nass und mit Toleranzen) sowie die Kurzzeit- und Langzeitverformungen der Stahlbetondecken in der Konzeption und Detaillierung zu berücksichtigen. **[ABB. 7, 8]**

·   Installationskonzepte

Installationen für Heizungs-, Lüftungs-, Klima-, Sanitär- und Elektroanlagen nehmen in den heutigen Baustandards einen immer grösseren Raum ein. Obwohl eine allgemeine Tendenz wieder in Richtung Lowtech-Bauten geht, müssen alle dafür nötigen Installationen in den Gebäudeentwurf miteinbezogen werden. Erfolgt dies nicht, wird es früher oder später zu einer Kollision der Anforderungen von Gebäudetechnik und Tragwerk kommen.

Entscheidende Fragen sind:

·   Gibt es eine kontrollierte Wohnungslüftung? Falls ja, wie funktioniert die Leitungsführung?
·   Sind die Nasszellen und Küchen übereinander und bezüglich der Abwasserführung schlau angeordnet?
·   Wie und wo ist die Erschliessung und die Verteilung von Strom und Wasser im Gebäude angedacht?
·   Sind die Installationsschächte durchgängig und genügend gross?

3 PROJEKTVERTIEFUNG (BAUPROJEKT, EBENE DES DETAILS)

Bei der weiteren Entwicklung der Bauteile und Details geht es darum, die gewählten Konzepte [Tragwerk (Statik), Konstruktion, Material] zu stärken und mit den relevanten Rahmenbedingungen abzugleichen. Um die Qualität des Bauwerks und die Kostenseite kontrollieren zu können, ist es notwendig, eine Systematik und Qualität der Bauteile und Details zu erreichen. Weiter dienen die Details und Bauteilaufbauten als Grundlage für die **Submission** [S. 53] und das Ausführungsprojekt, also die weiterführenden Phasen.

Die Zusammenarbeit und Koordination mit den anderen Fachplanenden ist unabdingbar:

·   Bauingenieure (Massivbau),
·   Bauphysikerinnen und Umweltingenieure,
·   Haustechnikerinnen,
·   Brandschutzplanende.

Es ist die grosse Leistung der Architektinnen und Architekten, die verschiedenen Gewerke und Interessen unter einen Hut zu bringen und das Gebäude so

ABB. 11 Geschäfts- und Wohnhaus Hufgasse, Zürich 2012. Kämpfen für Architektur, Makiol und Wiederkehr (Holzbau und Brandschutz). Sowohl die vorgefertigten Holz-Beton-Verbunddecken untereinander wie auch der Anschluss an den Betonkern werden nachträglich schubfest vergossen. Die Grösse der Deckenelemente richtet sich bei diesen schweren Decken nach den Möglichkeiten der Aufzugsmittel (Kran).

weiterzuentwickeln, dass es nicht an Ausdruckskraft verliert und die Schnittstellen (der Gewerke) sich logisch fügen. Aus Sicht des Holzbauingenieurs fliessen folgende Themen und Rahmenbedingungen in die weitere Entwicklung des Projektes mit ein:

·   Bauingenieurwesen, Schnittstelle zum Massivbau

Nachdem die konzeptionellen Entscheide bezüglich Stabilisierungskonzept gefällt sind und geklärt ist, wo die Lasten aus dem Holzbau in den Massivbau übergehen, müssen die Anschlussdetails und Montageabläufe ausgearbeitet und definiert werden.

·   Bauphysik, Energie, Nachhaltigkeit, Ökologie

In Zusammenarbeit mit der Bauphysikerin (Wärme-, Feuchte- und Schallschutz) müssen nun sämtliche Bauteilaufbauten, notwendigen Schichten, Dämmstärken sowie Anschlussdetails definiert werden.

Im Hinblick auf die raumakustischen Anforderungen ist zu klären, welche Massnahmen bei den Oberflächen ergriffen werden müssen (zum Beispiel der Einbau von Absorbern) und ob diese als zusätzliche Schicht ausgeführt oder in das Deckensystem (Hohlkasten oder Bretterstapel) integriert werden.

Die bauphysikalischen Themen sind eng verbunden und gekoppelt mit den Konzepten zu Energie, Nachhaltigkeit und **Ökologie [s. 111]**. Im Hinblick auf ein ressourcenschonendes Bauen müssen wir uns über die Möglichkeiten von Wiederverwendung (Reuse) und Recycling sowie der Systemtrennung unterhalten. Ein guter Leitfaden ist beispielsweise der SIA-Effizienzpfad Energie.[4] Eine entscheidende und kostentreibende Frage ist, welche Labels erfüllt werden sollen.

·   Heizung, Lüftung, Sanitär, Klima, Elektro

In Zusammenarbeit mit den Fachplanenden müssen nun sämtliche Installationsebenen definiert werden. Wo sind die vertikalen Steigschächte und wie wird horizontal verfahren? Benötigt es Installationsebenen und / oder Vorwandkonstruktionen? Was wird beim Holzbauunternehmen im Betrieb bereits in die Elemente vorinstalliert? Wie ist in diesem Fall die Verbindung auf der Baustelle gelöst? Sind die Zugänglichkeit und die Systemtrennung auf Dauer gewährleistet?

·   Brandschutz

Das Brandschutzkonzept zeigt, welche Anforderungen an die Bauteile sich aus den Brandschutzvorschriften ergeben. Für die Dimensionierung der Bauteile ist es entscheidend, ob die geforderten Feuerwiderstände mittels Brandschutzbekleidungen oder über den Abbrand des Holzes erreicht werden.

·   Umsetzung

Vorausschauend muss sich der Planende darüber im Klaren sein, wie in der Praxis das ganze Bauvorhaben umgesetzt werden kann und soll. Hier kommt ihm das Wissen einer erfahrenen Bauleitung und die Zusammenarbeit mit erfahrenen Unternehmen zugute.

Rahmenbedingungen, die sich aus der Umsetzung ergeben:

·   Projektbezogen zu analysieren sind: Transportmöglichkeiten, Zufahrten, Bauplatzinstallationen, Zeitfenster der Umsetzung.
·   Produktionsmöglichkeiten, Elementgrössen: Diese sind je nach Produktionsbetrieb sehr unterschiedlich. Jedoch kann grundsätzlich festgehalten werden, dass Dach- und Deckenelemente aus **Montagegründen [s. 47]** meist liegend transportiert werden und daher idealerweise eine Breite von 2,50 Meter nicht überschreiten. Bei Wandelementen ist ein stehender Transport geeigneter. Als Normaltransport sollten 3,20 Meter Höhe nicht überschritten werden, was in diesem Fall der Elementbreite entspricht.
·   Formatbedingte Grössen oder Einschränkungen: Die Verfügbarkeiten des Materials, mögliche Dimensionen und Lieferfristen müssen im Vorfeld abgeklärt werden.
·   Toleranzen und Setzungsverhalten Holzbau / Massivbau: Anschlüsse und Verbindungen unter den Holzbauelementen sowie zum Massivbau müssen unter Berücksichtigung der üblichen Bautoleranzen sowie der materialbezogenen Setzmassen geplant werden. Erste Grundregel für den mehrgeschossigen Holzbau: liegendes Holz vermeiden.

4   FAZIT

Das Bauen mit Holz kann ein wesentlicher Baustein einer verantwortungsbewussten Bauwirtschaft sein. Die Wertvorstellungen in unserer Gesellschaft wandeln sich langsam. Oberste Priorität hat heute das Schonen von Ressourcen und die Investition in Nachhaltigkeit, das Sorge-Tragen für die **bestehende Substanz** [s. 111], das Wieder- und Weiterverwenden von Gebäuden, Bauteilen und Baustoffen und ein intelligentes Weiterbauen.

Mein Ziel als Ingenieur ist es, in geschlossenen Kreisläufen zu denken und die Natur, Gärten und Landschaft, das soziale Leben und unsere Mobilität zu einem Ganzen zu verbinden. Dazu kann gute Architektur und das Bauen mit Holz einen wesentlichen Beitrag leisten.

1   Das Übereinkommen hat zum Ziel, die durchschnittliche globale Erwärmung im Vergleich zur vorindustriellen Zeit auf deutlich unter zwei Grad Celsius zu begrenzen, wobei ein maximaler Temperaturanstieg von 1,5 Grad Celsius angestrebt wird. Ebenfalls Ziel ist eine Ausrichtung von staatlichen und privaten Finanzflüssen auf eine treibhausgasarme Entwicklung sowie eine Verbesserung der Anpassungsfähigkeit an ein verändertes Klima.

2   Aus Schweizer Sicht muss man unter anderem die Gebäudehöhen im Auge behalten: Gebäude geringer Höhe (bis elf Meter), Gebäude mittlerer Höhe (elf bis 30 Meter) und Hochhäuser (höher als 30 Meter).

3   Gemäss den Schweizer Brandschutzvorschriften in Beherbergungsbetrieben, in denen die Bewohner auf fremde Hilfe angewiesen sind, zum Beispiel in Spitälern, Kliniken, Alters- und Pflegeheimen.

4   Schweizerischer Ingenieur- und Architektenverein (SIA) (Hrsg.), *SIA-Effizienzpfad Energie*, 2011, abzurufen unter https://www.sia.ch/de/themen/energie/effizienzpfad-energie/ (Stand 12.8.2020).

Schulhaus und Doppelkindergarten Sisseln, Sisseln, 2014
PROJEKTTRÄGER / BAUHERRSCHAFT: Gemeinde Sisseln
ARCHITEKTUR / PLANUNG: hummburkart architekten, Luzern
AUSFÜHRUNG HOLZARBEITEN: schaerholzbau, Walter Schär, Altbüron
INGENIEUR: schaerholzbau

RAHMENBAU

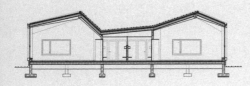

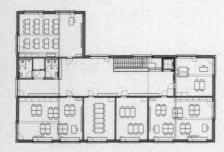

Erweiterung Schulhaus Delémont, 2012
PROJEKTTRÄGER / BAUHERRSCHAFT: Amt für Hochbauten der Stadt Delémont
ARCHITEKTUR / PLANUNG: GXM Architekten, Zürich
AUSFÜHRUNG HOLZARBEITEN: Zimmerei Kühni, Ramsei
INGENIEUR: Indermühle Bauingenieure, Gümlingen, Mantegani & Wysseier, Ingenieure & Planer, Biel

STÜTZEN UND PLATTEN

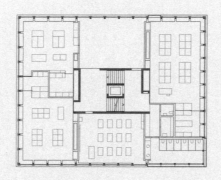

Schulhaus Eichmatt Cham Hünenberg, Hünenberg See, 2009
PROJEKTTRÄGER / BAUHERRSCHAFT: Gemeinde Hünenberg
ARCHITEKTUR / PLANUNG: Bünzli & Courvoisier Architekten, Zürich
AUSFÜHRUNG HOLZARBEITEN: ARGE Holzbau (Keiser Zimmerei / Burkart Trilegno), Zug
INGENIEUR: Makiol + Wiederkehr, Beinwil am See

MIX TAFEL- UND ELEMENTBAU

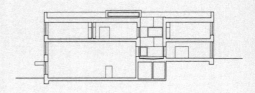

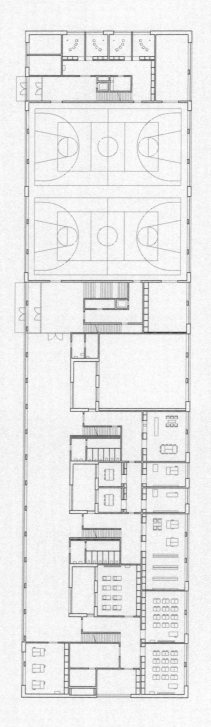

Erweiterung Sprachheilschule Lenzburg, Lenzburg, 2011
PROJEKTTRÄGER / BAUHERRSCHAFT: Stiftung Aargauische Sprachheilschulen ass
ARCHITEKTUR / PLANUNG: Ernst Niklaus Fausch Partner, Zürich
AUSFÜHRUNG HOLZARBEITEN: schaerholzbau, Altbüron
INGENIEUR: Holzbaubüro Reusser, Winterthur; Heyer Kaufmann Partner, Baden

MIX TAFEL- UND ELEMENTBAU

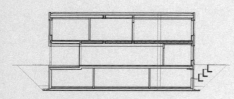

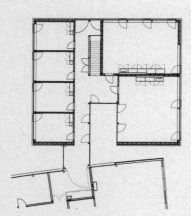

Schulhaus Büttenen, Luzern, 2009
PROJEKTTRÄGER / BAUHERRSCHAFT: Stadt Luzern
ARCHITEKTUR / PLANUNG: Rohrer Sigrist Architekten, Luzern
AUSFÜHRUNG HOLZARBEITEN: Kühni, Ramsei
INGENIEUR: Timbatec, Thun

TAFELBAU

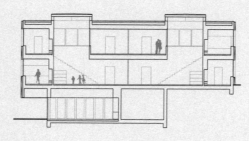

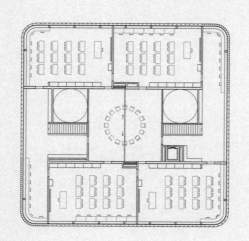

Neubau Werkhalle und Kompetenzzentrum Uffer Holz, Savognin, 2011
PROJEKTTRÄGER / BAUHERRSCHAFT: Uffer Holz, Savognin
ARCHITEKTUR / PLANUNG: Fanzun, Chur
AUSFÜHRUNG HOLZARBEITEN: Uffer Holz, Savognin
INGENIEUR: Makiol + Wiederkehr, Beinwil am See

RAHMENBAU / KASTENELEMENTE

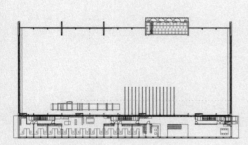

Büro- und Produktionsgebäude, Winterthur, 2017
PROJEKTTRÄGER / BAUHERRSCHAFT: Baltensperger, Zürich
ARCHITEKTUR / PLANUNG: Bob Gysin + Partner, Zürich
AUSFÜHRUNG HOLZARBEITEN: Baltensperger, Winterthur
INGENIEUR: Welti Partner, Winterthur-Hegi

RAHMEN- UND ELEMENTBAU

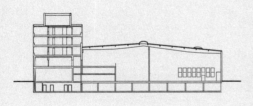

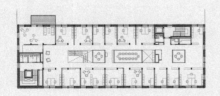

Wohnquartier mit Büros und Kletterhalle, Chur, 2017
PROJEKTTRÄGER / BAUHERRSCHAFT: AXA Leben, Winterthur
ARCHITEKTUR / PLANUNG: Conradin Clavuot, Chur
AUSFÜHRUNG HOLZARBEITEN: Künzli Holz, Davos Dorf
INGENIEUR: Liesch Ingenieure, Chur

RAHMENBAU

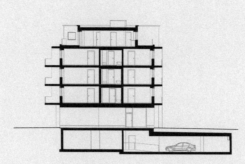

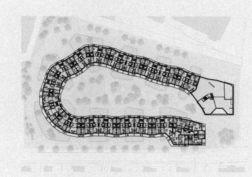

Gurten Brauerei Areal, Wabern, 2014
PROJEKTTRÄGER / BAUHERRSCHAFT: Septima c/o PSP Group Services, Zürich
ARCHITEKTUR / PLANUNG: GWJARCHITEKTUR, Bern 25
AUSFÜHRUNG HOLZARBEITEN: Hektor Egger Holzbau, Langenthal
INGENIEUR: PIRMIN JUNG Schweiz, Rain

RAHMENBAU

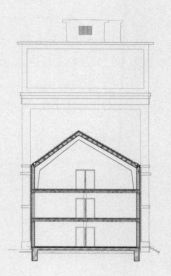

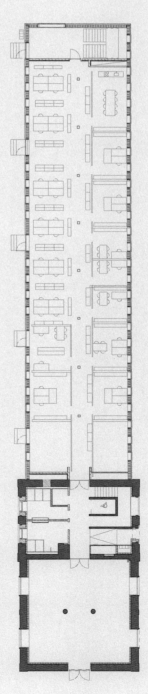

WOHNEN

Mehrfamilienhaus Rey, Schöftland, 2012
PROJEKTTRÄGER / BAUHERRSCHAFT: Markus Rey
und Christian Suter
ARCHITEKTUR / PLANUNG: Blum Grossenbacher
Architekten, Langenthal
AUSFÜHRUNG HOLZARBEITEN: schaerholzbau, Altbüron
INGENIEUR: schaerholzbau

ELEMENTBAU

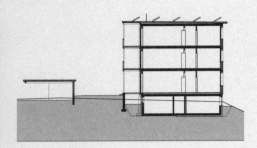

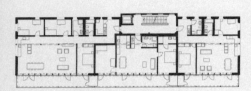

Wohnüberbauung AWZ, Oberägeri, 2011
PROJEKTTRÄGER / BAUHERRSCHAFT: Allgemeine
Wohngenossenschaft Zug, Zug
ARCHITEKTUR / PLANUNG: Graber & Steiger, Luzern
AUSFÜHRUNG HOLZARBEITEN: ARGE Seeplatz,
c/o BHC Holzbau, Unterägeri
INGENIEUR: Pirmin Jung Schweiz, Rain

RAHMENBAU

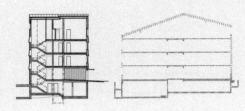

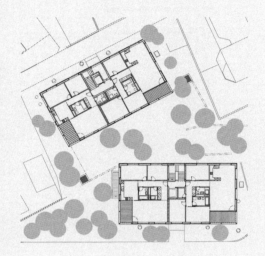

Casa Camar, Abitazioni Verticali, Collina d'Oro, 2009
PROJEKTTRÄGER / BAUHERRSCHAFT: Jachen Könz,
Lugano
ARCHITEKTUR / PLANUNG: Jachen Könz, Lugano
AUSFÜHRUNG HOLZARBEITEN: Bucher Holzbau, Kerns
INGENIEUR: Pirmin Jung Schweiz, Rain

ELEMENTBAU

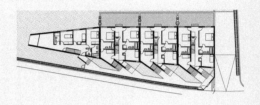

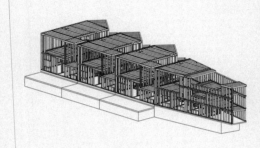

Anbau Chesa Grusaida, Champfèr, 2011
PROJEKTTRÄGER / BAUHERRSCHAFT: Breitenbach
und Walther, Champfèr
ARCHITEKTUR / PLANUNG: Annabelle Breitenbach,
Champfèr
AUSFÜHRUNG HOLZARBEITEN: Salzgeber Marangun,
S-chanf
INGENIEUR: Jon Andrea Könz, Zernez

ELEMENTBAU

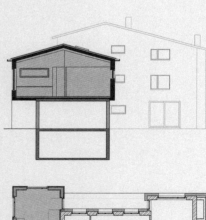

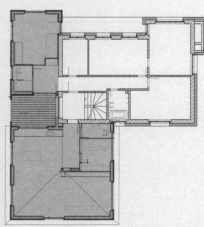

Haus Sprecher, Luzern, 2012
PROJEKTTRÄGER / BAUHERRSCHAFT: Jörg Sprecher,
Luzern
ARCHITEKTUR / PLANUNG: Baumann Roserens
Architekten, Zürich
AUSFÜHRUNG HOLZARBEITEN: schaerholzbau, Altbüron
INGENIEUR: schaerholzbau

ELEMENTBAU

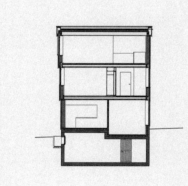

Neubau Mehrfamilienhaus Freihofweg, Aarau, 2010
PROJEKTTRÄGER / BAUHERRSCHAFT: privat
ARCHITEKTUR / PLANUNG: Ernst Niklaus Fausch Partner,
Zürich
AUSFÜHRUNG HOLZARBEITEN: Holzbautechnik Burch,
Sarnen
INGENIEUR: Holzbaubüro Reusser, Winterthur

SKELETT- UND ELEMENTBAU

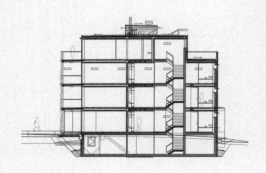

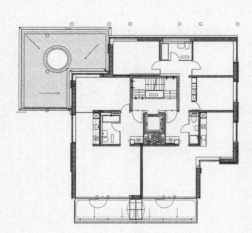

Neubau Bäckerei Mohn, Sulgen, 2014
PROJEKTTRÄGER / BAUHERRSCHAFT: Bäckerei Mohn, Berg
ARCHITEKTUR / PLANUNG: BLP Baumanagement, Sulgen
AUSFÜHRUNG HOLZARBEITEN: Kaufmann Oberholzer, Schönenberg
INGENIEUR: Krattiger Engineering, Happerswil

SKELETT- UND RAHMENBAU

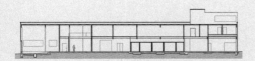

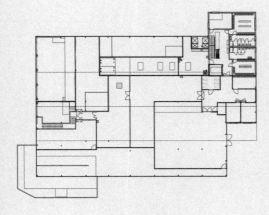

Büro- und Verkaufsgebäude Kost Holzbau, Küssnacht, 2011
PROJEKTTRÄGER / BAUHERRSCHAFT: Kost Holzbau, Küssnacht
ARCHITEKTUR / PLANUNG: Annen Architektur, Küssnacht
AUSFÜHRUNG HOLZARBEITEN: Kost Holzbau, Küssnacht
INGENIEUR: Pirmin Jung Ingenieure für Holzbau, Rain

ELEMENTBAU

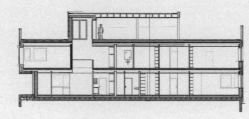

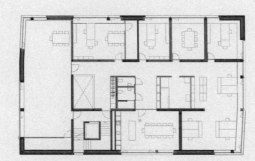

Werkstatt Sunneschyn, Meiringen, 2010
PROJEKTTRÄGER / BAUHERRSCHAFT: Stiftung Sunneschyn, Meiringen
ARCHITEKTUR / PLANUNG: Lüscher Egli, Langenthal
AUSFÜHRUNG HOLZARBEITEN: HTI Holzbau, Interlaken
INGENIEUR: Pirmin Jung Schweiz, Rain

ELEMENTBAU

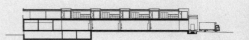

Bäckerei Merz, Chur, 2010
PROJEKTTRÄGER / BAUHERRSCHAFT: Merz Immobilien, Chur
ARCHITEKTUR / PLANUNG: Conradin Clavuot, Chur
AUSFÜHRUNG HOLZARBEITEN: H.P. Tscharner Holzbau, Schiers
INGENIEUR: Liesch Ingenieure, Chur

SKELETTBAU

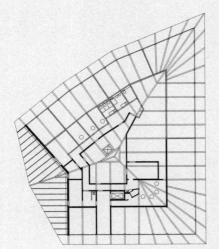

BIM (Building Information Modeling) umfasst die Automatisierung und Optimierung von Planung, Prozessen und Produktionsstätten durch computerbasierte Vernetzung der Planungsdaten. BIM kann als Instrument der Projektsteuerung und als Modell der Zusammenarbeit aller Planungsbeteiligten Vorteile im Planungs- und Ausführungsprozess generieren. Das bedingt die Festlegung von Regeln und Abläufen zwischen allen Beteiligten zu Beginn des Projekts. Die Ansprüche aller an die Daten sowie deren spätere Verwendung müssen klar definiert sein und dazu müssen sich alle Planungsbeteiligten mit BIM auseinandersetzen. Was aus Sicht des Holzbauunternehmens für einen erfolgreichen BIM-Prozess relevant ist, erläutert der nachfolgende Beitrag.

Richard Jussel ist als ehemaliger Geschäftsführer und verantwortlicher Projektentwickler bei Blumer Lehmann für die Planung und Ausführung von unterschiedlichsten Holzbauprojekten verantwortlich. Er kennt die Arbeit mit BIM-basierten Planungen und weiss um die Schwierigkeiten, aber auch Chancen, die das Planungsinstrument gerade für den Holzbau bietet. Jussel ist überzeugt, dass die heute schon bestehenden Planungs- und Bauprozesse in Verbindung mit den technischen Möglichkeiten den Holzbau nochmals vorantreiben werden.

RICHARD JUSSEL

BIM AUS UNTERNEHMENSSICHT

WANN IST DER EINSATZ VON BIM IN DER PLANUNG SINNVOLL?

Damit sich der Aufwand für eine softwaregestützte dreidimensionale Planung mit **BIM [s. 99]** bei allen Planungsbeteiligten rechnen kann, ist grundsätzlich eine gewisse Grösse der Projekte erforderlich. Bei kleinen, aber auch bei sehr komplexen Aufgaben, die die Entwicklung sehr vieler Einzeldetails erfordern, steht der Aufwand nicht im Verhältnis zum Nutzen. Möchte man mit BIM planen, muss auch der Wunsch bei der Bauherrschaft vorhanden sein. Das heisst, der Mehrwert, den die Planung mit BIM für die Bauherrschaft bringt, sollte auch genutzt werden, beispielsweise das Abrufen gewisser Informationen über die Bauteile für nachfolgende Prozesse wie die Gebäudebewirtschaftung.

VORAUSSETZUNG UND KONSEQUENZEN FÜR DAS ARCHITEKTURBÜRO

BIM ist in erster Linie eine Planungsmethode. Sie vernetzt Produktionsstätten und IT-unterstützte Prozesse durch eine gemeinsame Datenbasis. Das bedingt die Festlegung von Regeln und Prozessen zu Beginn des Projekts: **Wer macht was, wem gehören welche Daten zu welchem Zeitpunkt? [s. 99]** Wie wird die Urheberschaft und wie werden die (Teil-)Leistungen darin honoriert? Wie wird die Weitergabe von Planungsdetails bezahlt?

Die Ansprüche aller Planungsbeteiligten an diese Daten und Informationen müssen von Beginn an klar geregelt sein. Für die Planung bedeutet dies, dass die Architektinnen und Architekten so früh wie möglich auf die Fachplanenden und Unternehmen zugehen sollten, um diese Prozesse und Schnittstellen bereits in der Phase des Vorprojekts zu definieren. Alle Beteiligten müssen lernen, wieder mehr miteinander zu reden. Die Leistungsträger müssen sich überlegen, was sie benötigen oder wie sie Abläufe anpassen bzw. verändern müssen. Eine weitere Voraussetzung ist, dass sowohl Architektinnen und Architekten als auch Fachplanende mittels 3D-Planung arbeiten können, diese verstehen und in der Lage sind, die Datenmodelle präzise zu definieren. Für die Rohbauhülle und den Holzbau bedeutet dies: Wenn alle Schichten exakt angegeben und die Aufbauten bestimmt sind, kann ein präzises Hüllenmodell entstehen, das heisst, der Baukörper ist definiert, es ergeben sich keine weiteren Änderungen und die Kosten können ermittelt werden. Mit diesem Modell kann das Holzbauunternehmen weiterarbeiten und die Bauteile in den Herstellungsprozess integrieren.

VORAUSSETZUNGEN FÜR DEN KOLLABORATIVEN PLANUNGSPROZESS

Im herkömmlichen **Planungsprozess [S. 53]** holen sich die Architektinnen und Architekten das Wissen bis anhin bei den Fachplanenden und den ausführenden Unternehmen ab. Das heisst, sie tragen die Informationen zusammen und bündeln diese in ihren Plänen. Ihre Planung bildet die Basis für die Ausführungs- und Produktionsplanung des Unternehmens. In der Konsequenz bedeutet es jedoch, dass die ausführenden Unternehmen die Pläne neu anlegen und zeichnen müssen. Das ist bei 60 Prozent der Projekte heute noch so. Dies ist auch den gängigen Prozessen, den SIA-Richtlinien und insbesondere den öffentlichen Submissionsverfahren geschuldet. Der BIM-Prozess leidet unter diesen Vorgaben, denn die sequenzielle Arbeitsweise entspricht nicht den Regeln der kollaborativen Planung. Daher **muss bei öffentlichen Projekten oftmals nach der Vergabe neu mit der Planung des Projekts begonnen werden [S. 41]**. Zudem sind die Planungsarbeiten noch nicht mit den ausführenden Tätigkeiten vernetzt. Bei einem idealen Prozess müssen die Prozesse anderes festgelegt und der Vergabeentscheid früher getroffen werden, um die Synergien einer kollaborativen Planung optimal zu nutzen und damit auch Kosten zu sparen. Bei privaten Auftraggebenden ist dies möglich. Hier sind wir heute bereits vor der Ausschreibung in die Entwicklung des 3D-Modells eingebunden. Unser Interesse ist es, dass die Modelle sehr früh sehr präzise werden. Hierbei ist es wichtig, dass die Erarbeitung und Koordination der BIM-Modelle separat vergütet und der Wert dieser Modelle von der Bauherrschaft verstanden wird. Das heisst, sie muss den Leistungsauftrag klar definieren und anerkennen, dass sich die Phasen verschieben. Das bedeutet auch, dass das Architekturbüro mehr Honorar zu einem früheren Zeitpunkt der Planung erhält. Damit können Planende entsprechende Vorleistung erbringen und der Nutzen wird sichtbar. Daher muss die Honorierung der Werke bzw. der Arbeit geklärt sein und funktionieren.

WIE ÄNDERN SICH PLANUNGSABLÄUFE?

Die zu leistenden Planungsaufgaben werden in eine frühere Projektphase verschoben. Will man eine detaillierte **BIM-Planung [S. 99]**, müssen die Planenden frühzeitig sehr detailliert arbeiten, das bedeutet, wie oben erwähnt, eine Leistungsverschiebung. Bei Architekturbüros liegt der Mehraufwand während dieser frühen Phase bei etwa 15 bis 20 Prozent, bei Ingenieurbüros und anderen Fachplanern bei 30 bis 40 Prozent bis zum Abschluss der Arbeit am Modell. Das Holzbauunternehmen hat nach Abschluss dieser Arbeiten oft bis zu 80 Prozent der Planungsleistung erbracht – immer vorausgesetzt, der Entwurf ist definiert, Tragwerks- und Fachplanende können entsprechend planen und dimensionieren, die Details sind abgestimmt und die Schnittstellen und «Knackpunkte» sind gelöst. Dabei muss man berücksichtigen, dass der BIM-Prozess zwar den gesamten Planungsprozess abbildet, jedoch (noch) nicht die Daten generiert, mittels derer in der Produktion die Maschinen angesteuert oder die Ausführungsprozesse koordiniert werden. Aufgrund des BIM-Modells entsteht der digitale Zwilling für die Produktion. Von daher ist das Datenmodell auch für das Unternehmen wertvoll.

Das Planen mit dem BIM-Modell erfordert dabei, wie oben bereits erläutert, grössere Zeitaufwände bei allen Beteiligten. Insbesondere wird mehr Zeit für den Austausch und für Koordinationssitzungen aufgewendet, um den Informationstransfer sicherzustellen. Ein spezifisches Detail wird von allen Beteiligten entwickelt, vielfach gemeinsam mit den Architekten und Architektinnen, dem Tragwerksplanenden, den Fachplanenden, dem Holzbauunternehmen, dem Spenglerei- und dem Fensterbaubetrieb. Dieses entwickelte und abgestimmte Detail wird dann direkt in das 3D-Modell übernommen und alle am Projekt Beteiligten können darauf zugreifen. Der Unterschied zum herkömmlichen Planungs- und Bauprozess ist, dass wir gemeinsamer und gleichzeitiger arbeiten und die Überwachung des Prozesses sowie das Bereinigen von Konflikten im Modell eine eigentliche Tätigkeit darstellt. Ein Protokoll über die Ergebnisse gibt es nicht mehr, denn das Protokoll ist die dokumentierte, definierte und konfliktfreie Arbeit am 3D-Modell. Dies erfordert von allen Beteiligten ein hohes Mass an Disziplin.

DER MEHRWERT EINER BIM-BASIERTEN PLANUNG

Im BIM-Modell fliessen alle Planungsinformationen zusammen. Darauf haben alle Beteiligten Zugriff und zu jedem Zeitpunkt entsteht Transparenz über das gesamte Bauwerk – den Arbeitsfortschritt, die Beiträge, die Detaillösungen und im besten Fall auch über die Kosten. Die Kontrolle wird aufwendiger, die Konflikte sichtbar und die Schnittstellen klarer. In der Ausführung können zum Beispiel Aussparungen präzise gesetzt und auf der Baustelle schneller montiert werden. Die Fehlerquote ist geringer, der Koordinationsbedarf tief und es gibt etwa im Holzbau weniger Verschnitt, was Ressourcen spart. Zudem entsteht eine höhere Termin- und Kostensicherheit.

Der grosse Mehrwert für die **Bauherrschaft [s. 13]** ist der effiziente Ausführungsprozess sowie die detaillierte Dokumentation der Daten. Diese Daten müssen am Ende so aufbereitet sein, dass sie gelesen und weiter genutzt werden können. Das wird im Anforderungskatalog bereits zu Projektbeginn beschrieben. Die Arbeits- und Dokumentationsprozesse sind stetig in Entwicklung. Wichtig ist, dass sowohl in Planungsbüros als auch in ausführenden Unternehmen kompetente Mitarbeitende aufgebaut und geschult werden. Auch die Datensicherheit ist ein Thema. Das **BIM-fähige Modell [s. 99]** sollte in einheitlicher Sprache und einheitlichem Format mit allen relevanten Informationen aller am Projekt beteiligten Unternehmen aufbereitet sein. Spätere Unterhaltsarbeiten am Gebäude lassen sich so rasch und kostensicher umsetzen.

LIGNUM-DATENBANK

Lignum, Holzwirtschaft Schweiz, stellt als Branchenpartner für den Holzbau eine offene Datenbank für Baulösungen und Bauteile mit Holz bereit. Dabei wird das Angebot laufend erweitert. Bauprodukte und Bauteile sind mit ihren wesentlichen Leistungsmerkmalen erfasst und können nach Kriterien wie Leistung in Bezug auf Schallschutz, Brandschutz oder Ökobilanz gefiltert werden. Die Datenbank bildet somit auch die Grundlage für Variantenstudien mit Holzbauteilen und -produkten. Zahlreiche Links bieten Zugang zu weiterführenden Informationen.

WWW.LIGNUMDATA.CH

BIM gewinnt zunehmend als Instrument der Projektsteuerung und Modell der Zusammenarbeit an Bedeutung. Zu Beginn eines Projekts gilt es die Gegebenheiten in einem Kollaborationsmodell festzulegen. Erst dann kann die Arbeit am dreidimensionalen, informierten Modell sinnvoll vonstatten gehen. Ein hoher Vorfertigungs- und Standardisierungsgrad prädestiniert den Holzbau als Bauweise für die Anwendung von BIM. Um eine durchgängige digitale Kette vom Vorentwurf, über die Bauplanung bis zur Fertigung und Montage zu erreichen, gilt es einiges zu beachten. Dieser Beitrag beschreibt die notwendigen Voraussetzungen und die zugrunde liegenden Modelle der Zusammenarbeit.

Holzbauunternehmen sind die treibenden Kräfte der Digitalisierung in der Schweizer Bauwirtschaft. Der konsequente Einsatz von digitaler Planung und Produktion ermöglicht ein rational ökonomisches Bauen. Thomas Wehrle ist ausgewiesener Fachexperte der digitalen Planung bis zur Robotikfertigung von Bauelementen. Nach einer Lehre als Modelltischler absolvierte er Studien an der Hochschule Rosenheim und der Zürcher Hochschule für angewandte Wissenschaften (ZHAW). Als CTO und Bereichsleiter Digitaler Holzbau ist er Mitglied der Geschäftsleitung von ERNE Holzbau. Als Gastdozent und Forscher wirkt Thomas Wehrle an der ETH Zürich, der Berner Fachhochschule und der Hochschule Luzern.

THOMAS WEHRLE

BIM IM VOR- UND BAUPROJEKT ALS KONSISTENTE UND KONTINUIERLICHE ENTWURFSSCHNITTSTELLE

Die **Vorfertigung** [s.27] ist ein integraler Bestandteil des Bauens mit Holz. Das Zusammensetzen von Bauteilen in einem Werk und die Montage in kurzer Zeit auf einer Baustelle bilden seit jeher die Grundlage des Handwerks. Das **Entwerfen und Planen im Holzbau** [s.53] erfordert eine phasengerechte Präzision und Prozessbegleitung. Entscheidungen in Entwurf und Konstruktion sind vor der Montage so lange abzugleichen, bis diese ein fertiges Bild ergeben. Die **Digitalisierung** [s.137] des Bauwesens verstärkt diese Notwendigkeit. Welche Bauweise wäre also besser geeignet, digitale Modelle einzusetzen? Im Holzbau ist die Bauwerksdatenmodellierung (BIM) daher bereits «gelebte Praxis». Vom digitalen Modell der Architektur bis zur Ansteuerung eines mehrachsigen **Bauroboters** [s.137] im additiven Bauverfahren kann eine durchgängige digitale Entwurfs- und Produktionskette erzeugt werden. **BIM** [s.95] ist neben dem gängigen Verständnis einer softwarebasierten dreidimensionalen Planung ein Modell der **Zusammenarbeit und Prozessplanung** [s.53]. Somit kann aus dem Knowhow der Beteiligten in Kombination mit rational-effizienter Bauteilproduktion der grösstmögliche Nutzen gezogen werden.

1. DIE BEDEUTUNG VON BIM IM HOLZBAU. DIE ENTSTEHUNG EINER DIGITALEN KETTE VON DER IDEE BIS ZUM FERTIGEN BAUWERK

BIM ist eine Methode, die, softwaregestützt, eine über alle Beteiligten vernetzte Planung, Ausführung und Bewirtschaftung von Gebäuden ermöglicht. Dazu werden alle relevanten Bauwerksdaten von den Beteiligten in ein digitales Datenmodell eingespeist. Welche Daten in welcher Phase des Projekts benötigt werden, wird im Rahmen des **Zusammenarbeitsmodells** [s.53] festgelegt. Das Gebäude wird dreidimensional visualisiert, je nach Projektstand beinhaltet das digitale Modell alle relevanten Komponenten **(Tragwerk, Ausbau, Haustechnik)** [s.77]. Durch die Arbeit und den Austausch aller Beteiligten über ein gemeinsames Datenmodell wird die bestehende Fragmentierung des Planungs- und Bauprozesses wesentlich reduziert. Grundlage ist, dass alle für das Bauwerk relevanten Entscheide in frühen Entwurfs- und Planungsphasen getroffen werden und die Schnittstellen des Datentransfers definiert sind.

2. DIE ANWENDUNG VON BIM IN PLANUNG UND AUSFÜHRUNG

Beginnt ein Planungsprozess, so werden heute unterschiedliche CAD-Modelle für die einzelnen Anspruchsgruppen generiert. Architektinnen und Architekten erstellen digitale Modelle, die für sie relevante Informationen enthalten, ebenso die Ingenieure, Haustechnikerinnen und zu guter Letzt das ausführende Unternehmen. Bauunternehmen im Massivbau greifen meist auf die Informationen der Fachplanenden in Form von 2D-Daten oder geplotteten Plänen zu. Im Stahl- oder Holzbau ist es jedoch notwendig, dass vom ausführenden Unternehmen eigene Modelle erstellt werden. In einem traditionellen, linear wasserfallartig organisierten Planungsprozess werden diese Daten meist nur für die Herstellung der Bauteile genutzt. Diese verschiedenen Modelle müssen, wie auch die 2D-Informationen, bis anhin koordiniert und von den Planenden geprüft werden. An der Schnittstelle zwischen den einzelnen Fachplanenden und den ausführenden Unternehmen können Probleme in der Datenkommunikation entstehen, da alle Beteiligten die für ihren Anspruch optimale Software verwenden. In der Regel stammen die verschiedenen Softwarepakete von unterschiedlichen Anbietern, sodass digitale Schnittstellen für den Datenaustausch erforderlich sind. Zu diesem Zweck wurde die offene Schnittstelle IFC entwickelt, welche geometrische Daten sowie Informationen in den Modellen speichern und somit zwischen den verwendeten Programmen austauschen kann.[1]

     Fachplanende und ausführende Unternehmungen setzen für eine effiziente Planung auf eine für sie zugeschnittene Softwarelösung.[2] Da jeder Anbietende Schwerpunkte in seinen Softwarepaketen setzt und nicht alle Bereiche optimal abdecken kann, ist die Arbeit mit nur einer Software kaum umzusetzen. Gerade beim ausführenden Unternehmen wird ein CAD-System oft zum CAM-System, das heisst, das CAD-System bzw. CAD-Modell generiert auch Produktions- und Maschinendaten. Alle Informationen in den erforderlichen Datenformaten vom Entwurf über das Produktionsmodell bis hin zum Facility-Management in einer Software abzubilden, ist bisher nicht möglich und auch nicht sinnvoll. In der DACH-Region (Deutschland, Österreich, Schweiz) setzt man vermehrt auf das oben beschriebene freie Schnittstellenformat IFC, wobei nicht alle Softwareanbieter ein gleich hohes Qualitätsniveau der Schnittstelle anbieten. Einheitlich geregelt über den buildingSMART®[3]-Standard ist heute lediglich der Datenexport, nicht aber, welche Informationen beim Datenimport in der Software zu finden sind. So entsteht ein Informationsverlust beim Datentransfer.

     Angesichts immer kürzerer Bauzeiten wird die Planung zunehmend anspruchsvoller. Eine Verkürzung von Bauzeiten bedingt in der Regel einen höheren Vorfertigungsgrad von Bauteilen. Steigt der Vorfertigungsgrad eines Projektes, steigt die Komplexität, und der Planungsaufwand intensiviert sich durch erhöhte Anforderungen an planerische Genauigkeit und verfahrensgerechte Präzision. Um die richtigen Informationen zum richtigen Zeitpunkt am richtigen Ort, in Abhängigkeit von den verschiedenen Projektphasen, zur Verfügung zu stellen, ist es notwendig, bereits in der Entwurfsphase zum Planungsteam auch ausführende Unternehmen hinzuzuziehen. Die Planung geht, da in der Fertigung keine Korrekturen am Entwurf mehr vorgenommen werden sollten, also immer vom fertigen Bauwerk aus. Dies erfordert eine frühzeitige Klärung aller relevanter Fragen. Deren Nichtbeachtung kann zu Änderungen, Mehrkosten und Zeitverzögerungen führen.

TEAM	PROZESSE	TECHNOLOGIE	STANDARDS
Zusammenarbeit	Planung	Datenmanagement	Standards
Kommunikation	Kalkulation	Datenformate	Projektrichtlinien
Verantwortlichkeiten	Bauzeitplanung	Datenaustausch	Managementvorgaben
Identifikation	Massenermittlung	Software	
Training	Baustellenabwicklung	Hardware	
Kultur	Koordination und Support		

ABB. 1 Die vier Einflussfaktoren bzw. Stellschrauben im BIM-Prozess. Die Koordination der Schnittstellen am Beginn des Planungsprozesses ist essenziell. Dabei sind folgende Fragen zu klären: Welche Informationen sind wichtig? Wer liefert welche Informationen und Daten und vor allem zu welchem Zeitpunkt? Was ist die gemeinsame Basis für den Datenaustausch? Eine integral koordinierte Planung ist letztendlich die Voraussetzung für den erfolgreichen Einsatz von BIM. Die Rahmenbedingungen dafür können in vier Hauptbereiche gegliedert werden: Team, Prozess, Technologie und Standards.

ABB. 2,3 Vorfertigung in der Werkhalle mit CNC-gesteuerten Anlagen. Vorfertigung und die Verfügbarkeit von Maschinentechnologie ermöglichten es den Holzbauunternehmen bereits sehr früh, mit 3D-Modellen und den im Modell hinterlegten Informationen zu arbeiten. Heute werden weitgehend alle Produktionsstrassen über Daten aus 3D-Modellen gesteuert.

Dabei kann gerade bei öffentlichen Projekten genau dieses frühzeitige Einbinden von Unternehmen nicht umgesetzt werden. Die heutigen Regelungen möchten verhindern, dass für das Unternehmen durch die Teilnahme ein Wissensvorsprung entsteht, welcher zu einem Wettbewerbsvorteil, etwa bei der Erstellung des Angebotes, führen kann. Somit wäre der Grundsatz der Gleichbehandlung nicht mehr gegeben. Die Vorgaben in den einzelnen Ländern sind sehr ähnlich, ein Einbezug eines ausführenden Unternehmens bereits in sehr frühen Planungsphasen führt in der Regel zum Ausschluss des Unternehmens in der Angebotsphase.

Als eine Alternative bietet sich die Durchführung einer sogenannten **funktionalen Ausschreibung [S. 53]** an. Diese definiert Rahmenbedingungen, die die anbietenden Unternehmen einhalten müssen, sie können jedoch ihr spezifisches System anbieten.

Eine weitere Möglichkeit stellt die Durchführung von **Gesamtleistungswettbewerben [S. 41]** dar, bei welchen das Unternehmen und der Architekt einen gemeinschaftlichen Projektvorschlag abgeben. Ein Vergleich der eingereichten Projekte ist in diesem Fall schwieriger beziehungsweise ist eine Jury besonders gefordert, die Vor- und Nachteile der einzelnen Projekte zu bewerten. Gesamtleistungswettbewerbe bieten eine gute Möglichkeit, einen BIM-Prozess abzubilden. Hier besteht das Team aus dem Architekturbüro, allen Fachplanenden und den ausführenden Unternehmen, welche gemeinsam ein Projekt erarbeiten. Wobei in einem optimalen BIM-Prozess die Bauherrschaft ebenfalls Teil des Teams wäre. In der Regel wird kollaborativ gearbeitet. Die Ansprüche der Beteiligten und die Anforderungen an die Planung sind geregelt und berücksichtigt. Vermehrt werden dazu digitale 3D-Modelle ausgetauscht, die wichtigen Informationen für eine Kostenermittlung sind eingepflegt, relevante Informationen werden laufend ergänzt. **[ABB. 1]**

3.   DIE DIGITALE PLANUNG IM HOLZBAU

Im Holzbau ist die Digitalisierung der Planungsprozesse bereits etabliert. Dies hängt mit zwei «Schwächen» des Holzbaues zusammen und hat historische Wurzeln. Da das Baumaterial Holz immer schon vor Wasser geschützt werden musste, war der Holzbau sehr früh mit der Vorfertigung konfrontiert. Diese ermöglichte einen schnellen Aufbau vor Ort, ein schnelles Schliessen des Baukörpers und damit den Schutz vor Regen. Im Laufe der Zeit hat sich die Vorfertigung vom Bauplatz in die Werkhallen des Zimmermanns verlagert und wurde damit unabhängig von der Witterung. **[ABB. 2, 3]**

Zudem hat mit der Entwicklung der CNC-Technik in den 1980er-Jahren die Digitalisierung der Produktion von Bauteilen in das Zimmermannshandwerk Einzug gehalten. Die neue **Technologie [S. 59]** erhöhte die Produktivität sowie die Präzision in der Ausführung, welche für einen höheren Vorfertigungsgrad notwendig ist. Heute werden die Maschinen über **3D-Modelle [S. 59]** angesteuert bzw. werden aus diesen Modellen direkt die Maschinendaten generiert.

Die Forderung nach Vorfertigung und die Verfügbarkeit von Maschinentechnologie zwang die Holzbauunternehmen bereits sehr früh, sich mit 3D-Modellen und den im Modell hinterlegten Informationen auseinanderzusetzen. Heute blickt der Holzbau auf mehr als 30 Jahre Erfahrung im Umgang mit 3D-Modellen und dem Einpflegen und Austauschen von Informationen zurück. War es am Beginn der Abbund, der Zuschnitt des Konstruktionsholzes, anhand von 3D-Daten, kamen schrittweise weitere Anlagen hinzu, die es erlauben, heute weitgehend alle Produktionsstrassen über Daten aus dem 3D-Modell anzusteuern.

Holzbauunternehmen können diese spezielle Erfahrung, deren Wurzeln im Zimmererhandwerk liegen, in ein BIM-Projekt einbringen. Beteiligte Unternehmen profitieren dabei durch den Austausch von digitalen Daten ausserhalb ihres eigenen Leistungsspektrums, dies kann auch die Überführung der gesammelten Daten, die für den Betrieb eines Gebäudes notwendig sind, umfassen.

Bis heute erstellen Holzbauunternehmen ihre dreidimensionalen Modelle als Basis der Produktion selbst. Das heisst, dass es in einem traditionell geführten Planungsprozess zwei Modelle gibt: eines der Architektur und Planung und eines des Holzbauunternehmens. Welcher Nutzen könnte daraus gezogen werden, diesen Prozess zu vereinfachen und auf Basis eines Modells zu arbeiten? Dies setzt vor allem neue Formen der Zusammenarbeit voraus.

4.   DAS KOLLABORATIVE MODELL

Bevor ein virtuelles, softwaregestütztes Modell in einem Projekt eingesetzt werden kann, sollte das Modell der Zusammenarbeit definiert werden. Parallel dazu

ABB. 4 Digitalisierung im Bauwesen. Die Architektur ist in der digitalen Planung verortet, das ausführende Unternehmen (z. B. das Holzbauunternehmen) in der digitalen Produktion. Die generierten Daten kommen über die digital unterstütze Montage auf die Baustelle. Die Summe der Daten wird im digitalen Facility-Management zusammengeführt. Jeder Bereich ist für sich eigenständig und hat seine eigene Technologie und Software. Sollen Daten der digitalen Planung in die Produktion weitergereicht werden, erfordert dies eine präzise Abstimmung.

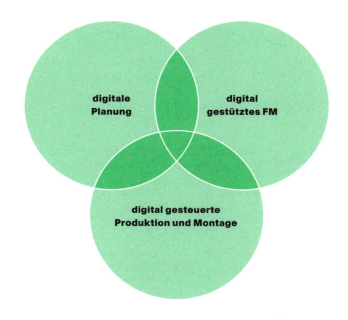

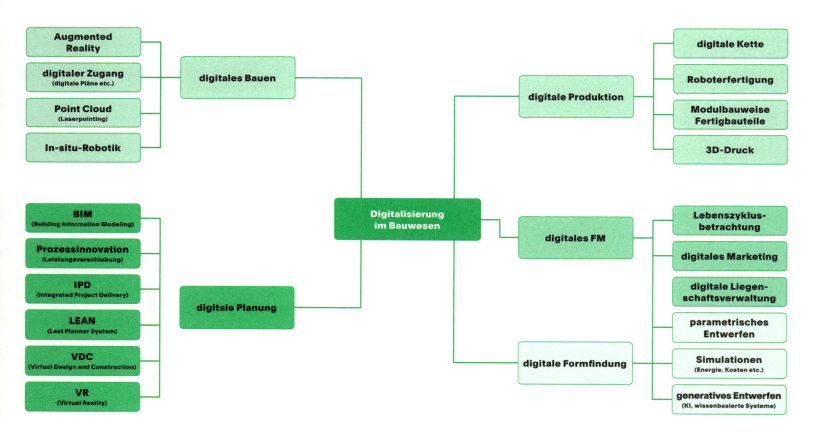

ABB. 5 Die Roadmap Digitalisierung zeigt die Zusammenhänge der einzelnen digitalen Technologien auf. BIM ist ein Modell der Zusammenarbeit, dessen Basis ein 3D-Modell ist.

kann die Entwicklung des digitalen Datenmodells erfolgen, Informationen werden abgestimmt und eingepflegt. Dabei treffen zwei verschiedenen Modellierungsansätze aufeinander: zum einen das architektonische Modell mit dem Anspruch der groben Mengenermittlung und der optimierten und schnellen Visualisierung, zum anderen das konstruktive Modell, welches den Anspruch auf Korrektheit und Genauigkeit hat und dabei viele (unsichtbare) geometrische und technische Informationen zusammenführt.

Das Zusammenwirken von virtuellem Modell und Kollaborationsmodell führt zur Definition von BIM. BIM ist ein Modell der Zusammenarbeit, dessen Basis ein 3D-Modell ist. [ABB. 4]

BIM ist ein Teil der heutigen Digitalisierungsprozesse und der digitalen Planung. Der Knotenpunkt ist die Schnittstelle zwischen den Technologien.

Die Errichtung einer durchgängigen digitalen Kette von der Planung (Architektur und Fachplanung) über die Produktion (Holzbau- und Elektro-, Lüftungs- oder Sanitärunternehmen) bis hin zum modellgestützten Facility-Management wird möglich, wenn diese technischen Vorgaben und Aspekte in der Frühphase eines Projektes definiert und die Auswirkungen aufeinander abgestimmt werden. [ABB.5]

So ein Verfahren ist mit einem Treffen unterschiedlicher Personen zu einem Picknick auf einer Waldlichtung zu vergleichen. Das Gelingen benötigt Informationen. Wie komme ich dorthin, wann treffen wir uns, wer bringt die Getränke mit, wer das Essen, für wie viele Personen? Nachdem die Aufgaben verteilt sind, kann man innerhalb des eigenen Paketes selbst entscheiden, was man damit macht. Man darf jedoch nicht die Grundparameter ändern – den Ort, die Menge oder die Uhrzeit.

Was passiert dann auf der Lichtung? Wenn alle angekommen sind, wird überprüft, ob alle ihre Aufgaben erledigt haben und es wird abgeglichen, wie der Austausch nun stattfinden soll. Jeder präsentiert sein Mitbringsel und stellt dies allen zur Verfügung. Mit etwas Glück werden alle satt, falls nicht, wird versucht, gemeinsam eine Lösung zu finden. In der Regel erfordert dies eine gemeinsame Abstimmung, um keine Missverständnisse zu generieren. Bei BIM-Prozessen funktioniert es genauso.

5. DAS VORPROJEKT UND DIE ANSCHLIESSENDEN PHASEN

Sind die Zuständigkeiten und der Datenaustausch definiert, beginnt das Vorprojekt, gefolgt vom Projekt, der Fertigung, Ausführung und Montage, dem Ausbau und Betrieb. Auf dem Zeitstrahl abgebildet zeichnen sich diese unterschiedlichen Phasen meistens nicht direkt hintereinanderliegend ab, sondern mit Überlappungen. Innerhalb dieser Phasen kommen zudem unterschiedliche Tools zum Einsatz. [ABB. 6, 7]

5.1 WAS IST FÜR EINEN HOLZBAU IN DIESER PHASE RELEVANT?

Der **Grundaufbau eines Gebäudes in Holzbauweise [S. 47]** unterscheidet sich von einem Gebäude in Massivbauweise. Die Struktur eines Holzbaus ist ein lineares Tragwerk und kein Flächentragwerk. In der ersten Phase, zu **Projektbeginn [S. 77]**, sind daher die Dimensionen der Bauteile noch nicht relevant, aber der Entscheid, ob Holz- oder Massivbau hat einen grossen Einfluss auf die Geometrie der Tragstruktur. Fragen der Lastabtragung, der Beanspruchung der Bauteile, des Brand- und Schallschutzes sind – ebenso wie die Detailentwicklung – anspruchsvoll. Löst im Massivbau eine Stahlbetondecke die Statik sowie den Brand- und Schallschutz, stehen im Holzbau vier oder mehr Varianten für die Ausführung der Decke zur Verfügung. Daraus ergeben sich viele Fragen: Welches ist die beste Lösung für den jeweiligen Entwurf, wie verhält es sich mit den Kosten, wie ist der Schall- bzw. Brandschutz gelöst? Diese Fragen machen den Holzbau aus Sicht des Planenden komplex. Die optimale Lösung kann mit der kollaborativen Methode, welche dem BIM-Gedanken zugrunde liegt, gefunden werden. Ist ein Holzbauunternehmen oder eine Holzbauingenieurin im Planungsteam, ist das nötige Know-how für die Beantwortung dieser Fragen vorhanden.

Sollte ein **Holzbauingenieur, eine Holzbauingenieurin [s. 77]** oder ein Holzbauunternehmen in die Entwicklung einbezogen werden? Diese Frage stellt sich, sobald es darum geht, fehlendes Know-how im Entwurfsprozess auszugleichen und technische Experten in das kollaborative Team einzuladen. Holzbauingenieurinnen sind nicht an ein Unternehmen gebunden und entwerfen allgemeingültige Details, welche von jedem Holzbauunternehmen gefertigt werden könnten. Im Herstellungsprozess kann dabei ein Mehraufwand aufseiten des Unternehmens für die Anpassung der konstruktiven Lösungen auf sein System bzw. seinen Fertigungsprozess entstehen. Das in der Planung verwendete Datenmodell muss den Vorgaben des Produzenten angepasst werden. Dies wirft die Frage auf, ob ein

ABB. 7 **Zum Projektbeginn ist zuerst die Zusammenarbeit zu definieren. Das eigentliche Architektur-modell folgt mit dem Entwurf des Gebäudes. Spätestens zu diesem Zeitpunkt muss über die BIM-Methode entschieden werden. Nach dem Entwurf folgen Entscheide zur Materialisierung und Ausführung: Massiv- oder Holzbauweise, wie gross soll der Vorfertigungsgrad sein usw.?**

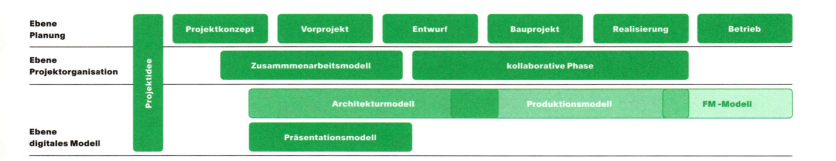

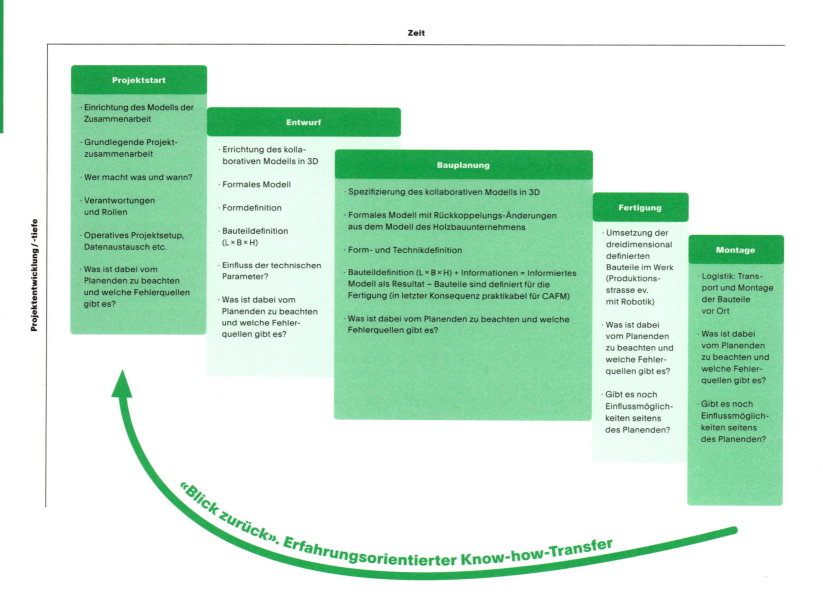

ABB. 8 **Kollaborativer Planungs- und Bauprozess.**

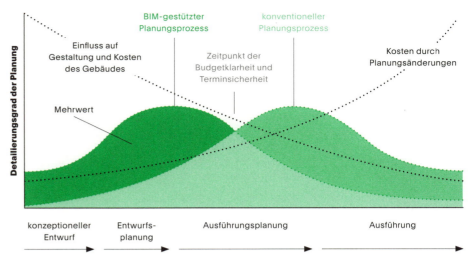

ABB. 6 Unterscheidung der Abläufe und des Detaillierungsgrads der Planung zwischen einem BIM-gestützten und einem herkömmlichen Planungsprozess.

systemorientiertes (grosses) Holzbauunternehmen einem entwicklungsorientierten (kleinen) Handwerksbetrieb vorzuziehen ist. Beide können technisch und ökonomisch einwandfreie Lösungen präsentieren, der Entscheid ist vom spezifischen Entwurf abhängig. Die Frage, die die Planenden stellen sollten: Ist mein Projekt mit dem System des Holzunternehmens realisierbar oder gibt es viele Abweichungen, sodass eine handwerkliche Fertigung zu bevorzugen wäre? Jedes Projekt stellt für sich spezielle Fragen an den Produzierenden.

Um Synergien abrufen zu können, sollte bereits in der konstruktiven Planung (Entwurf) eines Holzbaus mit dem Unternehmen zusammengearbeitet werden. Die Konstruktion muss entsprechend bis hin zu den Details geplant und auf die Herstellungssysteme des Produzierenden abgestimmt sein.

Ein Beispiel: Um die **Möglichkeiten zeitgemässer Fertigung [S. 59]** wirklich auszunutzen, bedarf es der Prüfung der Machbarkeit. Elemente von 15 Metern Länge kann nicht jedes Holzbauunternehmen handhaben. Viele automatisierte Systeme sind auf zwölf Meter Wandlänge begrenzt. Auslastungszyklen von Fertigungsstrassen für die Elemente haben einen Einfluss auf die Kosten einer Wand. Viele kurze Wände, die keine Doppel- oder Dreifachlänge ergeben, reduzieren die Produktivität und erhöhen somit die Kosten. Je nach Einbauort erhöht sich auch die Anzahl der Transporte und der Aufwand in der Montage der Elemente. Da jedes Element einen Kran vor Ort benötigt, brauchen kleine Elemente mehr Platz auf der Baustelle sowie mehr mobile Kräne. Gemeinsam mit dem Unternehmen optimierte Elemente sind auf die **Logistik [S. 47]** und Montage abgestimmt.

Diese Informationen, die Randbedingungen von Fertigung, Transport und Montage, müssen abgerufen werden, da jedes Unternehmen andere Bedingungen seiner Produktion zugrunde legt und daher auch anders bewertet. Aus Sicht des Holzbaus sind funktionale Ausschreibungen oder Gesamtleistungswettbewerbe gegenüber rein technischen Ausschreibungen zu bevorzugen. In diesen Prozessen können Aufbauten und Fertigungsprozesse auf das Projekt abgestimmt werden. Die vorgeschlagenen Lösungen sind somit Teil des ökonomischen Konzepts des Produzenten und sind gleichzeitig mit der Architektur koordiniert. Das Gesamtkonzept aus architektonischem, konstruktivem und technischem Entwurf ist somit **Teil des Wettbewerbsprojektes [S. 41]**.

6.   DER PROZESSINTEGRIERTE HOLZBAU

Der **prozessorientierte Blick [S. 53]** auf ein Projekt oder Projektphasen zeigt, welche Fragen beantwortet werden müssen, die unterschiedliche Einflüsse auf die Planung haben können: Welche sind die **gängigen Fertigungsgrössen [S. 77]** im Holzbau? Welche Aufbauten werden vom Holzbauunternehmen für Aussenwände, Innenwände, Decken und Dächer verwendet? Mit welchen Elementgewichten für die Montage muss gerechnet werden? Genügt die Leistung des Krans des Bauunternehmens oder muss ein stärkerer Kran für die Montage eingeplant werden?

In kollaborativen Teams können diese Fragen unmittelbar beantwortet werden und alle Planungsbeteiligten erhalten die gleiche Information, können den Einfluss in ihrem Bereich abschätzen, mitdiskutieren und die optimale Lösung finden. Mit dem digitalen dreidimensionalen Modell und den Informationen der einzelnen Fachplanenden wird die Planung transparenter, für alle verständlicher und nachvollziehbar. **[ABB. 8]**

Anhand des Beispiels der Grundüberlegungen zu Fertigungslängen von Aussenwänden kann dies demonstriert werden: Wenn die Architektin diese Vorgaben aus dem Holzbau in ihrer Planung berücksichtigt, kann sie dementsprechend die Raumaufteilung und Position der Fenster auf die Längen von herstellbaren Elementen abstimmen. Der Unternehmer kann die Vorteile seiner Fertigung im Projekt ausspielen, hat aber auch keinen Interpretationsspielraum mehr, um die Stösse der Wände beliebig zu setzen. Die Architektin hat die technischen Vorgaben der Produktion erfüllt und dem Holzbauunternehmen ist bewusst, warum die Stösse sich genau hier befinden müssen und kann dementsprechend planen. Auch für die anderen Fachplanenden ist dies nachvollziehbar, da die Entscheide im Team diskutiert und berücksichtigt wurden. Dieses Vorgehen kann auf alle Prozessschritte im Projekt angewendet werden bis hin zur Baustelleneinrichtung.

6.1 WELCHE ROLLE SPIELT DAS ARCHITEKTURMODELL IN DIESEM IDEALEN PROZESS?

Bis heute dominieren traditionelle **Planungsverfahren [S. 53]** den Markt, das Management von Schnittstellen und der Datenaustausch finden weiterhin in unterschiedlichsten Varianten statt. Da immer wieder vom zentralen Modell und der Übergabe an das Facility-Management gesprochen wird, entstehen rasch Missverständnisse, welche Informationen in welcher Art zu welchem Zeitpunkt für die Planung wirklich relevant sind. Welche **Daten [S. 123]** müssen wirklich ausgetauscht werden, sind Bauwerksinformationen und geometrische Daten getrennt zu behandeln? Wenn der Aufwand der Informationspflege im 3D-Modell reduziert werden soll, müssen Informationen, die auf sogenannte Basisdaten eines Volumens Bezug nehmen, gesondert behandelt werden. **[ABB. 9 A,B]**

Zu Projektbeginn ist für den Austausch innerhalb des Projektteams das Entwurfsmodell ausreichend. Das Datenmodell sollte korrekt und genau aufgebaut sein und die richtigen Abmessungen der Bauteile enthalten bzw. sollten diese Angaben kontinuierlich aktualisiert werden: Eine Wand im architektonischen Modell wird mit einer Konstruktionsstärke von 200 Millimeter gezeichnet. Im Laufe des Prozesses wird festgestellt, dass die tatsächlichen Anforderungen aber einen konstruktive Aufbaustärke von 240 Millimeter erzwingen. Da sich die Anforderungen, wie beispielsweise der Brandschutz, an ein Bauteil im Grundriss ändern, müssen die hinterlegten Informationen zwingend aufgeteilt werden, auch wenn aus Konstruktionssicht der gleiche Aufbau gilt. Die Wand bleibt grundsätzlich gleich, nur verändern sich beispielsweise bei einem Raumwechsel die Anforderungen an den Schallschutz, Brandschutz oder die Statik. Besonders aus Betriebssicht ist diese Information wichtig, da eine tragende Wand in einem anderen Abschnitt nicht mehr tragend ist und später entfernt werden kann oder eine Leitungsdurchführung nicht mehr durch eine Brandschutzwand geführt werden muss.

Es ist also ein Modell notwendig, das über die rein optische Vermittlung der geplanten Bauteile hinausgeht. Das 3D-Modell ist nicht ein nachgeführtes Instrument zur Visualisierung, sondern steht im Zentrum, ist ein Knotenpunkt der Planungen des Architekturbüros, der Fachplanenden und der ausführenden Unternehmen. Es bildet mit den an den jeweiligen Bauteilen angebrachten Informationsebenen alle Belange verdichtet ab, sodass Abhängigkeiten sofort sichtbar sind und nachvollziehbar bleiben. Am Beginn eines Projekts und während der frühen Planungsphasen erscheint dies unangemessen aufwendig, wird jedoch für die folgenden Planungsschritte wertvoll, da Kollisionen und Missverständnisse früh vermieden werden können.

Den zentralen Knotenpunkt in der Entwurfsphase bildet in der Regel das 3D-Modell des Architekturbüros. Es ist das erste Modell, welches erstellt wird und die Anforderungen des Auftrages und der Nutzenden sowie des Architekturbüros integriert hat. Dieses Modell steht während des gesamten Projektes im Zentrum und passt sich jeweils den verschiedenen Ansprüchen der einzelnen Fachplanenden und Unternehmen an. Das angepasste Modell steht allen Beteiligten jederzeit zur Verfügung. So ist gewährleistet, dass sich die architektonischen Ansprüche und die Anforderungen des Auftrages bis zur Umsetzung konsequent durchsetzen lassen.

Durch die Abstimmung von technischen Vorgaben mit dem architektonischen Konzept ergeben sich in jeder Planungsphase Anpassungen. Diese können sich sowohl auf das geometrische Modell als auch auf Bauteilinformationen beziehen. Beides muss von den beteiligten Planenden immer mitgedacht werden. Hier hilft BIM, auch architektonische Vorstellungen für die anderen Beteiligten an Ort und Stelle sicht- und erklärbar zu machen.

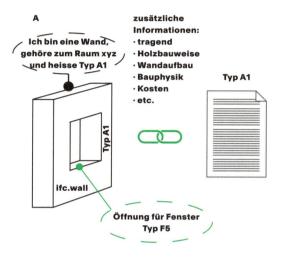

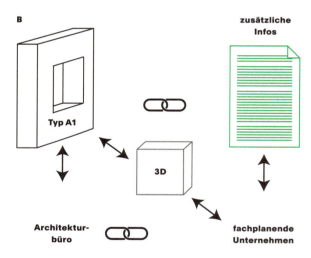

ABB. 9 A Um den Aufwand der Informationspflege im 3D-Modell zu reduzieren, sollten Informationen, die auf sogenannte Basisdaten eines Volumens Bezug nehmen, gesondert gespeichert werden. Die Wand trägt die Information, dass sie eine Wand ist (ifc_wall) und zum Raum xyz gehört und die Bezeichnung «Typ A1» erhalten hat. Die Wand kann nun beliebig gestreckt werden, auch die Fensteröffnung bleibt in der Grösse und Position flexibel. Zusätzliche Informationen sind in einer separaten Datei gespeichert. Als Formate bieten sich PDF-, Excel- oder Datenbank-Files an. Bei einer Datenbank besteht die Möglichkeit, direkt die Geometriedaten wie Laufmeter der Wand, Volumen und Quadratmeter mit weiteren Informationen zu verknüpfen und so bei jeder Änderung der Geometrie die verbundenen Auswirkungen und damit auch die Kosten im Überblick zu behalten.

ABB. 9 B Erfolgen Anpassungen haben diese meist direkten Einfluss auf die Gebäudegeometrie. Die Definition, in welche Richtung eine Anpassung einer Wanddicke extrahiert wird, erfordert das Zusammenwirken der an diesem Bauteil Beteiligen. Nach innen, nach aussen oder beidseitig? Es ist sinnvoll den Einfluss der Entscheidung mit den anderen Beteiligten abzustimmen.

7.   DATENAUSTAUSCH UND INFORMATIONSÜBERTRAGUNG

Am Beginn eines Projektes sind die Möglichkeiten des Austauschs der Modelle der Fachplanenden festzulegen. Es ist sinnvoll, einen Test-Volumenkörper als 3D-Modell zu generieren und mit wenigen Informationen, die man über das Modell austauschen möchte, zu versehen. Diese Attribute sind beispielsweise die Bauteildefinition.[4]

Anhand des Resultats werden die Prozessattribute bestimmt und festgelegt. Dieses Dummy-Bauteil wird unter den Beteiligten ausgetauscht. So kann umgehend überprüft werden, welche Attribute bzw. Informationen beim Datentransfer tatsächlich übermittelt werden.[5] [ABB. 10]

Um untereinander koordinierte Änderungen in dieses Modell einzupflegen, ist eine BIM-Collaboration-Datei (BCF) heranzuziehen. Hier können in einem Modell zusätzliche Informationen in das 3D-Modell eingepflegt und als BCF-Datei abgespeichert werden. Dieses BCF-Datei kann dann in die CAD-Software des Büros eingelesen werden. Die Informationen werden im 3D-Modell angezeigt und können verändert werden.

Das Testmodell erlaubt die Überprüfung. Im Anschluss daran kann die Anzahl der Attribute auch erhöht werden. Die Erfahrung zeigt, dass mehr als fünf Attribute nicht korrekt übergeben bzw. untereinander ausgetauscht werden können. Aufgrund dieser Problematik und des Fehlens von allgemeingültigen Normen oder Richtlinien muss dieser Prozess für jedes Projekt neu definiert und getestet werden. Ein gängiges Format für den Austausch ist das IFC-Format. Viele CAD-Systeme können dieses Format einlesen und auch ausgeben. Der Umgang mit Ausgabe- und Einleseparametern erscheint an dieser Stelle essenziell. Für Ungeübte entsteht dabei ein Risiko zu Beginn des Projekts. Es empfiehlt sich entweder auf Schulungen von CAD-Softwareanbietern zurückzugreifen oder einen Coach für das gesamte Projektteam beizuziehen.

8.   BAUTEILTYPISIERUNG

Um ein besseres Verständnis zwischen den Beteiligten sicherzustellen, ist es sinnvoll, das Gebäudemodell bauteilbasiert aufzubauen. Auch eine geschossweise Gliederung hat sich bewährt. Dazu wird beispielsweise ein eigener Code für ein Bauteil definiert: AW_Typ_01a, eine Aussenwand mit dem Typenbeschrieb 01, wobei der Buchstabe a für eine erste Abwandlung stehen kann. Dies kann auf eine andere Anforderung hindeuten, der Aufbau der Wand ist aber baugleich mit dem normalen Typ 01. Alternativ besteht in der Schweiz die Möglichkeit, auf den Baukostenplan Hochbau eBKP-H zurückzugreifen, welcher hier einen allgemeingültigen Code aufzeigt.[6] Der Baukostenplan gliedert die Kosten eines Bauprojektes nach einzelnen Bauteilgruppen, Bauteilen oder Elementen, die sich mit der standardisierten Stukturerweiterung eBKP-gate problemlos mit der Leistungsbeschreibung bzw. den Positionen eines Normpositionenkataloges im Rahmen einer Ausschreibung verknüpfen lassen.

9.   FAZIT: WIE SIEHT NUN EIN IDEALER PLANUNGSABLAUF MIT DER BIM-METHODE FÜR DEN HOLZBAU AUS?

Diese sechs Prinzipien können als wesentliche Grundlage des Planungsablaufes angesehen werden:

- einfach Modellieren, in Hüllkörpern denken,
- wenig Metadaten im Modell,
- Metadaten über Typen verwalten,
- Typen GEMEINSAM abstimmen,
- Typenbezeichnungen, wenn möglich in: ifc_Name,
- geschossweise modellieren.

Auch im Architekturwettbewerb ist die BIM-Methode oder die kollaborative Zusammenarbeit von Nutzen.

Die Einbindung von Unternehmen oder Holzbauingenieurbüros empfiehlt sich auch in der frühen Konzeptions- und Entwurfsphase. Die Kompetenz im Holzbau von Wettbewerbsjurys hat in den letzten Jahren zugenommen und sehr rasch können erfahrene Jurorinnen und Juroren die technische und ökonomische Machbarkeit vorgeschlagener Holzbauten identifizieren und bewerten.

Vereinfacht betrachtet kann nach diesen Schritten vorgegangen werden:

Gemeinsame Definition des Austauschformates, beispielsweise das Format IFC und dazu die wichtigsten Attribute, die über den ganzen Planungsprozess genutzt werden sollen. Die Anzahl kann im Laufe der Planung jederzeit geändert werden, wichtig hier ist, dass alle damit einverstanden sind. Um dies zu prüfen, hat es sich bewährt, diese mit einem Dummy-Bauteil zu testen.

Im Anschluss kann anhand des zentralen konstruktiven Modells mit den definierten Attributen die Planung des Vorprojektes gestartet werden. Wichtig ist die Definition der Bauteiltypen wie beispielsweise Wand Typ A1 (Aussenwand), Wand Typ I1 (Innenwand), die dann über den gesamten Prozess beibehalten werden. Wenn möglich, kann jetzt schon mit der Pflege der zusätzlichen Daten in klassischen Datenformaten begonnen werden. Wandaufbauten, Anforderungen aus der Statik (tragend oder nicht tragend), Brand- und Wärmeschutz können als Bauteiltypen mit dem Modell verknüpft werden.

Ab diesem Zeitpunkt können im Planungsteam die Modelle miteinander ausgetauscht und kombiniert werden. Die modellbasierte Koordination beginnt. Mit dieser einfachen Methode werden Kollisionen und Missverständnisse aufgedeckt und bereinigt. Bereits hier können das Risiko von Fehlern und damit verbundene Mehrkosten bei der Ausführung gesenkt werden; ein erster Mehrwert in der Planung.

In regelmässigen Sitzungen (wöchentlich, alle zwei Wochen) werden mit dem Planungsteam am Modell Fortschritte, Konflikte sowie Änderungen besprochen und koordiniert, die Anpassungen werden über das BCF-File (BIM Collaboration File) kommuniziert und ausgetauscht.

Das Architekturbüro verwaltet das Basismodell und nur dieses darf auf dieser Ebene eingreifen. Die Modelle der Fachplanenden verbleiben bei den Erstellenden, die Prüfung übernimmt das Team, die Koordination obliegt dem Architekturbüro. Auf diese Weise erneuert und ergänzt sich das Modell über den gesamten Planungsprozess schrittweise. Basisinformationen sind im 3D-Modell, zusätzliche Information in klassischen Dokumenten festgehalten und können damit auch in die Datenbanken des Unterhaltes eingepflegt werden.

9.1 MÖGLICHE KONFLIKTE UND DEREN LÖSUNG

Die Beobachtung zeigt, dass gerade während der ersten Projektschritte die Hemmschwelle hoch ist, sich mit einer neuen Methode auseinanderzusetzen. Der grösste Vorteil der Transparenz in einem kollaborativen Prozess, unterstützt durch die modellbasierte Koordination, ist das vertrauensbasierte Vorgehen. Das Vermeiden von Fehlentwicklungen und Umwegen ist eine zentrale Aufgabe in der Lösung komplexer Aufgaben.

Dezidiertes Ziel dieses Vorgehens ist es, mit wenig Aufwand gut nutzbare Daten über den gesamten Planungsprozess zu generieren und allen Beteiligten zur Verfügung zu stellen. Gerät dieses Ziel aus den Augen oder ist es nur mit erheblichem Aufwand zu erreichen, müssen alternative Methoden der Planung angewandt werden. Im gesamten Planungsteam ist die Einigkeit des Prozesses unbedingt zu klären. Sollten sich nicht alle Beteiligten klar dazu bekennen, ist eine

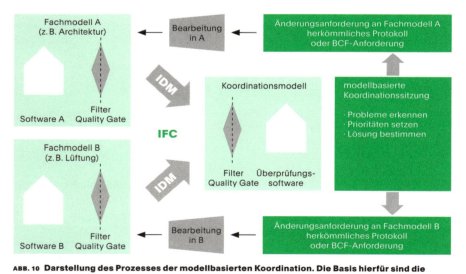

ABB. 10 Darstellung des Prozesses der modellbasierten Koordination. Die Basis hierfür sind die informierten 3D-Modelle der einzelnen Fachplanenden, die dann zusammengelegt und auf Konflikte und mögliche Bauteilkollisionen überprüft werden. IDM (Information Delivery Manual) ist das Regelwerk, welches definiert, wie die Daten ausgetauscht werden sollen, das Format ist IFC.

Umsetzung nicht möglich. **Auch entstehende Mehrkosten durch die Koordination sind als Teil dieser Regelung zu sehen [S. 95].**

In Projekten ist mangelndes Know-how im Umgang mit 3D-Modellen bzw. deren Austausch zu beobachten. Digitale Modelle werden oft nur für den eigenen Gebrauch erstellt. Die Möglichkeit, diese kollaborativ zu nutzen, bleibt unberücksichtigt oder es sind die rechtlichen Belange nicht bekannt oder geklärt. Zentral ist daher die Beantwortung der Frage: «Wem und welchem Zweck soll das Modell im Verlauf des Projektes dienen?»

Welche Bedeutung die Einbeziehung der Anforderungen des Facility-Managements bei einem solchen Projekt hat, ist zu klären. Das Resultat des Bauens ist letztendlich, Infrastruktur nutzbar zu machen. Dennoch greifen Argumente zu kurz, die das Resultat eines Planungsprozesses in der Erfüllung betrieblicher Fragen sehen. Diese müssen selbstverständlicher Teil eines grossen Ganzen sein. Es gilt ein komplexes Werk zu erschaffen, die Vorteile des Holzbaus unter der Vermeidung von Fehlern in einer Kultur des Lernens zu nutzen und am Ende den Nutzenden ein Bauwerk zu übergeben, im Bewusstsein, das Wissen aller Beteiligten bestmöglich und nachhaltig eingebracht zu haben.

1   IFC (Industry Foundation Classes) ist der bekannteste Standard für den OpenBIM-Datenaustausch.

2   Es gibt länderspezifische Eigenheiten im Umgang mit den Datenmodellen. In den USA zum Beispiel werden zwar die Architekturmodelle bereits sehr präzise und mit vielen Informationen erstellt, doch werden sie nicht für weitere Zwecke wie zum Beispiel die Herstellung von Bauteilen oder für den Unterhalt genutzt. Diese Modelle können nicht in den Produktionsprozess übernommen werden, da die Unternehmen bzw. die Fachleute und Fachfirmen schlichtweg fehlen. Hinzu kommt, dass in jedem neuen Prozessschritt auch ein Haftungsübergang stattfindet. In den skandinavischen Ländern konnte man sich aufgrund der Schnittstellenproblematik auf einen Softwareanbieter einigen. Dies führt dazu, dass alle an einem Bauprozess Beteiligten sich ein Softwarepaket bei genau diesem Anbieter kaufen müssen, um die Daten untereinander austauschen zu können, die Schnittstellenproblematik wurde in die Unternehmen verlagert.

3   buildingSMART® ist eine weltweite tätige Organisation, die sich der Entwicklung und Weiterentwicklung von offenen Softwarestandards in der Zusammenarbeit verschrieben hat. Der Bund ist eine von weltweit 18 Organisationen, die das Thema OpenBIM auf internationaler Ebene mitbestimmen.

4   Eine Wand (ifc_wall) besteht aus Holz (ifc_material), hat diesen U-Wert, Brandschutzanforderung, etc. In Folge werden das Dateiaustauschformat (meist IFC) und die beinhalteten Informationen (Attribute) definiert.

5   Zur Überprüfung, ob die Informationen auch verfügbar sind, kann ein Test in einem Viewer hilfreich sein. Ein Viewer ist ein Softwaretool, welches meist kostenlos zur Verfügung gestellt wird. Für das Format IFC existieren zahlreiche Viewer. Im Viewer ist keine Veränderung von Informationen und der Geometrie möglich, dies ist dem Ersteller des IFC-Files vorbehalten.

6   Bsp.: C   = Konstruktion Gebäude
         C2   = Wandkonstruktion
         C2.2   = Innenwand
         C2.2.1 = Innenwand tragend

Holz ist nicht nur ein ökologischer Baustoff, es ist auch ein besonders leichter und gut handhabbarer. Gerade deshalb lässt es sich einerseits gut in der Werkstatt zurichten und in Form eines integralen Bauteils ausstatten, andererseits aufgrund des geringen Konstruktionsgewichts und der präzisen Vorfertigung einfach und schnell auf der Baustelle versetzen. Die Leichtigkeit und der schnelle Bauprozess machen das Holz besonders attraktiv für Aufstockungen und Umbauten. Im Umgang mit dem Bestand kann es so noch ein weiteres Nachhaltigkeitsargument einbringen. Besonders grossvolumige Bauten wie Schul-, Büro- oder Wohngebäude, die idealerweise im laufenden Betrieb umgebaut werden, erfordern Konzepte und Methoden einer schnellen, präzisen und möglichst störungsarmen Umsetzung. Dieses Kapitel bespricht konstruktive Strategien des Weiterbauens, Schnittstellen zwischen Neu- und Altbau sowie praktische Beispiele.

Frank Lattke hat sich in den letzten 20 Jahren in Forschung, Lehre und Praxis intensiv mit dem Holzbau und dem Thema Gebäudemodernisierung beschäftigt. Als gelernter Tischler und praktizierender Architekt weiss er Material, Entwurf und Baustelle konzeptionell und konstruktiv zusammenzuführen. Dabei stehen für ihn die grossen Kapazitäten einer vielfachen Nachhaltigkeit im Holzbau im Zentrum. Während zwölf Jahren am Lehrstuhl für Entwerfen und Holzbau an der TU München stiess er wichtige Forschungsaktivitäten an und leitete zahlreiche Projekte zum Um- und Weiterbauen.

FRANK LATTKE

WEITERBAUEN IM BESTAND – MÖGLICHKEITEN FÜR DEN HOLZBAU

1 BESTAND WEITERBAUEN

Ein Grossteil unseres heutigen Gebäudebestands ist in die Jahre gekommen. Er erweist sich im Betrieb als aufwendig, energetisch unzulänglich und entspricht oft nicht mehr den gegenwärtigen Anforderungen an seine Nutzung. Die Modernisierung und das Weiterbauen bestehender Bausubstanz gewinnt daher zunehmend an Bedeutung. Die umfassende Modernisierung von Hülle und Haustechnik, funktionale Raumänderungen und Gebäudeerweiterungen stellen wichtige Bauaufgaben der Gegenwart dar.

Der moderne Holzbau bietet aufgrund der Möglichkeit seiner Vorfertigung ein hohes Potenzial für das Weiterbauen der gebauten Substanz. Die Nachverdichtung der **urbanen Siedlungsgebiete [S. 19]** ist ein probates Mittel, um vorhandene Bauwerke und Infrastrukturen besser nutzen zu können und gleichzeitig den grassierenden Landverbrauch einzudämmen.

Es sind gerade die grossvolumigen Bauten wie Schul-, Büro- oder Wohngebäude, die im laufenden Betrieb umgebaut und modernisiert werden, weil keine Ausweichmöglichkeiten in ausreichender Grösse zur Verfügung stehen oder wirtschaftlich sinnvoll sind. Hier sind Konzepte und Methoden gefragt, die schnell, präzise und möglichst störungsarm umgesetzt werden können. Dabei geht es um dauerhafte, wirtschaftliche und ökologische Lösungen, die im besten Fall aus dem bestehenden Bauwerk ein zukunftsgerechtes Gebäude machen – barrierefrei, energieeffizient, CO_2-neutral und mit einer Nutzungsstruktur, die an heutige Ansprüche angepasst ist. Hierbei bietet der Erhalt bestehender Bausubstanz mit der darin gespeicherten Primärenergie im Gegensatz zum Abbruch und der Entsorgung von Baumaterialien ein grosses ökologisches Potenzial. Der Einsatz von Bauprodukten aus nachwachsenden Rohstoffen reduziert zusätzlich die Umweltbelastung. Holz und holzbasierten Baustoffen kommt daher für das Bauen im Bestand eine wichtige ökologische und technische Bedeutung zu.[1]

Der bauliche Eingriff bei einer umfassenden Modernisierung bedeutet neben der Erfüllung der ökonomischen, baurechtlichen und konstruktiven Anforderungen wie **Wärme-, Brand- und Schallschutz sowie Stand- und Erdbebensicherheit [S. 77]** stets eine Veränderung der Erscheinung eines Gebäudes. Das bietet die Chance, die innen- oder aussenräumliche Situation architektonisch und gestalterisch aufzuwerten und die Bauwerksstruktur durch konstruktive Veränderungen zu verbessern. Der Bestand kann durch eine neue Hülle, gegebenenfalls in Kombination mit einer Aufstockung, überformt werden und dadurch einen neuen architektonischen

Ausdruck erhalten. Der Gestaltung sind dabei kaum Grenzen gesetzt. Auch in der Gebäudemodernisierung entfaltet die Holzbauweise ihr gestalterisches Potenzial. Bewährte Wandaufbauten können verputzt oder mit einer breiten Palette an Fassadenwerkstoffen bekleidet werden, denen man den hölzernen Charakter nicht ansehen muss. Technisch bietet das geringere Konstruktionsgewicht der Holzbauweise im Vergleich zu Stahlbeton- oder Mauerwerkskonstruktionen viele Vorteile.

Die Bandbreite der an den Bestand anpassbaren Holzbauelemente reicht von abgebundenen Einzelteilen (etwa Pfetten, Stützen, Trägern) für den Ersatz oder die Ergänzung einzelner Bauteile bis zu vorgefertigten Holztafelbauelementen für Wand- und Dachflächen. Raumzellen stehen besonders für räumliche Erweiterungen als Anbau oder Aufstockung zur Verfügung. Dafür kann man auf konstruktiv erprobte, holzbauspezifische Lösungen aus dem Neubaubereich zurückgreifen. Mithilfe der weitverbreiteten **CNC-Produktionstechnologie [S. 99]** werden selbst komplexe, dreidimensional an den Bestand angepasste, vorgefertigte sowie hochwärmegedämmte Bauteile für die **Tafel- oder Raumzellenbauweise [S. 47]** seriell hergestellt. Dabei wird auf Basis eines digitalen Aufmasses der Bestand millimetergenau vermessen und die Bauteile geplant, die dann in der Werkstatt präzise nach den Vorgaben gefertigt werden. Der hohe Vorfertigungsgrad und der daraus resultierende schnelle Bauprozess mit einer präzisen **Planung und Logistik [S. 53]** vermindern, gerade im städtischen Umfeld, unnötige Belästigungen durch den Baustellenbetrieb. Gängige Transport- und Hebetechniken erlauben selbst bei beengten Situationen im Gebäudebestand eine präzise Montage grossformatig vorgefertigter Wandelemente oder Raumzellen. Durch die erhöhte **Montagegeschwindigkeit [S. 47]** gelingt es auch, das Gebäude während der Bauphase besser vor Niederschlag zu schützen und so das Schadenspotenzial durch Witterungseinflüsse zu reduzieren.

2   PRÄZISE BESTANDSERFASSUNG

Die exakte Erfassung der Geometrie des Bestandsgebäudes bildet die Grundlage für die Planung der vorgefertigten neuen Bauelemente. Wie eine Schablone soll das Neue auf das Alte passen. Je höher der Vorfertigungsgrad der Bauteile ist, desto geringer sind die Montagetoleranzen. Die Detaillierung in Grundriss und Schnitt, auf Basis von Bestandsplänen oder einem groben Aufmass, reicht meistens für die Konzeptphase und die Entwurfsplanung aus.

Sobald die Planung in einem 3D-Modell erfolgt, empfiehlt sich eine digitale Aufnahme des Objektes. Die berührungslose Vermessung (z. B. Fotogrammmetrie, Tachymetrie oder 3D-Laserscan) liefert ein dreidimensionales digitales Gebäudemodell, welches die Basis für die Ausführungsplanung im CAD bildet. Im Planungsprozess sollte spätestens in dieser Phase ausreichend **Holzbaukompetenz [S. 77]** (in Form von erfahrenen Planenden oder durch die Unterstützung von Holzbauunternehmen) vorhanden sein, um die zu ermittelnden Daten in Abhängigkeit der konstruktiven Lösungen zu definieren.

Das präzise Aufmass umfasst insbesondere die Gebäudekanten, die Fensteröffnungen mit der Lage der inneren und äusseren Laibungen sowie Gebäudevor- und -rücksprünge. Die Wahl der Methode hängt vom gewünschten Ergebnis und den technischen Möglichkeiten der unterschiedlichen Aufmassmethoden ab [TAB. 1].

Aus den ermittelten Rohdaten, die als 3D-Punktewolken oder 3D-Linien vorliegen, wird ein digitales Modell des Ist-Zustandes des Bauwerks generiert. Erfolgt die weitere Planung auf Basis eines **BIM-Prozesses [S. 99]**, sind im Vorfeld die Anforderungen an die Modellstruktur, die zu erfassenden zusätzlichen Bauteilinformationen und die Zuständigkeit zwischen Planung und Bauausführung festzulegen.

Eine gründliche Bauwerksanalyse ist Prämisse einer umfassenden und vollständigen Planung. Je mehr Wissen über die Gebäude- und Tragstruktur sowie die vorhandenen Baumaterialien gesammelt wird, desto besser können Lösungen in

	Tachymetrie	Fotogrammmetrie	3D-Laserscanning
geometrische Übereinstimmung	++	+	++
Detailgenauigkeit	+	++	+
Vollständigkeit Modell		+	++
Störungen durch äussere Einflüsse	1)	+	1)
Integration Innenraum	++	+	++
Analysemöglichkeiten	+	+	++

++ sehr gut   + akzeptabel   lückenhaft oder fehleranfällig
1) Abwertung aufgrund von Anfälligkeit gegen Vibrationen sowie verschatteter Fassadenbereiche

TAB. 1 Vergleich von Aufmassmethoden.

ABB. 1, 2 Das Projekt Treehouses Bebelallee in Hamburg, 2010, von blauraum Architekten zeigt die räumliche Prägnanz der Nachverdichtung einer typischen Quartierssiedlung. Die zwei- und dreigeschossigen Gebäude wurden energetisch saniert und in Leichtbaukonstruktion um weitere ein- bis zweistöckige Aufbauten erhöht. Die Wohnfläche der sechszeiligen Kammstruktur konnte verdoppelt werden. Gleichzeitig blieben der hochwertige Grünraum und Baumbestand der Siedlung erhalten.

der Planungsphase aufeinander abgestimmt und Kosten prognostiziert werden. Dabei sollte die Untersuchung durch die Öffnung oder das Aufbohren von Bauteilen auch in die Tiefe gehen. Zu ermitteln sind Festigkeitswerte ebenso wie mögliche Schadstoffe in den vorhandenen Baumaterialien.

Die **statischen und konstruktiven Eigenschaften [s. 77]** des bestehenden Bauwerks sind dabei massgebend für die Planung und den richtigen Anschluss der neuen Bauteile. Bewährte Fugen- und Anschlussdetails aus dem Neubaubereich gewährleisten die konstruktive und bauphysikalische Funktion der Holzbaukonstruktion.

In einer **holzbaugerechten Planung [s. 53]** gilt es, neben den **architektonischen Überlegungen [s. 47]**, einer umfassenden Gebäudeanalyse und den baurechtlichen Rahmenbedingungen, auch die Grösse und Geometrie der neuen Bauelemente, deren Transportlogistik und die Montagebedingungen zu berücksichtigen. Gerade im innerstädtischen Bereich wird eine beengte Situation oftmals zum Nadelöhr der gesamten Planung und ist ein entwurfsbestimmender Faktor.

3 RESERVEN NUTZEN DURCH AUFSTOCKUNG

Der Gebäudebestand weist in den meisten Fällen eine ausreichende statische Lastreserve auf, um eine oder mehrere Ebenen baulich zu ergänzen. Eine Aufstockung ist eine wirtschaftlich interessante Möglichkeit, um über den Gewinn an Nutzfläche die Baumassnahme zu finanzieren. Insbesondere in Städten ohne grosse Bauflächenreserven bilden die zusätzlichen Mieteinnahmen der Nachverdichtung eine interessante Rendite als Basis der **Gesamtfinanzierung [s. 13]** des Projekts. Vorhabenbezogen schafft die Erweiterung oft einen höheren wirtschaftlichen Spielraum zur Gesamtmodernisierung eines Gebäudes, weil neben den üblichen Renovierungskosten neuer Nutzraum entsteht, der, auf die Lebensdauer des Gebäudes betrachtet, die Kosten durch die Mieteinnahmen zum Teil wieder einspielen kann.

Für den Ausbau oder Ersatz vorhandener Dachgeschosse bzw. für die Aufstockung um ein oder mehrere Stockwerke bietet der Holzbau die Vorteile einer leichten, vorgefertigten und schnellen Bauweise. Die Beeinträchtigung der darunter liegenden Etagen lässt sich in der Bauphase weitgehend minimieren. Der Bauwerksschutz hat hohe Priorität, der Schutz vor Schädigungen durch Wettereinflüsse kann durch ein Notdach, Zusatzgerüste oder eine Abdichtung auf der oberen Geschossdecke erfolgen. Das rasche Bauen reduziert das Risiko der Durchnässung des Bestands zudem beträchtlich.

Die Aufstockung bestehender Gebäude mit einer Konstruktion in Leichtbauweise bietet eine Vielzahl von Möglichkeiten für räumliche Erweiterungen. Weiterbauen bedeutet dabei, die Entwurfsziele der späteren Nutzung und Gestaltung mit der vorhandenen Bauwerksstruktur von Anfang an in Einklang zu bringen. **[ABB. 1, 2]** Je mehr vom ursprünglichen Bauwerk erhalten werden soll, desto intensiver ist die Auseinandersetzung in der Planung, um die Möglichkeiten und Abhängigkeiten der Bausubstanz zu ergründen. Die **Tragfähigkeit der Konstruktion [s. 77]** und die vorhandenen raumbildenden Elemente bedingen die Form der Aufstockung.

Bietet die bestehende Bausubstanz keine ausreichenden Lastreserven oder ist der Aufwand zur Sanierung der Tragelemente im Vergleich zum Ersatz zu hoch, bleibt immer noch die Möglichkeit, nach einem Teilabbruch auf vorhandenen Fundamenten, dem Keller oder der Tiefgarage neu aufzubauen.

3.1 LASTABTRAGUNG

Neben der Erfüllung der baurechtlichen Anforderungen ist die Realisierbarkeit einer Aufstockung in erster Linie eine Frage der Tragfähigkeit des Bestands. Im Zuge einer Modernisierungsmassnahme kann es notwendig werden, die vorhandene Tragkonstruktion, insbesondere der Decke, zu ertüchtigen. Die Konstruktion der obersten Geschossdecken ist vor allem bei Gebäuden der 1950er- und 1960er-Jahre oft sehr schlank und ohne weitere Lastreserve ausgebildet.[2] Wird eine Verstärkung notwendig, da die Tragfähigkeit der Bestandskonstruktion, der Schallschutz oder die Aussteifung des Gebäudes ertüchtigt werden muss, bietet der Holzbau verschiedene Lösungsmöglichkeiten:

· Verstärkung der Schubsteifigkeit der Originaldecke (z. B. Aufschrauben einer Holzwerkstoffplatte oder Ausbildung einer Holzbetonverbunddecke),
· Ertüchtigung des tragenden Querschnitts (z. B. Auflage einer Balkenlage oder einer Brettsperrholzplatte),
· Ersatz der Bestandskonstruktion durch eine neue Holzdecke.

Die Aufstockung mit einem oder mehreren zusätzlichen Geschossen ist abhängig von den statischen Lastreserven der vorhandenen Fundamente, Stützen, Wände und Decken. Aufgrund des geringeren Gewichts der Holzbauweise (im Vergleich zu Mauerwerk oder Beton) ist die Belastung der bestehenden Bauwerksstruktur kleiner. Durch den konstruktiven Eingriff sind die zusätzlichen Lasten jedoch in jedem Fall zu untersuchen. Bei einer Aufstockung nehmen die Windbelastungen durch die neue Gebäudehöhe und Fassadenfläche zu. Für den Belastungsfall Erdbeben bedeutet dies, dass die horizontalen Massenkräfte, die aus den neuen Holzbauaufbauten resultieren, vergleichsweise klein sind. Entspricht die bestehende Konstruktion jedoch nicht mehr den verschärften Anforderungen an die Standsicherheit im Erdbebenfall, muss sie durch zusätzliche Aussteifungen in Längs- und Querrichtung verstärkt werden. Die Lasteinleitung der Aufstockung erfolgt entweder direkt in die bestehenden Bauteile oder in zusätzliche Wände oder Stützen, die auch in eine neue vorgesetzte Fassade integriert sein können. Durch das geringere Gewicht der Holzkonstruktion ist es manchmal auch möglich, die Lasteinleitung in den Bestand punktuell zu konzentrieren, die tragenden Bauteile im Gebäudeinneren anzuordnen und die Fassade zugunsten einer grösseren Gestaltungsfreiheit der Öffnungen weitgehend von statisch lastabtragenden Elementen freizuhalten.

3.2 REAKTION AUF DEN BESTAND

Die Raum- und Konstruktionsstruktur einer Aufstockung wird durch die Gebäudetypologie, die Erschliessung, das raumbildende Gefüge lastabtragender Wände und Stützen sowie durch die Lage der Versorgungsschächte der vorhandenen haustechnischen Anlagen bestimmt.

Die Geometrie der Erweiterung kann in Anlehnung an den Bestand unterschiedliche Formen erhalten. Die einfachste Form der Ertüchtigung ist der Ausbau des obersten Geschosses und der Ersatz eines bestehenden Dachstuhls, der bei alten Gebäuden oftmals nicht ausreichend stark dimensioniert ist, um zusätzliche Wärmedämmung aufzunehmen.

Bei ausreichenden statischen Reserven und einer klugen Lasteinleitung in den Bestand, sind grosse Freiheiten für die Organisation der neuen Grundrisse und die Gestaltung der Überformung gegeben. [ABB. 9] Dabei kann sich durch die zusätzliche Höhe, durch Vor- oder Rücksprünge, der Charakter des Gebäudes ändern und eine neue räumliche Wirkung im urbanen Kontext entstehen.

Ein Dachausbau oder eine Bauwerksaufstockung kann die Verschärfung relevanter baurechtlicher Anforderungen an die Konstruktion zur Folge haben, wenn das Gebäude nach der Veränderung einer höheren Gebäudeklasse zuzuordnen ist. Normalerweise bestehen an die tragenden Bauteile des obersten Geschosses keine erhöhten Anforderungen, sofern es sich nicht um ein Sonderbauteil, etwa eine Brandwand, handelt. Es ist jedoch in der Planung frühzeitig zu prüfen, welche Anforderungen sich an die **Feuerwiderstandsdauer [S. 77]** von Bauteilen und die Brennbarkeit von Baustoffen, in Abhängigkeit von der geänderten Gebäudeklasse, für das gesamte Bauwerk ergeben. Gegebenenfalls ist der Bestandsbau zu ertüchtigen und die Holzbaukonstruktion in hochfeuerhemmender oder feuerbeständiger Bauweise zu errichten.

Der Wiederaufbau in der Nachkriegszeit ist in vielen unserer Städte nach wie vor an der Architektur ablesbar, die damals aus der Not heraus entstanden ist. Weiterbauen ist hier eine echte Option, wie das Wohngebäude H41 in Aachen zeigt.[3] Das Haus mit der zweigeschossigen Aufstockung in der Heinrichsallee 41 behauptet sich heute an prominenter Stelle mitten in der Stadt [ABB. 5]. Das ursprünglich dreigeschossige Wohnhaus war eines der ersten Nachkriegsgebäude und gegenüber den später entstandenen, höheren Nachbargebäuden schlicht in der Ausführung. Der Bauherr und Architekt sah die Chance, die Immobilie aufzuwerten. Die Erweiterung spannt einen lichtdurchfluteten, offenen Grundriss über zwei Ebenen auf. Die Höhe des obersten Geschosses liegt bei über 17 Metern. Damit hat das Gebäude die Anforderungen der Gebäudeklasse 5 zu erfüllen, das heisst, Wände

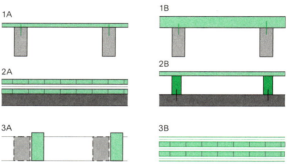

ABB. 3 Ertüchtigung von Deckenkonstruktionen:
1. Verstärkung: 1A aufgeschraubte Holzwerkstoffplatte,
1B Holzbetonverbunddecke;
2. Ertüchtigung: 2A Auflage einer Brettsperrholzplatte,
2B Auflage einer Balkenlage;
3. Ersatz: 3A neue Balkenlage, 3B neue Brettsperrholzdecke.

ABB. 4 Die Erweiterung und Aufstockung verändert die räumliche Wirkung von Bestandsbauten in ihrem Kontext. Hierbei ist insbesondere die Auswirkung der Erhöhung des Volumens auf die baurechtlich relevanten Abstandsflächen und die Verschattung der Umgebung zu beachten.

ABB. 5 Aufstockung eines dreigeschossigen Wohngebäudes aus den 1950er-Jahren in der Heinrichsallee in Aachen, 2014, Klaus Klever.

ABB. 6 Ersatzneubau und Aufstockung Wylerpark Bern, 2008, Rolf Mühlethaler.

und Decken wurden teilweise in einer Feuerwiderstandsdauer von 90 Minuten ausgeführt. Erreicht wird die Anforderung mit einer zweifachen Beplankung der Brettsperrholzwände mit 18 Millimeter starken Gipsfaserplatten.[4]

Die Wände des Treppenhauskerns wurden in Stahlbeton nach oben geführt und dienen als aussteifende Elemente für die Konstruktion der Wände und wandartigen Träger. Diese spannen als Massivholzwände mit einer Brettsperrholzplatte teilweise frei über stützenlose breite Öffnungen. So entsteht auf der unteren Ebene der Aufstockung zur Heinrichsallee hin ein Fensterband über die gesamte Gebäudebreite von zwölf Metern, das den Blick auf die nahen Baumkronen freigibt. Das Tragsystem der Wände aus Einfeldträgern oder auskragenden Trägern führt die Lasten in die darunter liegenden Mauerwerkswände ein [ABB. 8].

Grundsätzlich ist in der Planung frühzeitig zu untersuchen, wie die zusätzlichen statischen Kräfte der Aufstockung in die vorhandene Konstruktion eingeleitet werden können. Hier ist die geringe Eigenlast der Holzbauweise von Vorteil, wenn es darum geht, eine sinnvolle Anordnung der Tragwerkselemente zu definieren.

Exemplarisch für die Überlagerung einer unterschiedlich gerichteten Tragwerks- und Raumtypologie aufgrund unterschiedlicher Nutzungen ist das Projekt Wylerpark in Bern von Rolf Mühlethaler [ABB. 6].[5]

Auf einen zweigeschossigen Bürobau aus Stahlbeton mit zwei unterirdischen Lagergeschossen ist ein dreigeschossiger Wohnbau in Holzbauweise aufgesetzt. Das Raster der **Tragstruktur [S. 77]**, die Art der Erschliessung und die Haustechnikinstallation wechseln zwischen Büro und Wohnen. Eine vorgefertigte Betonrippenplatte liegt auf einem Betonstützenraster und kragt über das zweigeschossige Erdgeschoss aus. Auf dieser lastverteilenden Plattform befindet sich ein aufgeständerter Hohlraumboden zur Verteilung der Lüftungs- und Sanitärinstallation von wenigen Schächten aus der Büronutzung auf mehrere Schächte im Wohnbau. Der dreigeschossige Wohnbau, bestehend aus Schotten in **Holztafelbauweise [S. 47]** und Holzdecken, folgt in Raster und Schächten seiner eigenen Logik. Er ist über Laubengänge erschlossen.

4   FASSADEN ERNEUERN

Die Kombination einer Aufstockung mit einer Fassadenertüchtigung in Holztafelbauweise hat den Vorteil, dass der Übergang von der Fassade zur Dachkonstruktion wärmebrückenfrei und die Ausbildung der Schnittstelle durch ein und dasselbe Gewerk erfolgt. Hochwärmegedämmte, vorgefertigte Holztafelbauelemente stellen eine interessante Alternative zu den gängigen Methoden der energetischen Sanierung der Gebäudehülle wie Wärmedämmverbundsysteme (WDVS) oder Elementfassaden aus Aluminium oder Stahl dar. Die Elemente werden additiv vor eine Bestandswand gesetzt oder als Fassadenersatz verwendet. Meist kommen dabei geschlossene Holztafelbauelemente mit Rippen aus Konstruktionsvollholz (KVH), Brettschichtholz (BSH) oder Stegträgern und statisch wirksamer Beplankung inklusive Wärmedämmung in den Gefachen (etwa Zellulose, Mineralfaser) und eingebauten Fenstern zum Einsatz.

Die Fassadenbekleidung bildet eine eigene Ebene. Je nach baurechtlicher Anforderung ist die Schicht zum Holztafelbauelement aus Gründen des Brandschutzes mit nicht brennbaren Baustoffen auszuführen und die Hinterlüftungsebene geschossweise zu unterbrechen. Die tragende Konstruktion des Holztafelbauelements

ABB. 7 Montage der Fassadenelemente, Sanierung Wohnanlage Grüntenstraße, Augsburg, 2012, lattkearchitekten.

ABB. 8 **Zweigeschossige Aufstockung beim Wohngebäude H41 in Aachen. Die bestehende Trag-struktur des Mauerwerkgebäudes wird mit tragenden Massivholzwänden und wandartigen Brettsperrholzträgern über zwei Geschosse erweitert. Die Erweiterung spannt einen lichtdurch-fluteten offenen Grundriss über zwei Ebenen auf. Die Wände des Treppenhauskerns wurden in Stahlbeton nach oben geführt und dienen als aussteifende Elemente für die Konstruktion. Die Höhe des obersten Geschosses liegt bei über 17 Metern. Damit hat das Gebäude erhöhte Anfor-derungen zu erfüllen, das heisst, Wände und Decken wurden teilweise für eine Feuerwider-standsdauer von 90 Minuten ausgeführt.**

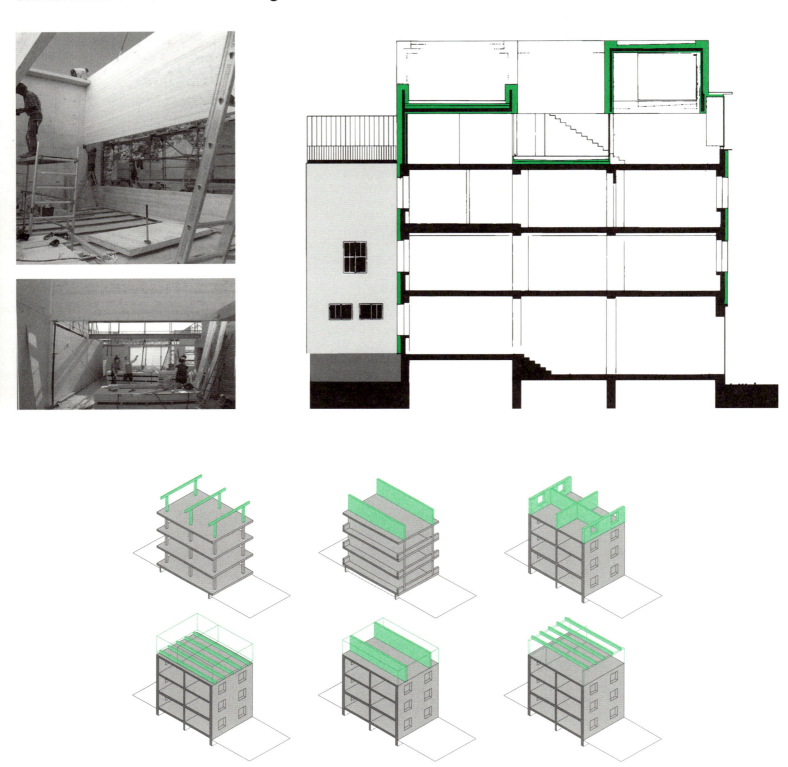

ABB. 9 **Mit grossformatigen Holztafelbauwandelementen und weitgespannten Decken- und Dach-konstruktionen als Balken-, Brettstapel-, Brettsperrholz oder Hohlkastendecke ist es möglich, der Anordnung bestehender Wände oder Stützen zu folgen oder das neue Tragwerk quer zur Haupt-richtung der bestehenden Wände oder Stützen anzuordnen. Die statisch wirksamen Holztafel-bauelemente erlauben dabei auch die Lastableitung über mehrere Geschossebenen bei aus-kragenden Bauteilen.**

ABB. 10 Bei der Modernisierung der Wohnanlage an der Grünten-straße wurde die Stahlbetonstruktur der Balkone belassen und mit vorgefertigten Fassadenelementen eingehüllt und somit in das beheizte Gebäudevolumen einbezogen.

erlaubt die Befestigung unterschiedlicher Bekleidungswerkstoffe (z. B. Brettschalung, Holz- oder Holzfasertafeln, Glas, Metall) und eröffnet damit einen grossen Spielraum für die Fassadengestaltung. Die Ertüchtigung der Gebäudehülle bietet die Chance, die gestalterischen, konstruktiven und technischen Eigenschaften der Bestands-fassade in Abhängigkeit von der ursprünglichen Konstruktion neu zu gestalten. Der Aufwand für Änderungen an den Öffnungen hängt wesentlich von der konstruktiven Struktur der bestehenden Aussenwand ab. Bei lastabtragendem, monolithischem Mauerwerk sind die Eingriffsmöglichkeiten zur Veränderung begrenzt. Eine gemauerte Fensterbrüstung lässt sich zwar einfach abbrechen, die seitliche Vergrösserung der Öffnung stellt jedoch vor allem im bewohnten Zustand eine aufwendige Mass-nahme dar. Eine Vorhangfassade aus einer Stahl-Glas- oder Stahlbetonkonstruktion kann dagegen einfacher abgebaut und durch eine neue Fassade ersetzt werden. Das bietet die Möglichkeit, die architektonischen und technischen Eigenschaften der Fassade komplett neu zu definieren. Auch bei mehrschichtigen Fassaden aus Stahlbetonfertigteilen, bei denen die äussere Schale den Wetterschutz übernimmt, besteht die Möglichkeit, die vorgefertigte hölzerne Hülle vor den Bestand zu stellen, um vorhandene Fassadenschichten zu erhalten, was die Wirtschaftlichkeit des Systems erhöht. Auskragende Bauteile wie Balkone oder Loggien stellen meist gravierende Wärmebrücken dar, die entfernt werden müssen, da eine Überdämmung nicht machbar oder unwirtschaftlich ist. Die Einhausung dieser Bauteile kann eine Lösung sein und zusätzlich die räumliche Situation aufwerten, indem die Flächen als Wohnraumerweiterung dem beheizten Gebäudevolumen zugeschlagen werden.

Die horizontale und vertikale Zusatzbeanspruchung einer neuen Fassadenebene kann in die **Tragstruktur [S. 77]** des Bestandsgebäudes oder in eigene Fundamente eingeleitet werden. Grundsätzlich sind deshalb im Rahmen der Planung die Lastreserven des Bestands genau zu bestimmen, damit das zusätzliche Eigengewicht sowie Wind-, Schnee- und Erdbebenlasten kraftschlüssig in den Bestand aufgenommen werden können. Gegebenenfalls ist die Bestandskonstruktion vor der Montage neuer Bauteile zu ertüchtigen. Lastübertragende Befestigungen müssen statisch nachgewiesen und auf die Bestandskonstruktion abgestimmt werden. Die **Holztafelbauelemente [S. 47]** lassen sich je nach Gebäudegeometrie horizontal geschossweise oder vertikal gebäudehoch vor die bestehende Aussenwand montieren.

Im Rahmen der Fassadenmassnahmen kann auch erörtert werden, ob die innenliegenden, aufwendigen Strangsanierungen vermieden und die Leitungen in die Fassadenkonstruktion integriert werden könnten. Meistens sprechen jedoch zwei gewichtige Argumente dagegen: Oft liegen Nassräume oder bestehende Schächte nicht an der Fassade. Bei einem grösseren Umbau ist daher die Strangsanierung im Verhältnis nur eine kleine Aufgabe. Ausserdem gibt es gerade im Gebäudebestand der 1950er- und 1960er-Jahre eine Vielzahl von alten Kaminschächten, die meist an der richtigen Stelle liegen und umgenutzt werden können.

Die Einleitung der Horizontal- und Vertikallasten kann über ein und dasselbe Auflager geschehen. Werden sie jedoch getrennt abgeleitet, wird die Vertikallast aus Eigengewicht über Zusatzfundamente oder Auflagerkonsolen verteilt und die Horizontallast mittels Rückverankerung in die Bestandskonstruktion der Decken geführt. Idealerweise werden die Vertikallasten direkt im Sockelbereich in die bestehende Konstruktion oder in neue Fundamente geführt.

Hierbei ist auf die Einhaltung des **konstruktiven Holzschutzes [S. 77]** der neuen Wandelemente zu achten, zudem ist der Sockelpunkt vor dauerhafter Durchfeuchtung zu schützen. Die Horizontallasten aus Windsog und Winddruck können geschossweise über eine Verankerung im Bereich der Deckenstirnkanten mittels Stahlwinkelkonsolen lastabtragend eingeleitet werden. Wird die Fassade vor eine bestehende Aussenwand montiert, erweist sich ein Abstand von sechs bis acht Zentimetern als zweckmässig, um Unebenheiten der Wandfläche auszugleichen. Diese Ausgleichsebene zwischen der Bestandswand und der neuen Fassade muss mit Dämmstoff hohlraumfrei gefüllt werden (als Flocken eingeblasen oder zuvor auf die Rückseite des Fassadenelements in Form einer Matte aufgebracht), um unkontrollierte Konvektion zu vermeiden.

Nichttragende Fassadenkonstruktionen lassen sich zurückbauen und ersetzen. Hier ist bei einem eingestellten Fassadenelement wie beim Hybridbau der Anschluss an die primäre Tragstruktur störungsfrei herzustellen. Die Anschlussfuge zwischen dem Element und der Geschossdecke ist zu verfüllen. Die Innenseite des Fassadenelements wird als luftdichte Ebene und Dampfbremse ausgeführt, um den Wandaufbau vor Feuchte durch Konvektion und Diffusion zu schützen. Bei Gebäuden mit unterschiedlichen Nutzungseinheiten, wie beispielsweise mehrgeschossige Wohnbauten, muss darauf geachtet werden, dass keine Schallbrücken durch Hohlräume in der Ausgleichsebene des Elements entstehen. Fugen- und Anschlussdetails, die sich im Neubaubereich für die Fügung von Holztafelbauelementen bewährt haben, gewährleisten die Dichtheit der Fassade auf der Aussenseite. Bei einem hohen Vorfertigungsgrad mit bereits aufgebrachter Fassadenbekleidung ist auf eine gute Erreichbarkeit der Verankerungs- und Fügepunkte zu ach-

ABB. 11 Das Anbringen der Fassade vor die bestehende Tragstruktur kann entsprechend der Art der Lasteinleitung in vier Varianten erfolgen: [A] geschossweise eingestellt auf die bestehende Deckenkante, [B] vorgestellt auf einem Zusatzfundament, [C] angehängt, [D] abgehängt.

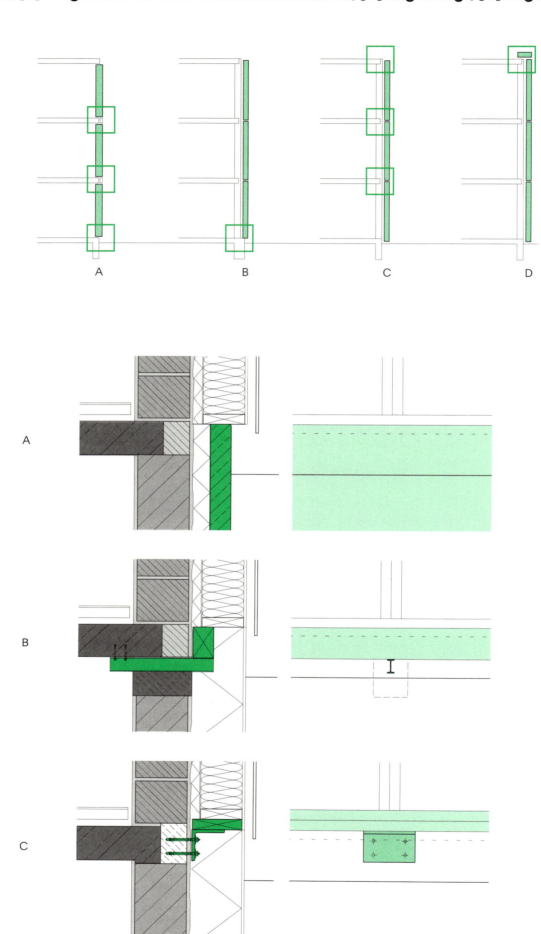

ABB. 12 Verschiedene Ausführungen des lastabtragenden Auflagers im Sockelbereich: [A] Einzelfundament, [B] Kragtäger oder [C] Konsole.

ten. Die Erfahrung zeigt, dass eine formschlüssige Stossverbindung in Form einer Zapfen- oder Nut-und-Feder-Verbindung den Montageablauf der einzelnen Bauteile als Führungshilfe deutlich vereinfacht und zudem eine exzentrizitätsfreie, horizontale Verankerung im Bestand ermöglicht.

FAZIT

Weiterbauen ist die zweite Chance der Architektur. Gerade in der Gebäudemodernisierung zeigt sich, dass der Erhalt der Bausubstanz und das Weiterbauen einen grossen Effekt auf die Weiternutzung gebundener grauer Energie und damit auf die Lebenszyklusbilanzierungen hat. Eine verstärkte Nutzung von Holz und nachwachsenden Baustoffen bietet aufgrund der bekannten ökologischen Qualitäten eine wirksame Reduktion des Einsatzes an nicht erneuerbaren Ressourcen.[6] Die Einsparung nicht erneuerbarer Ressourcen findet sowohl in der Herstellungsphase als auch während des Gebäudeunterhalts und bei der Entsorgung am Ende des Lebenszyklus statt. Damit erbringen nachwachsende Rohstoffe einen aktiven Beitrag zur Reduktion der CO_2-Emissionen zur Erreichung der globalen Klimaschutzziele. Der Holzbau bietet ein grosses ökologisches Potenzial und liefert einen wichtigen Baustein für einen ganzheitlichen Ansatz bei der ökologischen und ökonomischen Bewertung von Neubau- und Sanierungsvorhaben.

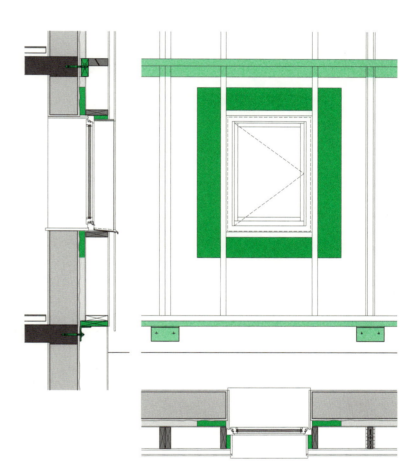

ABB. 3 Vertikalschnitt und Ansicht, vorgesetztes Holztafelbauelement, Verankerung eines umlaufenden Richtbalkens (Bauchbinde) auf Höhe der Deckenstirnkante. Dieser Querschnitt dient als Anschlag für das Fassadenelement während der Montagephase und als Befestigungspunkt zur Übertragung der Horizontallasten. Die Abdeckung und Kapselung der Fensterlaibung und insbesondere des Sturzbereichs sind aus brandschutztechnischer Sicht zu beachten. Der Übergang zwischen Wand- und Fensteröffnung, der durch den Ausgleichsspalt entsteht, muss mit einem mindestens 50 Zentimeter dicken umlaufenden Mineralwollstreifen (Schmelzpunkt >1000 °C) ausgefüllt und mit einer brandschutztauglichen Konstruktion geschlossen werden.

1   Holger König, «Bauen mit Holz als aktiver Klimaschutz», in: Hermann Kaufmann,
     Winfried Nerdinger, *Bauen mit Holz – Wege in die Zukunft,* München 2011, S.18ff.
2   Anne Isopp, «Belastungstest. Was ist dem Bestand zuzumuten?», in: *Zuschnitt* 42, 2011, S.9.
3   Susanne Jakob-Freitag, «Schick obenauf», in: *mikado* 5, 2015.
4   REI 90 – K260
5   Lignum – Holzwirtschaft Schweiz (Hrsg.), *Aufstocken mit Holz – Verdichten, Sanieren, Dämmen,*
     Basel 2014.
6   Holger König, «Bauen mit Holz als aktiver Klimaschutz. Nachwuchspotenzial und Ökobilanz»,
     in: *Zuschnitt* 46, 2012, S.8ff.

EINFÜHRUNG

VORPROJEKT

BAUPROJEKT

AUSBLICK

BEISPIELE

ANAHNG

Eine konsequente Verbindung digitaler Planungs- und Fertigungsweisen führt letztendlich dazu, den Entwurfsprozess neu zu denken. Basiert der traditionelle Prozess auf einer Serie individueller Entscheidungen, die im besten Fall aufeinander abgestimmt sind, geht ein parametrischer Entwurfsansatz davon aus, die Komposition von Elementen zu einem grossen Ganzen aus konstanten und variablen Gesetzmässigkeiten heraus zu entwickeln. Es entsteht eine Entwurfsmethode, anhand derer, abgestützt auf ein breit informiertes Vorgehen, Konzepte entwickelt werden. Der Beitrag führt in die Methode des parametrischen Entwerfens ein und zeigt, wie der Entwurf in einem System aus synchroner Gestaltung, technischer Machbarkeit und Fertigung entstehen kann.

Das Ingenieurbüro Bollinger+Grohmann verbindet Pioniergeist mit dem Können, komplexe Tragwerke zu entwickeln und umzusetzen. Agnes Weilandt ist Partnerin bei Bollinger+Grohmann und mitverantwortlich für den Bereich Forschung und Entwicklung.

Sie studierte Bauingenieurwesen an der RWTH Aachen und der Ecole nationale des ponts et chaussées und arbeitete zunächst bei Werner Sobek Ingenieure, Stuttgart, sowie als wissenschaftliche Mitarbeiterin am Institut für Leichtbau Entwerfen und Konstruieren (ILEK) der Universität Stuttgart. Dort promovierte sie im Bereich der adaptiven Tragwerke. Agnes Weilandt ist Professorin für Baustatik, Baumechanik und konstruktiven Ingenieurbau an der Frankfurt University of Applied Sciences und bringt auch an der Hochschule die Möglichkeiten im digitalen Planungsprozess voran.

AGNES WEILANDT

DIGITALES ENTWERFEN – HACKING THE DIGITAL CHAIN

Der parametrische Entwurf ist in aller Munde, er kann gerade im Holzbau einen interessanten Ansatz zur Entwicklung und Optimierung von Tragstrukturen darstellen. Der Einstieg in den computergestützten Abbund Mitte der 1980er-Jahre und der fast gleichzeitige Einsatz der ersten **Roboter im Holzbau [s. 137]** ermöglichte dem bis dahin sehr traditionellen und handwerklich verarbeiteten Werkstoff einen Innovationsschub, an den andere klassische Baumaterialien wie Stahl und Beton auch heute, zumindest im Bereich der Fertigung, bei Weitem nicht heranreichen können. Diese Verknüpfung von **Handwerk [s. 27]** mit computergestützten Methoden muss nicht auf die Fertigung beschränkt sein, auch in der Planung kann sie als innovatives Entwurfswerkzeug herangezogen werden.

Ein parametrisches Entwurfssystem ist ein dreidimensionales mathematisches Modell, das auf unterschiedlichen Parametern des Entwurfs beruht. Die grundlegenden Elemente eines solchen Entwurfssystems sind:[1]

· die Konstanten und Randbedingungen (in Bezug auf die Entwurfsgeometrie auf Aspekte des Entwurfsorts, die den Entwurf limitieren),
· die Variablen (die Parameter, die eine Anpassung des Entwurfs erlauben),
· die Wechselwirkungen zwischen den Konstanten und den Variablen,
· die Hierarchie zwischen den unterschiedlichen Wechselwirkungen.

Im digitalen, parametrischen Entwerfen wird ein horizontaler Entwurfsansatz statt des üblichen iterativen, hierarchischen Entwurfsprozesses angestrebt. Dabei werden die verschiedenen Entwurfsansätze in einem geometrischen Modell kombiniert, um die oben genannten Parameter mit unterschiedlichen Randbedingungen zu untersuchen und somit ein besseres Verständnis für den Entwurf, die Parameter und die definierten Wechselwirkungen zu entwickeln.

So kann ein **informiertes Design [s. 99]** unter Berücksichtigung der Tragfähigkeit bis ins Detail der Herstellung und des Materialverbrauchs entstehen, das gleichzeitig auch andere, zum Beispiel nutzungsbedingte Aspekte, integriert, sodass die Tragwerksberechnung und -optimierung nur ein Baustein des grösseren Ganzen wird.

Ein solch horizontaler Entwurfsansatz ist im Holzbau nicht unbekannt. Der Werkstoff erfordert bereits in den ersten Entwurfsschritten eine Betrachtung der **Verbindungsknoten [s. 67]** und der Fertigung, da diese häufig massgebend für die Dimensionierung sind. Mit den neuen digitalen Werkzeugen kann eine digitale Arbeitskette vom ersten Entwurf bis zum fertigen Produkt in einem virtuellem Gesamtmodell abgebildet werden.

Anhand von mehreren Projektbeispielen werden im folgenden Abschnitt die Entwicklungen und Möglichkeiten des **digitalen parametrischen Entwerfens** [S. 59] im Holzbau aufgezeigt.

Dabei bilden die einfachen und vielfältigen Möglichkeiten zur Verarbeitung des Materials die Anknüpfungspunkte für den parametrischen Entwurf, wie zum Beispiel die additive Fertigung mittels kleben oder mechanischer Verbindungsmittel, die reduktive Fertigung mittels bohren, fräsen, drehen, schneiden oder das Umformen über Dampf oder das Formverleimen.[2] Auch die aktuellen Neuentwicklungen innovativer Holzwerkstoffe, beispielsweise Furnierschichthölzer, bei denen die inhomogenen und anisotropen Materialeigenschaften des Ausgangswerkstoffes homogenisiert und durch den gezielten Einsatz verschiedener Grundmaterialien in ihren mechanischen Eigenschaften optimiert werden, spielen eine vergleichbare Rolle.

Ziel der Entwürfe sollte es sein, nicht nur die Produktionsprozesse zu verbessern, sondern ganzheitliche parametrische Ansätze für die Optimierung der Geometrie, des Tragwerksentwurfs und der Materialien zu bieten.

Hierzu ist es erforderlich, sich in sehr frühen Phasen eines Projektes bereits mit den grundlegenden **Entwurfsansätzen und den massgebenden Randbedingungen** [S. 47] aller Planungsbeteiligten zu beschäftigen, diese in Parametern auszudrücken und dann entsprechend im gesamten Planungsprozess weiterzuentwickeln. Letztendlich ist es also erforderlich, dass sich alle Planungsbeteiligten – vor ihrem fachlichen Hintergrund – mit einem bestimmten Entwurf, mit dessen Konstanten, Variablen und den Wechselwirkungen zwischen diesen, auseinandersetzen und relevante Faktoren in der **Planungsgruppe** [S. 99] frühzeitig kommunizieren, diskutieren und festlegen. Dies kann anhand einer Reihe von Entwürfen, die in den letzten Jahren für das französische Unternehmen Hermès entstanden sind, erläutert werden. Ausgehend von einer Idee des Architekturbüros, dargestellt in ersten Renderings, sind in der oben beschriebenen Arbeitsweise korbartige Strukturen entstanden, die, auf einem einheitlichen Montage- und Tragwerkskonzept beruhend, ganz unterschiedliche Funktionen erfüllen.

Die ersten Entwürfe zu diesen sehr verschiedenen Strukturen wurden für einen Flagshipstore in der Rue de Sèvres in Paris, der in einer denkmalgeschützten ehemaligen Schwimmhalle eingerichtet wurde, entwickelt. In Form von korbartigen Raumskulpturen mit einer Höhe zwischen acht und neun Metern, den sogenannten *Bulles*, sollte die Verkaufsfläche für die Präsentation der unterschiedlichen Markensegmente unterteilt werden. In Anlehnung an das Bild eines geflochtenen Korbes ist die Struktur als ein Flechtwerk aus Holzlatten konzipiert. Nach dem gleichen Prinzip sollte zudem eine Struktur, oder vielleicht präziser ausgedrückt Skulptur, für das Geländer der Haupttreppe entwickelt werden.

Das Architekturbüro stellte die angestrebte Form als Freiformfläche zur Verfügung, auf die das gewünschte Erscheinungsbild der geflochtenen Struktur für die Darstellung projiziert war. Ausgehend von dieser Form galt es, eine tragfähige und baubare Struktur zu entwickeln. Die Form stellte also in diesen Entwürfen eine Konstante dar, bei der nur geringfügige Veränderungen im Wechselspiel mit den Variablen (Lage und Verlauf der Lamellen) zulässig waren.

Die Frage der Umsetzung stand dabei von Beginn an im Fokus und die Formen wurden in verschiedenen digitalen Modellen dahingehend weiterentwickelt und optimiert. Der geplante Herstellungsprozess der Lamellen musste somit bereits zu Beginn der Entwicklung festgelegt werden. Dies erfolgte auf Basis erster

ABB. 1 Blick in den Flagshipstore von Hermès in der Rue de Sèvres in Paris kurz vor der Eröffnung. In der ehemaligen Schwimmhalle aus den 1930er-Jahren stehen die hölzernen Raumskulpturen, gefertigt aus bis zu zwölf Meter langen und zweifach gekrümmten und verdrillten Lamellen.

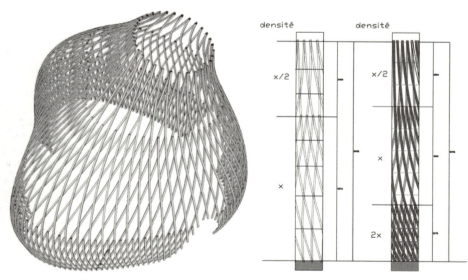

ABB. 2 Kontrolle Maschennetz der *Bulles.*

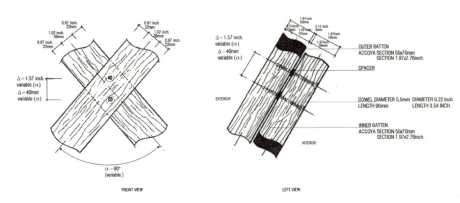

ABB. 3 Verschneidungswinkel, privater Pavillon in Cleveland, Ohio.

ABB. 4 Herstellung der Lamellen für die *Bulles* auf einem Leergerüst.

Untersuchungen der Geometrie, die früh aufgezeigt hatten, dass die gewünschte Optik der Körbe mit einfach gekrümmten Lamellen nicht zu erzielen war. So erschien das Laminierbiegeverfahren, bei dem einzelne flache Stäbe miteinander in der gewünschten Form verklebt werden, aus ästhetischen und strukturellen Gesichtspunkten das geeignetste Verfahren, um die bis zu zwölf Meter langen und zweifach gekrümmten und verdrillten Lamellen herzustellen. Ausgehend von dieser Festlegung konnten aufgrund der Randbedingungen der Fertigung – maximale Krümmungsradien, Verdrillung im Stab, akzeptierte Winkelabweichungen an den Knoten – **Geometrien** [S. 67] entwickelt und hinsichtlich ihrer optischen Erscheinung und Tragfähigkeit optimiert werden. Hier spielten die Maschengrössen, die damit einhergehende Dichte des Maschennetzes und die Annäherung an die gewünschte Form der *Bulles* die massgebende Rolle.

Da die Holzlamellen in zwei Richtungen quer zueinander verlaufen sollten, um rautenförmige Maschen zu bilden und es aus optischen Gründen nicht gewünscht war, diese Maschen durch weitere Bauelemente auszusteifen, musste auch die maximale Tragfähigkeit der Knotenverbindung in die Geometriefindung miteinbezogen werden. Gerade im Holzbau ist die Knotentragfähigkeit häufig ein entscheidendes Kriterium für die Dimensionierung. Auch wenn bei diesem Projekt die Grenzen des üblichen Holzbaus weit überschritten wurden, war dies auch hier massgebend.

Die Verknüpfung von geometrischen Modellen mit Strukturmodellen, die mit den heute zur Verfügung stehenden Schnittstellen oder mittels in 3D-Programmen implementierten Stabwerks- oder FE-Programmen in einer Modellumgebung erfolgen kann, ermöglicht Untersuchungen des Tragverhaltens der Strukturen parallel zur Geometrieentwicklung.

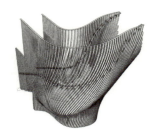

	Hermès Rive Gauche (HRG)*	GUM	Pavillon, Cleveland
Zeitraum	2009–2010	2014–2015	2014–2016
Abmessungen			
Grundfläche [m]	12 × 8	5,8 × 4,8	10,3 × 7,3
Höhe [m]	8,5	5,5	4,6
Produktion der Lamellen			
Holzart	Esche	Esche	Kiefer
Fertigungsprozess	60 / 42	60 / 40	70 / 50
Anzahl Lamellen	270	140	90

ABB. 5 Projektdaten Hermès Rive Gauche, Paris 2010; Warenhaus GUM, Moskau 2015; Pavillon, Cleveland 2016.

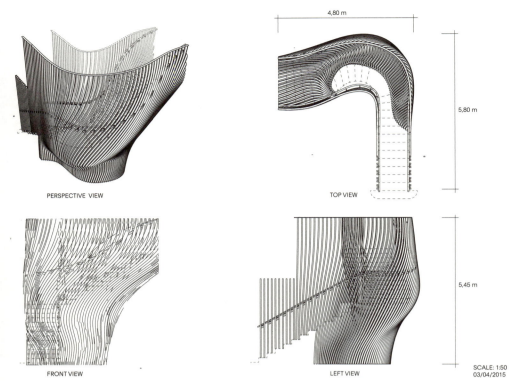

4,80 m

5,80 m

5,45 m

PERSPECTIVE VIEW

TOP VIEW

FRONT VIEW

LEFT VIEW

SCALE: 1:50
03/04/2015

ABB. 6 Treppengeländer, GUM, Moskau. Die Verknüpfungen von geometrischen Modellen mit Strukturmodellen ermöglichen Untersuchungen des Tragverhaltens der Strukturen parallel zur Geometrieentwicklung.

Häufig ist es jedoch effektiver und auch schneller, die Parameter, wenn möglich, für eine solche lokale Tragfähigkeit in geometrische Parameter zu übersetzen. Bei den *Bulles* für Hermès hing die Tragfähigkeit der gewählten, nicht sichtbaren Knotenverbindung von den Verschneidungswinkeln der Lamellen ab. Aufgrund der sich ergebenden Überlappungsfläche der sich kreuzenden Lamellen, waren kleine Verschneidungswinkel zu bevorzugen. Bei zu grossen Verschneidungswinkeln hätte keine Verdrehsteifigkeit an den Knoten realisiert werden können. Dies wurde bei der Geometrieentwicklung berücksichtigt und immer wieder an separaten Tragwerksmodellen überprüft.

Das Treppengeländer für den Shop in der Rue de Sèvres und weitere Skulpturen, wie ein Treppengeländer im Moskauer Luxuswarenhaus GUM oder in einem privaten Pavillon in Cleveland, Ohio, wurden im Folgenden aufbauend auf diesem Entwurfsprinzip entwickelt und umgesetzt. Aufgrund der unterschiedlichen Randbedingungen und der daraus resultierenden grösseren Krümmungen und Verdrillungen, wurde das Aufbauprinzip der Lamellen bei den späteren Projekten von einem dreilagigen Aufbau aus horizontal verleimten Lamellen zu einem horizontal und vertikal verleimten Stab angepasst.[3]

All diesen Projekten gemeinsam war, dass die Geometrie und damit einhergehend die objektplanerischen Belange aus der Nutzung unabhängig und bereits vorab festgelegt waren und somit nicht mehr im weiteren digitalen Entwurf berücksichtigt werden mussten beziehungsweise als Konstanten im parametrischen Entwurf angenommen wurden.

Ein Fokus im Entwurf und in der Optimierung wurde entsprechend auf die Möglichkeiten zur Fertigung und die Tragfähigkeit des Materials in den verschiedenen Belastungssituationen gelegt, auch beziehungsweise vor allem, weil diese Aspekte im Holzbau eine grössere Rolle als bei anderen Baustoffen spielen. Der horizontale Entwurfsansatz des parametrischen Entwurfs ist ideal, um dies zu berücksichtigen. Dies und die Fertigung können aber auch nur einen Teilaspekt darstellen.

In dem Moment, in dem **objektplanerische oder andere technische Themen [s. 77]**, die nicht primär mit der Struktur in Zusammenhang stehen, auch in deren Entwicklung einfliessen sollen, können die parametrischen Modelle nicht mehr getrennt werden, sondern müssen von allen Planenden – **idealerweise auch unter Einbezug der ausführenden Firmen [s. 95]** – gemeinsam weiterentwickelt und informiert werden.

Beim Pavillon für die Frankfurt Buchmesse war der Ausgangspunkt des Entwurfs, durch Verformung eines typischen Bücherregals eine Tragstruktur für einen Pavillon zu entwickeln. Ausgehend von drei sich überschneidenden Rahmen wird die Geometrie der drei identischen Dachschalen mit wenigen Variablen, den Tangenten am Anfang und Ende der Rahmen, gesteuert und deren Dichte kontrolliert.[4]

Basierend auf diesen wenigen Grundvariablen, die die Gesamtgeometrie der Hülle des Innenraums und der Tragstruktur beeinflussten, wurden in einem

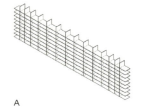  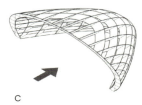

A   B   C

ABB. 7 Räumliche Transformation eines typischen Buchregals zur Tragstruktur des Frankfurt Pavilions.

gesamtheitlichen Modell nicht nur das Raumprogramm und die Tragfähigkeit der Struktur optimiert, sondern es flossen im weiteren Prozess in Zusammenarbeit mit den ausführenden Firmen auch Fertigungsparameter und die damit verbundenen Kosten in den Optimierungsprozess mit ein. Hier spielten insbesondere die Grösse und die Faserausrichtung der zur Verfügung stehenden Kerto®-Furnierschichtholzplatten, die als Basismaterial der Rippenstruktur gewählt wurden, eine entscheidende Rolle. Die Anisotropie von Holz und vielen Holzwerkstoffen und die damit einhergehende deutlich ungünstigere Tragfähigkeit bei Belastungen senkrecht zur Faserrichtung ist ein Aspekt, der in der Entwurfsentwicklung gerade bei komplexeren Formen nicht vernachlässigt werden darf.

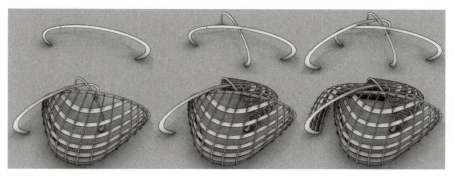

ABB. 8 Entwurfslogik des Pavillons.

Nicht zwingend setzt ein parametrischer Entwurf so grundlegend wie beim Frankfurt Pavillon bereits beim **Raumprogramm [S. 47]** an. Der Beginn der parametrischen Planung ist bei allen Projekten individuell zu wählen. Handelt es sich um einen Entwurf für Tragstrukturen, bei denen die Interaktion mit den anderen Projektbeteiligten geringer ist, verschwimmen häufig die Grenzen zwischen **Tragwerksentwicklung [S. 33]** und -optimierung im Entwurfsprozess. Dies gilt ebenso für die klassischen wie digitalen Entwürfe, die mit den heute zur Verfügung stehenden Entwurfswerkzeugen versuchen, die Grenzen auszuloten oder altbekannte Tragprinzipien neu zu interpretieren.

Beim Frans Masereel Centrum im belgischen Kasterlee stand zum Beispiel die Entwicklung einer ausdrucksstarken und zugleich kostengünstigen Dachstruktur im Vordergrund. Das Raumprogramm und die Geometrie wurden separat entwickelt und somit unabhängig von der Entwicklung des Dachtragwerks als Randbedingungen vorgegeben.

Ausgehend von der Anforderung, nach Möglichkeit mit einem einfachen Material (Vollholz) und somit kurzen zur Verfügung stehenden Elementlängen ein weitspannendes Dach zu entwickeln, wurde die altbekannte Bauweise des *reciprocal frames* parametrisch untersucht und dem Ort angepasst optimiert.

Diese nicht-hierarchische Tragwerksform ermöglicht, ohne Ausbildung von Haupttragrichtungen und damit einhergehenden Querschnittsabstufungen in Haupt- und Nebenträger, die Anpassung an die ungewöhnliche Grundrissgeometrie des Gebäudes derart, dass durch die Dachstruktur die einzelnen Gebäudesegmente optisch verbunden werden.

Im digitalen Entwurf spielte bei diesem Projekt zunächst das Verständnis für den Einfluss der einzelnen Variablen eine grosse Rolle. Entsprechend wurde auf Basis von sehr einfachen und idealisierten **Ausgangsgeometrien [S. 99]** zunächst das Tragverhalten der Strukturen untersucht und dann die Variablen nach ästhetischen, konstruktiven und fertigungstechnischen Zwängen ausgewählt beziehungsweise optimiert.[5] In dieser Phase wurde die Anzahl der Variablen zunächst schrittweise erweitert, um die Vielzahl der Geometrien möglichst weit zu erfassen und zu verstehen.

Die frühe Konzeption und Erweiterung der Variablen hatten entsprechenden Einfluss auf die finale Formfindung. In weiteren Schritten wurden auf Grund-

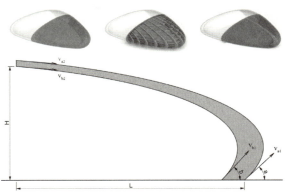

ABB. 9 Geometrisches System und Steuerungselemente der Basisgeometrie.

lage dieser frühen Konzeption wichtige Entwurfsentscheidungen vor allem in Bezug auf ästhetische Aspekte getroffen und entsprechend in den parametrischen Modellen eingefroren.

Nachdem auf Basis dieser idealisierten Dachformen ein grundlegendes Verständnis für die möglichen Variablen entwickelt und einige fixiert waren, wurde die Struktur unter Beachtung der endgültigen Dachgeometrie weiter optimiert. Berücksichtigt wurden bei der Suche nach der strukturell optimalen Lösung unter anderem die Holzquerschnitte, die Knicklängen, die horizontale und vertikale Lastverteilung, lokale und globale Dachkrümmungen und Spannungen, die Verläufe der Kraftflüsse, das globale Gewicht sowie die gleichmässige Verteilung der Auflagerkräfte.

Eine solche schrittweise Vorgehensweise mag nicht die effizienteste konstruktive Lösung hervorbringen. Sie stellt jedoch einen Kompromiss zwischen ästhetischen und strukturellen Lösungen dar. Die Herausforderung in einer solchen Konzeptionsphase ist dementsprechend nicht unbedingt die Anzahl der möglichen, sondern vielmehr die Wahl der relevanten Variablen und Parameter. Während **Optimierungsalgorithmen** [s. 167] in der Lage sind, eine Vielzahl an Möglichkeiten weit schneller als der Mensch effizient zu berechnen, sind sie jedoch nicht geeignet, andere relevante Parameter aufzuzeigen beziehungsweise auszuwählen, welche wir hingegen dank unserer kreativen Fähigkeiten zeitnah ermitteln können. Daher stellt ein digitaler Entwurf letztendlich auch nur einen iterativen Prozess dar, der eine Menge an zusätzlichem Input sowohl in Bezug auf die Architektur als auch die Struktur und die konstruktive Logik benötigt.

ABB. 10 Frans Masereel Centrum, Blick in den Innenraum.

FAZIT

Die wenigen dargestellten Beispiele, ausgewählt aus einer Vielzahl parametrischer Entwürfe, die in den letzten Jahren für Holzstrukturen realisiert wurden, zeigen die grosse Bandbreite des Themengebiets auf. Diese Bandbreite wird durch die unterschiedlichen Herangehensweisen noch zusätzlich erweitert: vom eher forschenden Entwickeln eines Entwurfs, was bei der Dachstruktur für das Frans Masereel Centrum in Kasterlee im Vordergrund stand, bis zur Optimierung von Strukturen nach klar definierten Kriterien, wie zum Beispiel beim Pavillon für die Frankfurter Buchmesse.

Dieser **kreative Prozess** [s. 33] des Entwerfens ist immer gekennzeichnet durch das Wechselspiel von Variation und Selektion. Gilt es zunächst, eine gleichwertige Vielzahl von Lösungen zu entwickeln, dann werden diese in weiteren Schritten bewertet und ausgewählt. Im digitalen Entwurfsprozess spiegelt sich dies in den Phasen der Analyse, Selektion, Rekombination und Mutation wider. Neue digitale Werkzeuge erlauben es, das mechanische Verhalten von Tragwerken in Echtzeit zu simulieren und mit den Randbedingungen aus Herstellung und Entwurf in einem Modell zu verknüpfen, sodass verschiedenste Parameter gleichzeitig optimiert werden können. Hier befruchten sich die Entwicklungen bei Serienproduktion und bei Projekten mit **hochkomplexem Design und Geometrien** [s. 59] gegenseitig und loten aktuell ständig die Grenzen aus.

Der Holzbau mit seinen besonderen **Materialeigenschaften** [s. 27] erfordert geradezu einen horizontalen Entwurfsansatz. Die Vielzahl der Möglichkeiten birgt jedoch auch die Gefahr, sich im Geflecht der Parameter und Variablen zu verlieren und letztendlich zu keiner guten Lösung zu finden. Das Verständnis für die Einflüsse und die Relevanz der einzelnen Parameter ist für das Gelingen eines stringenten digitalen Projekts vom Entwurf bis zur Fertigung unabdingbar.

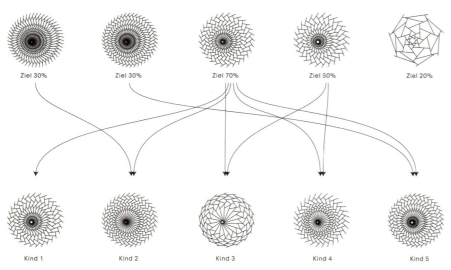

Ziel 30% Ziel 30% Ziel 70% Ziel 50% Ziel 20%

Kind 1 Kind 2 Kind 3 Kind 4 Kind 5

ABB. 11 Diagramm des genetischen Algorithmus auf Ebenen angewandt.

1 Ragunath Vasudevan, Mark Fahlbusch, Michael Schumacher, Klaus Bollinger, Michael Grimm, *Computational systems for design and production of complex geometries with large-format roll-bent aluminum plates*, Tagungsbeitrag, Symposium der International Association of Shell and Spatial Structures (IASS Annual Symposium), Tokio 2016.

2 Sascha Bohnenberger, Klaas De Rycke, Agnes Weilandt, *Lattice spaces. Form optimization through customization of non-developable wooden surfaces*, Tagungsbeitrag, eCAADe 29, Prag 2012.

3 Klaas de Rycke, Louis Bergis, Ewa Jankowska-Kus, «Free-Form Wooden Structures: Parametric Optimization of Double-Curved Lattice Structures», in: Klaas De Rycke, Christoph Gengnagel, Olivier Baverel, Jane Burry, Caitlin Mueller, Minh Man Nguyen, Philippe Rahm, Mette Ramsgaard Thomsen, *Humanizing Digital Reality. Design Modelling Symposium Paris 2017*, Singapur 2018, S. 573–588.

4 Ragunath Vasudevan, Till Schneider, Kai Otto, Klaus Bollinger, Andreas Rutschmann, «Parametric Poetry-Integrated Solutions for Complex Geometries with Structure and Skin», in: Thomas Auer, Ulrich Knaack, Jens Schneider, *PowerSkin Conference Proceedings*, Delft 2019, S. 133ff.

5 Klaas de Rycke, Louis Bergis, *Reciprocal frame for the roof of the Frans Masereel Centre*, Tagungsbeitrag, Symposium der International Association of Shell and Spatial Structures (IASS Annual Symposium), Hamburg 2017.

Welche Zukunft hat die Holzarchitektur jenseits der zahlreichen technischen Versprechen? In den Diskussionen um die Werte und Möglichkeiten eines Holzbaus von morgen tauchen Bilder des traditionellen Holzhandwerks genauso auf wie die von Holzhochhäusern. Nur wenige architektonische Perspektiven setzen sich mit dem Verknüpfen von Handwerk und Technologie als identitätsstiftendes Fundament des Holzbaus auseinander. Denn obwohl Holz eines der ältesten Baumaterialien ist, steht es nicht für das immer gleiche: In seinen Konstruktionen spiegelt sich der Wandel der Technik genauso wie der der Gesellschaft und damit verbundene Vorstellungen von Architektur. Der Beitrag charakterisiert wesentliche Kennzeichen in dieser Entwicklung und diskutiert zentrale Aspekte einer zukünftigen Holzarchitektur.

Mark Aurel Wyss hat sich in den letzten 20 Jahren intensiv mit der modernen Holzarchitektur auseinandergesetzt. Dabei verband er immer das Bedürfnis, das Holz als lokales und kontextuelles Material einzubinden in eine möglichst einfache, direkte und nahbare Architektur, die sich ihrer zeitgenössischen Mittel bedient. Auf diese Weise berühren sich Handwerk und Technik fliessend im Sinne einer selbstverständlichen Baukunst. Innerhalb seines Büros Rossetti + Wyss Architekten, das er zusammen mit Nathalie Rossetti führt, entstanden so Auseinandersetzungen mit dem Material Holz für verschiedenste Massstäbe und Funktionen.

MARK AUREL WYSS

HOLZBAU DER ZUKUNFT – AUSBLICK AUF EINE ARCHITEKTUR

Zahlreiche Anwendungen, Neu- und auch **Weiterentwicklungen traditioneller Bauweisen** [S. 33], belegen die Innovationen im Holzbau der vergangenen Jahre, bei der auch die Digitalisierung, welche mit dem Einsatz von **Robotik** [S. 137] in der Fertigung einhergeht, eine wesentliche Rolle spielt. Das grosse Potenzial der neuen Werkzeuge und Hilfsmittel werden wir auch in Zukunft nutzen und weiterentwickeln. Umsetzungen in Holz werden vermehrt zur Anwendung kommen, auch im **urbanen Kontext** [S. 19], wie dies aktuelle Bauten aufzeigen. Dabei steht der Holzbau der Zukunft in Abhängigkeit von Tendenzen und Bedürfnissen unserer Gesellschaft und deren Entwicklung.

Zentral wird dabei die Entwicklung in den Metropolitanregionen, in unseren Städten sein. So ist zum Beispiel der verantwortungsvolle Umgang mit dem öffentlichen Raum als Ort des Austausches und der Versammlung, als Raum für Festivitäten und Kundgebungen, zentral. Dies wird über einen Städtebau ermöglicht, der die Stadt als Raum betrachtet und Bauten als Bausteine urbaner Ensemble begreift. Die heute übliche Aneinanderreihung von individuellen Bauten jedoch negiert diese Notwendigkeit. Es fehlt der treibende Motor für übergeordnete Denkweisen und Strategien in der Stadt. Städtebauliche Überlegungen und Ansätze müssen in Zukunft auch bei Konkurrenzverfahren wieder vermehrt gewürdigt und berücksichtigt werden. Hierzu bedarf es einer kontinuierlichen Schulung der Beteiligten auf übergeordnete Modelle und Bezüge. Das Respektieren des gebauten Kontexts ist vorausgesetzt, führt aber nicht zu einer reiferen städtebaulichen Struktur.

1   SINN UND DIMENSION DER NACHHALTIGKEIT

Das verbreitete Verständnis von Nachhaltigkeit zu Beginn des 21. Jahrhunderts ist diffus und trügerisch. Der treibende Motor ist sehr oft der schnelle und unmittelbare Profit. Ob die daraus resultierenden Strategien und Projekte auch langfristig wirtschaftlich sind, spielt selten eine Rolle. Auch deshalb wird die graue Energie in einem Bauvorhaben nur eindimensional betrachtet. Eine solch wirtschaftlich orientierte, zeitlich eingeschränkte Sichtweise kann nicht weitsichtig sein, denn der Abschluss eines Projektes berücksichtigt weder die effektive Halbwertszeit der Materialien noch die spätere Entsorgungsenergien oder die Möglichkeit der Wiederverwendung der Baustoffe. Auch die effektiven Transportwege von Halbfertigprodukten rund um den gesamten Globus könnten deutlich reduziert werden. Das

Argument der Energiekompensation während des Betriebes eines Gebäudes führt noch nicht zu einer optimierten Anwendung der eingesetzten Roh- und Baustoffe. Hier besteht ein grosses Potenzial, zukünftig ressourcenschonender zu planen und zu bauen. Dazu ist ein Umdenken ebenso erforderlich wie eine Überprüfung gängiger Praktiken.

Unsere Gesellschaft hat sich mit der Globalisierung und der Digitalisierung zunehmend an die kurzen Halbwertszeiten von Produkten gewöhnt. Für die Bewertung eines Bauvorhabens werden zur allgemeinen besseren Verständlichkeit und Orientierung Zertifikate angewendet – in Analogie zu Autos oder Kühlschränken. Gebäude werden mit A++ zu B- bis XYZ eingestuft. Diese Labels sind oftmals bereits zum Zeitpunkt ihrer Zertifizierung überholt, weil sie zeitgebunden sind. Anhand von ihnen können wir eine nachhaltige, nicht zeitweilige Entwicklung unmöglich beurteilen. Es sind lediglich spezifische, aber nicht ganzheitliche Orientierungshilfen.

Was bedeutet das nun bezogen auf ein Bauprojekt, das nachhaltig gedacht und umgesetzt werden soll? Es bedeutet zunächst die umfassende Betrachtung aller das Projekt beeinflussenden Faktoren. Kein Aspekt, sei er noch so wichtig, steht für sich alleine. Eine isolierte Betrachtung einzelner Faktoren führt im besten Fall zu einem lukrativen Geschäft, jedoch nie zu einer weitsichtigen Projektentwicklung. Selbstverständlich können die jeweils Verantwortlichen zukünftige Einflüsse und Wirkungen nicht vorhersehen. Wir haben jedoch die Möglichkeit, anhand der Betrachtung der **Baugeschichte** [s. 19] ein klareres Bild möglicher, die Lebensdauer des Gebäudes beeinflussender Faktoren zu zeichnen. Anforderungen an die gebaute Struktur entwickeln sich stets weiter. Urbane Beispiele sind der Plan Cerdà mit den Superquadras und der Diagonalstrasse in Barcelona[1] oder auch das ursprünglich auf Kutschenverkehr ausgelegte Strassenraster Manhattans. Beide Strukturen vermochten im Laufe ihrer Geschichte immer neue Anforderungen aufzunehmen. Über die Zeit entstand in beiden Städten eine noch bessere, kaum an einem Zeitpunkt vorhersehbare Qualität und Dichte. Die Adaptivität der Stadtstruktur ist der Nährboden dieser Entwicklung.

Eine fundierte Betrachtungsweise dieser Zusammenhänge stellt nicht länger die Erzeugung eine Zustandes in den Vordergrund, vielmehr geht es um das In-Gang-Setzen und In-Gang-Halten eines Prozesses, welcher adaptive Qualitäten aufweist. Eine nicht zeitgebundene Entwicklung überdauert Generationen, daher ist es unsere Verantwortung von kurzfristigen Denk- und Handlungsweisen wegzukommen.

Ergänzen und **Weiterbauen** [s. 111] ist weitsichtig und referenziert auf den gebauten Kontext, sei dies als Neu- oder Umbau, als Solitär oder als Stadtbaustein. Die Referenz ist stets der natürliche und der gebaute Kontext und der Nachweis der Sinnhaftigkeit eines Vorhabens, sowohl im urbanen Raum als auch in ländlichen Gegenden. Eingriffe müssen sozioökonomische Grundhaltungen vertreten, das Umfeld muss in die Veränderung eingebunden sein. Dies erhöht das Vertrauen und baut die Brücke zwischen dem Vergangenen und dem Zukünftigen. Wird ein Bauvorhaben von der jeweiligen Gesellschaft getragen, erleichtert dies einen solchen anhaltenden Prozess.

Die Zukunft des Holzbaues verläuft, wie bei anderen Bauweisen auch, verzögert zu den Tendenzen in den bildenden Künsten, aber synchron zur Entwicklung der Bedürfnisse der Gesellschaft. Die Bestrebungen unserer heutigen energiebewussten Gesellschaft bergen im Holzbau noch grössere Potenziale in der Zukunft. Das Rüstzeug für eine zunehmend breitere Anwendung von Holz liegt in der Tradition verankert. Es gilt, dieses Wissen auch in Zukunft sinnvoll einzusetzen.

2 ZENTRALE ASPEKTE EINER ZUKÜNFTIGEN HOLZARCHITEKTUR

Wesentliche Themen und Aspekte für die Zukunft des Holzbaus werden die Lebensdauer, die Regionalität und die Wertigkeit sein.

2.1 LEBENSDAUER

Holzbauten werden immer wieder mit ephemeren Strukturen in Verbindung gebracht. Doch ist es tatsächlich so, dass Holzbauten nur eine kurze Lebensdauer aufweisen? Die Lebensdauer oder auch die Langlebigkeit beschreibt eine zeitliche Dauer, impliziert aber auch das Leben, die Lebendigkeit. Wärme, Geborgenheit und Sicherheit, die das Urvertrauen bei Lebewesen prägen. Kann dies auch auf eine gebaute Struktur übertragen werden? Gebaute Strukturen können wir als Organismen verstehen, Strukturen, die mit den Bedürfnissen mitgehen, sich anpassen, Möglichkeiten bieten und sich verändern. Die Bauten genügen nebst den technisch-faktischen Anforderungen auch weichen Faktoren und erfüllen unser Leben mit Raum,

ABB. 1 Doppelhaus in Zürich. Massive Holzwände tragen Decken in Beton. Die strahlungsoffene Fassade verleiht dem Innenraum eine angenehme Atmosphäre, Rossetti + Wyss Architekten, 2013.

Licht und Dimension. Die Architektur als Ausdruck einer Gesellschaft ist der grösste Schatz, welchen wir täglich verwenden und geniessen können. Dieser muss langfristig gedacht und ausgelegt werden. Der **Lebenszyklus [S. 111]** von Gebäuden darf nicht der Dauerhaftigkeit von Konsumgütern entsprechen.

Wie sieht es mit der Lebensdauer von Holzbauten aus? Als Referenz könnte die Erfindung von Cortenstahl betrachtet werden, ein vermeintlich nichtrostender Stahl, welcher als grosse Innovation gepriesen wurde. Seine Nutzung hat jedoch aufgezeigt, dass bei seiner Anwendung gewisse Grundregeln berücksichtigt werden müssen, um den Baustoff langfristig einsetzen zu können. Auch beim Holz sind **materialspezifische Eigenheiten [S. 77]** zu berücksichtigen: die Tragfähigkeit längs und quer zur Faserrichtung, Abtropf- und Abtrocknungszeiten, der konstruktive Holzschutz, etwa der Schutz von Stirnholz, auch unter Berücksichtigung von Spritzwasser oder einer adäquaten Oberflächenbehandlung, um nur einige Aspekte zu erwähnen.

Im Holzbau bedarf es einer vertieften Analyse bezüglich der Dauerhaftigkeit. Die Baugeschichte zeigt, dass die ältesten Holzstrukturen in Europa Bauten in Massivholz sind. Leichtbauweisen in Holz verfügen über einen deutlich kürzeren Zeithorizont.

Das älteste bekannte und noch erhaltene Holzhaus in Europa ist das 1287 errichtete Haus Bethlehem in Schwyz. Seine Bauweise in Massivholz (Blockbau) ist funktional und flexibel, eine Konstruktion, die bis heute genutzt wird. Massivholzbauten haben eine **sehr lange Tradition [S. 33]** mit zahlreichen Qualitäten. Dieses dauerhafte Potenzial sollte weiter ausgeschöpft und verstärkt entwickelt werden, etwa im Bereich der Fassaden. Massivholzbauten belassen die Fassaden strahlungsoffener als Massivbauweisen in Beton oder Backstein. Dies erhöht den Komfort und das Wohlbefinden der Bewohner oder Nutzerinnen im Innern. Das angenehm behagliche Gefühl eines Holzbaus rührt nicht nur von der warmen und feinen Oberfläche des Baustoffs her, sondern auch von der Versorgung des Raums mit kosmischer Strahlung. **[ABB. 1]**

Massivholzkonstruktionen sind tragend, aussteifend, massebildend, dämmend, strahlungsoffen und atmungsaktiv. Sie regulieren bei richtiger Anwendung den Feuchtigkeitshaushalt, verfügen über sehr gute Brandwerte und geniessen zudem eine hervorragende CO_2-Bilanz. Der nachwachsende Rohstoff ist zudem vollständig rezyklierbar. Er ist, bei richtiger Anwendung, nicht giftig, als Altholz wertvoll oder kann ansonsten als Brennholz verwertet werden.

Vor diesem Hintergrund ist davon auszugehen, dass in Zukunft vermehrt Massivholzbauweisen realisiert werden.

2.2 REGIONALITÄT

Der Gebrauch von regional verfügbaren Ressourcen und Materialien und deren Anwendung in der umliegenden, gebauten Umwelt schafft Vertrauen und reduziert langfristig den heute üblichen globalen Transportwahn. In der Baugeschichte wurde die behutsame Verwendung von Baustoffen nicht durch ein Umweltbewusstsein gesteuert, vielmehr durch einen Mangel an Ressourcen, ausgelöst durch Kriege, Wirtschaftskrisen oder Naturereignisse sowie durch begrenzte Transportmöglichkeiten. Es zwang den Bauten der Zeit eine Reduktion auf das Verfügbare und das Notwendige auf.

Der Grossteil der Bauprojekte wird zukünftig in einem regionalen bis überregionalen Kontext umgesetzt. Auf eine exportierte und auch importierte Baukultur kann verzichtet werden, authentische Bauten zeigen einen Weg in eine nachhaltige Zukunft auf. Auch die eingesetzten Materialien sollten die örtlichen Möglichkeiten berücksichtigen und widerspiegeln. Mit der wachsenden Bevölkerung und dem daraus entstehenden zunehmenden Verbrauch an Energie bedarf es Entwicklungen, welche nicht nur den Bausektor, sondern auch den Verkehrssektor entlasten. Die Bilanz der grauen Energie, betrachtet im **Zyklus [S. 111]** von Entstehung bis Wiederverwertung, wird immer wichtiger und führt zur Verwendung von örtlich verfügbaren Materialien und somit zum Baustoff Holz. Der nachwachsende Rohstoff verfügt, neben allen anderen Vorzügen, über grosses Potenzial vermehrt lokal eingesetzt zu werden. Er ist fast überall in Europa verfügbar.

Das Bauen mit ortsbezogenen Materialien gewährt das Beibehalten und die Weiterentwicklung von spezifischen lokalen Besonderheiten und Qualitäten. Diese Konsistenz wird sich nachhaltig manifestieren. Holzbauten werden einen noch höheren Anteil an **Vorfabrikation [S. 47]** aufweisen. Die schnelle Bauweise reduziert den zeitlichen Eingriff auf der Baustelle. Dies entlastet die Baustellen und ihr Umfeld bezüglich Lärm, Verkehr und Feinstaub.

Die Verantwortung der Anwendung von Holz soll beim Auftraggeber, den Architektinnen und bei den Unternehmungen bleiben. Die Gesellschaft muss weitsichtig und zukunftsorientiert das ressourcenschonende Bauen zunehmend

ABB. 2 Holz im urbanen Kontext, Mehrfamilienhaus L329 in Zürich. Hybrid-Massivbauweise mit selbsttragender Fassade in Holz. Rossetti + Wyss Architekten, 2020.

unterstützen, denn den grössten Dank werden die Bauten hierfür von den kommenden Generationen erhalten. [ABB. 2]

Die Verwendung von Holz wird zunehmend auch in urbanen Gebieten prägenden Charakter haben und ist in der Baugeschichte, heute und zukünftig, Ausdruck einer Architektur, die örtliche Identität schafft.

2.3 WERTIGKEIT

Die Wertigkeit von Bauten ist mit einer langfristigen Gesamtbetrachtung verbunden, die Ausdruck, Konstruktion und Wirtschaftlichkeit eines Gebäudes umfasst. Der Holzbau verfügt über ein grosses Potenzial in der Entwicklung von nutzungsneutralen, **adaptiven Tragsystemen** [S. 77], welche über die Zeit angepasst und je nach Bedarf verändert werden können. Der Einsatz des Materials muss authentisch sein, echt und unverhüllt, glaubwürdig, direkt. Der Holzbau weist durch seine selbstverständliche, nicht erzwungene Erscheinung und Konstruktionsform sinnliche Qualitäten auf und kann ehrwürdig altern. [ABB. 3]

Um dies zu erreichen, muss das Herstellen von umnutzbaren, einfachen Strukturen als Ziel definiert werden. Nach Bedarf könnten so neue, urbane Holzbauten adaptiert werden, Stockwerke entfernt und wieder eingebaut, Erschliessungen und Steigzonen eingezogen werden.

Es findet eine klare Differenzierung zwischen dem **Elementbau** [S. 47] und dem Systembau statt. Elementbauten haben für eine veränderte Weiternutzung nach dem ersten Lebenszyklus eines Gebäudes eine zu hohe Komplexität und wenig adaptive Eigenschaften. Zu viele bereits eingelegte und nicht mehr sichtbare Bauteile werden bei Eingriffen zerstört, welche dann erneut gebaut werden müssen. Der Systembau hingegen hat das Potenzial, die heutigen komplexen Bauweise zu entflechten und zu vereinfachen, womit die Basis für eine einwandfreie Systemaufteilung und spätere **Weiter- oder Umnutzung** [S. 111] gegeben ist. Er tritt vorwiegend strukturell in Erscheinung, die Installationen der Gebäude werden getrennt geführt und somit zugänglich gemacht. So kann der Systembau nutzungsübergreifende Lösungen anbieten.

Im Weiteren werden die zahlreichen Errungenschaften aus den Entwicklungen von Details, Holzverbindungen und Hybridkonstruktionen ausgelotet und im Systembau integriert. Auch bei den Hybridkonstruktionen kann die verfügbare Tragwirkung des verbauten Holzes aktiviert werden. Das variable Rastersystem des Systembaus wird an die wechselnden Anforderungen der zu bebauenden Parzellen angepasst. Systemgebunden können auch die Gebäudehöhen unterschiedlich ausgelegt werden. Freiheiten beim Ein- und Ausbau von Wänden, Decken oder Fassaden garantieren ein langfristiges Bestehen und gewähren, trotz Zusatzinvestitionen für die gewonnen Flexibilität, die Sicherung des Gebäudewertes über Generationen. Eine höhere Effizienz der Systembauweise mindert die Herstellungskosten gegenüber klassischen Elementbauten. Die Erschliessungen zu den adaptiven Baustrukturen können wahlweise verändert werden, was die Variabilität der Gebäudestrukturen auszeichnet. Aufgrund der Anforderung an die Anpassungsmöglichkeit müssen einfache Holzstrukturen entstehen, welche von kleinen und grösseren Herstellern gefertigt werden können. Da diese beabsichtigen, das System langfristig zum Einsatz zu bringen, wird auch der architektonisch-konstruktive Ansatz ein integrativer Bestandteil des Systems und somit garantiert.

Der nachwachsende Baustoff Holz ist, richtig bewirtschaftet, ein unbegrenzt verfügbarer Rohstoff, der in kürzester Zeit nachwachsen kann. Der Baustoff ist somit nicht zeitweilig. Mit der Absicht, Massivholzbauten zu erstellen, könnte ein deutlich höherer Anteil an Holz verwendet werden. Als Beispiel kann die Werkhalle AWEL in Andelfingen, ein Blockhaus aus aufeinandergestapelten und ineinander verzahnten Holzelementen, dienen, deren verbaute Holzmasse in der Schweiz in lediglich 18 Minuten nachwächst. [ABB. 4] Auch die CO_2-Bilanz von Massivholzbauten ist gegenüber Leichtkonstruktionen deutlich besser. Deshalb konnte etwa die Trublerhütte bereits 2007 als CO_2-positives Gebäude eingestuft werden. [ABB. 5] Zudem ist das Holz der beiden Massivholzkonstruktionen nahezu zu hundert Prozent rezyklier- oder wiederverwendbar.

3 FAZIT

Der Holzbau der Zukunft verfügt über ein ungemein breites Spektrum an möglichen Konstruktionen und Anwendungen. Unter Berücksichtigung des gewünschten Einsatzes von Massivholzkonstruktionen werden diese roh belassen sein, frei von Zusätzlichem, wie dies Le Corbusier in *Vers une architecture* formulierte: «Eine würdige Zeit kündigt sich an, der Mensch hat allem Pomp entsagt!»[2]

ABB. 3 Mehrfamilienhaus L329 in Zürich. Hybridbau-Massivbauweise im Innenraum, Materialkombination aus rohen und rohbelassenen Materialien, welche ein ehrwürdiges Altern garantieren. Rossetti + Wyss Architekten, 2020.

ABB. 4 Werkhalle AWEL in Andelfingen. Massivholzkonstruktion aus 36 Elementen: gestapelt, gefügt, in kürzester Zeit aufgebaut. Das Gebäude verfügt über eine hervorragende Ökobilanz. Des verwendete Holz wächst in der Schweiz in 18 Minuten nach. Rossetti + Wyss Architekten, 2015.

ABB. 5 **Trublerhütte in Schlieren. Die Waldhütte verfügt über Massivwände in Holzelementbauweise mit darüber gelegten Baustämmen in Querschnitten von 40 × 40 Zentimetern. Die Hütte wird mit Holz beheizt und verfügt über eine positive CO_2-Bilanz. Rossetti + Wyss Architekten, 2007.**

Der Entwurf solcher Holzstrukturen ist eine **ganzheitliche Betrachtung [S. 33]** unter Berücksichtigung aller Einzelteile. Der Einklang der Räume entsteht durch das Gleichgewicht von räumlichen, statischen, akustischen, optischen und haptischen Qualitäten. Arbeit im Kontext, Ökonomie der Mittel und natürliche Ausgewogenheit sind wesentliche Aspekte des Planungsprozesses. Die natürliche, fast selbstverständliche Integration in den Kontext und eine bewusst angewendete Zurückhaltung und Bescheidenheit führen die Projekte zu eindeutigen und wiedererkennbaren Resultaten. Dies verleiht den Holzbauten eine spezifische Ausstrahlung und führt zur angestrebten Identität.

Die Zeit ist reif, um nicht-zeitgebundenen Raum zu schaffen, einfache, unverhüllte, adaptive Systeme, mit welchen wir die Verantwortung gegenüber uns selbst, aber auch gegenüber den kommenden Generationen übernehmen.

1   1841 rief die Stadtverwaltung Barcelona einen Wettbewerb zur Stadterweiterung aus. 1860 wurde das Projekt des Ingenieurs und Stadtplaners Ildefons Cerdà (1815–1876), das eine Erweiterung durch eine Struktur von Quadraten (Eixample) vorsah, zur Umsetzung genehmigt. Es war ein Gegenentwurf zur seuchengefährdeten Innenstadt und sollte Licht und Luft für die Bewohner der Blocks ermöglichen wie auch den Transport von Waren erleichtern – seinerzeit abgestimmt auf Pferdefuhrwerke und die von Pferden gezogenen Strassenbahnen. Die Blocks mit ihrer kreuzförmigen, einzigartigen Form und ihren Seitenlängen von 113,33 Metern, prägen seither das Bild der Stadt.
2   Le Corbusier, *Vers une Architecture*, Erstveröffentlichung Paris 1923 in der von Le Corbusier mitgegründeten Reihe «Collection de l'esprit nouveau». Unter dem Titel *Kommende Baukunst* erschien das Buch 1926 auf Deutsch.

Die neuen Planungs- und Fertigungsmethoden versprechen für die Holzarchitektur von morgen einen spannenden und noch grösstenteils unentdeckten Horizont. Weniger als das technisierte Bauen und dessen schon lange prognostizierte Automatisierung betrifft diese Umformung aber die ganze Disziplin und damit auch grundlegende Konzepte wie Materialität, Werkzeuge und Autoren- schaft. Besonders der Roboter spielt in den Vorstellungen einer digitalisierten Architektur eine zentrale Rolle. Der folgende Beitrag erörtert theoretisch und anhand von konkreten Beispielen die Potenziale einer digitalen Zukunft in der Holzarchitektur.

Jan Willmann hat die Zukunft der Architektur zu seinem Forschungsschwerpunkt gemacht. Er studierte Architektur, promovierte in Architekturtheorie und etablierte danach zentrale Forschungs- schwerpunkte einer robotischen Architektur, bevor er nun als Professor für Designtheorie und Designforschung an der Bauhaus-Universität Weimar seine Interessenschwerpunkte aus Technologie, Architektur und Design zusammenführt. Sein internationaler Pfad und seine viel- fachen Interessen lassen ihn wie selbstverständlich Rollen und Grenzen der Disziplinen neu und weiter denken.

JAN WILLMANN

DIGITALE REVOLUTION IM HOLZBAU: ROBOTER, NARRATION, ENTWURF

Mit der fortschreitenden Digitalisierung der Architektur zeichnet sich heute, im zweiten digitalen Zeitalter, eine einheitliche technologische Basis des Bauens ab, wie sie seit der Frühphase der Industrialisierung des Bauens mehr erhofft als umgesetzt wurde. Dabei handelt es sich allerdings weniger um die vielerorts beschworene Automatisierung der Architektur und ihrer baulichen Prozesse als vielmehr um eine die Disziplin als Ganzes betreffende Entwicklung: die Synthese von Daten und Material, von **Entwurf und Umsetzung [S. 99]**, welche sich durch die Einführung roboterbasierter Bauverfahren zunehmend verbreitet und insbesondere im Holzbau neue Gestaltungs- und Anwendungsmöglichkeiten eröffnet. Damit allerdings – über rein technische Fragestellungen hinausgehende – Perspektiven einer baulichen Zukunft erschlossen werden können, scheint eine grundlegende Auseinandersetzung mit den damit verbundenen entwerferischen und konstruktiven Realitäten unumgänglich.

Ohne Zweifel, der digitale Wandel bedeutet enorme Veränderungen: Die technologischen Herausforderungen und Chancen für Wirtschaft, Umwelt und Gesellschaft erreichen immer neue Dimensionen. Das Bauen bildet hier keine Ausnahme. Und es lässt sich kaum bestreiten, dass in den vergangenen Jahren durchaus enorme Fortschritte erzielt wurden. Dabei kommt dem Holzbau eine Schlüsselrolle zu. Denn hier war es zunächst das Aufkommen computergesteuerter Fräs- und Abbundmaschinen zur Mitte der 1980er-Jahre, welche dem Holzbau eine zeitgemässe, technologische Ausrichtung ermöglichten. Die damit verbundene Transformation der Arbeitsprozesse bewirkte neben der Entwicklung innovativer und hochqualitativer Holzbauprodukte insbesondere eine erhebliche Steigerung der Flexibilität und Produktivität des Sektors.[1] Später erfasste die Digitalisierung auch andere Bereiche des Bauwesens und trug wesentlich zur **Vernetzung [S. 99]** von Planungs-, Bau- und Fertigungsprozessen bei. Seitdem hat sich durch die Verbreitung von Computational Design, Building Information Modeling und CAD-CAM-Methoden der Mensch-Maschine-Dialog vielfach intensiviert und die betreffenden Arbeitsfelder haben sich so quasi von innen heraus verändert.

Aber ist das Bauen damit im digitalen Zeitalter angekommen? Mitnichten. Denn trotz der augenscheinlichen Fortschritte in den vergangenen Jahrzehnten ist das digitale Bauen nach wie vor experimentell geprägt und wird von der Allgegenwärtigkeit der Standardisierung, Serialisierung und Typisierung, die das Baugeschehen weitgehend bestimmt, überschattet, wobei ein Ende dieser Koexistenz kaum abzusehen ist. Zugleich ergeben sich erstaunliche Zusammenschlüsse. Blickt man hierzu auf das roboterbasierte Bauen selbst, insbesondere auf die bahnbrechenden

Experimente von Fabio Gramazio und Matthias Kohler an der ETH Zürich, so wird deutlich, dass sich beide Perspektiven durchaus verbinden lassen, indem digitale Baumethoden mit standardisierten Materialformen verknüpft und in unmittelbarer Nähe zu baulichen Praxis- und Anwendungsfeldern untersucht werden.[2]

Im Mittelpunkt steht dabei der Einsatz von Industrierobotern [ABB. 1]. Zu den grundlegenden Eigenschaften jener Maschine zählt ihre Vielseitigkeit. In der Tat eignet sich ein Industrieroboter für unterschiedlichste Aufgaben, weil er, analog zum Personal Computer, nicht auf eine spezifische Anwendung hin konstruiert und optimiert wurde, sondern generisch ist. Statt im vordefinierten Anwendungsspektrum einer spezialisierten Maschine operieren zu müssen, lassen sich die Handfertigkeiten eines Roboters frei entwerfen und seine physischen Manipulations- und Bearbeitungsfähigkeiten gezielt an eine bestimmte bauliche Aufgabe anpassen.

Tatsächlich sind die Umsetzungsmöglichkeiten konstruktiver Prozesse mit dem Roboter überaus vielfältig; anders als bei herkömmlichen Konstruktionsverfahren muss deren Beschreibung nicht mehr über geometrische Notationen (Grundriss, Ansicht, Schnitt) erfolgen, sondern kann mittels Programmierung algorithmisch erfasst und formalisiert werden. Die dabei erzeugten Fabrikationsdaten können zusätzliche Anweisungen wie Aufbaulogik, -sequenz oder -toleranz enthalten und vorab geprüft und optimiert werden, um dann an den Roboter übergeben zu werden, der diese Anweisungen wiederum präzise ausführt. Die Rolle des Werkplans, jene kritische Verschränkung zwischen Entwurf und Realisierung, wird dadurch relativiert, genauso wie die Dominanz der geometrischen Darstellung als Entwurfsmedium. In der Folge stehen Entwurf und Konstruktion in einer unmittelbaren Abhängigkeit zueinander, wonach der Entwurf das Wissen über seine sowohl materielle als auch maschinelle Konstruierbarkeit bereits zum Zeitpunkt seiner Konzeption enthält. Diese Vorverlagerung der Umsetzung hat zur Folge, dass dem **konstruktiven Verständnis** [S. 47] als Grundlage für das Entwerfen von Architektur eine zentrale Bedeutung zukommt.[3]

Genau hier liegt eine wesentliche Bedeutung des Roboters für den Holzbau: Denn dort, wo hochinformierte bauliche Strukturen unter Einbeziehung ihrer konstruktiven und materiellen Logik differenziert bearbeitet und aufgebaut werden können, genau dort ergibt der Einsatz einer solchen, im realen Baumassstab agierenden Maschine tatsächlich Sinn. Zusätzlich wird es möglich, durch die additive Logik der Bearbeitung nahezu abfallfrei zu arbeiten, indem Material genau an jenen Stellen platziert werden kann, wo es konstruktiv wirklich gebraucht wird.[4]

So sind aktuell viele roboterbasierte Holzbauprozesse durch die Bearbeitung ungewöhnlich vieler und detailliert organisierter Bauteile gekennzeichnet, die durch ein hohes Mass an Präzision manipuliert und – in letzter Konsequenz – räumlich aggregiert werden. Auf die Spitze getrieben wurde dieses Konzept des nicht nur Vielfältigen, sondern ebenso Vielfachen in dem 2016 an der ETH Zürich gemeinsam mit der ERNE AG Holzbau realisierten Projekt «Das sequenzielle Dach». [ABB. 2] Hier wurde eine 2308 Quadratmeter grosse geometrisch-komplexe Dachkonstruktion mittels robotischer Stapelung von mehr als 48 000 Holzlatten realisiert, wobei jedes Element individuell, das heisst in einem beliebigen Winkel und auf eine spezifische Länge zugeschnitten und anschliessend assembliert wurde. Durch eine solche Transformation eines einfachen und generischen Elements wie der Holzlatte in ein spezifisches Bauteil entstanden zusätzliche, mitunter wesentliche entwerferische Freiheitsgrade. Zugleich konnte auf lokale strukturelle Anforderungen flexibel und spezifisch reagiert werden, sodass durch die regelbasierte Verknüpfung von gestalterischen, strukturellen und herstellungstechnischen Parametern eine Optimierung der gesamten Dachstruktur erzielt werden konnte. Der über die Programmierung des roboterbasierten Prozesses erreichbare Grad an Detaillierung und Spezifität erlaubte es zudem, nicht nur ein hochinformiertes architektonisches Bauteil zu realisieren, sondern ebenso komplexe Wahrnehmungseffekte hervorzurufen, sodass für die «natürlich-stoffliche»[5] **Charakteristik des Werkstoffes** [S. 33] eine digitale Entsprechung gefunden wurde.

Freilich lässt sich eine solche entwerferische und bauliche Komplexität nicht mehr durch konventionelle, manuelle Planungs- und Umsetzungsmethoden bewältigen. Verschiebt man in einer solchen Dachkonstruktion beispielsweise ein einziges Element, so ändern sich unendlich viele Beziehungen in der komplementären Logik zwischen Geometrie und Tektonik, zwischen Einzelelement und Gesamtverbund. Daraus wird einerseits ersichtlich, dass bei einer gewissen kritischen Masse an Einzelelementen und systemischen Zusammenhängen der Einsatz digitaler Entwurfs- und Fabrikationsprozesse nicht nur sinnvoll, sondern zwingend erforderlich ist. Andererseits liegt derlei Projekten kein statischer Plan mehr zugrunde als vielmehr ein **programmiertes Regelwerk** [S. 59], welches den Vorteil hat, die konstruktive Komplexität gezielt kontrollieren und notwendige Anpassungen noch zu einem sehr späten Zeitpunkt vornehmen zu können (sofern diese als konstruktive Freiheitsgrade vorgesehen und parametrisiert wurden). Genau dadurch wird die Kompetenz der Architektur gestärkt, zwischen dem Entwurf eines Projekts und seiner Konstruktion eine Brücke schlagen zu können, also diejenige

ABB. 1 Eine mobile Robotereinheit der Forschungsgruppe von Fabio Gramazio und Matthias Kohler an der ETH Zürich baut eine nicht-standardisierte räumliche Holzstruktur aus einfachen Holzelementen auf. Gramazio Kohler Research, ETH Zürich, 2013.

ABB. 2 Beim robotergefertigten Dach des Arch_Tec_Lab des Instituts für Technologie in der Architektur (ITA) der ETH Zürich handelt es sich um das weltweit grösste robotergefertigte Holzbauteil der Welt, Gramazio Kohler Research, ETH Zürich, 2016.

der inhaltlichen, thematischen Kohärenz, die sich im Lauf der Projektierung wechselseitig in der Klärung und Zuspitzung auf ein Entwurfsziel und in der zunehmend konkreter werdenden physischen Umsetzung in einem Bauwerk widerspiegelt.[6]

Zugleich wird sichtbar, dass eine solche innovative Entwurfs- und Herstellungspraxis nicht nur zukünftige Entwicklungen vorwegnimmt, sondern auch einen neuen Blick in die Vergangenheit eröffnet und somit vergangene, teils vergessene Aspekte des Bauens neu entdeckt werden. Anders formuliert: Vergangenheit wird durch das roboterbasierte Bauen nicht einfach fortgeschrieben, sondern neu angeeignet. Dies spiegelt sich insbesondere im Holzbau wider, beispielsweise in der vermeintlichen Wiederkehr traditioneller Verbindungstechniken oder baulicher Typologien. Ein bestechendes Beispiel für ein solche «digitale Mittelalterlichkeit» ist die räumliche Assemblierung von Holzrahmenstrukturen, etwa für das DFAB HOUSE[7]. Hierzu wurden einzelne Holzbalken von einem Roboter gegriffen und mit einer CNC-gesteuerten Säge zugeschnitten. Danach wurden durch den Roboter alle erforderlichen Schraubkanäle präzise gefräst und diese für die einzelnen Anschlüsse vorgebohrt, bevor die Holzbalken dann robotisch in Position gebracht und schlussendlich manuell verschraubt wurden. **[ABB. 3]** Der daraus entstehende Dialog zwischen Mensch und Maschine ist allerdings nicht ausschliesslich virtueller Natur, indem die komplexen **Holzrahmen-Module [S. 47]** durch ein speziell entwickeltes digitales Entwurfswerkzeug geplant werden. Nein, es zeigt sich gleichermassen ein kollaboratives Wechselspiel aus maschineller Bearbeitung und menschlicher Zuarbeit, wodurch ein seltsam nostalgisches, gar **mittelalterliches Verhältnis [S. 27]** von Mensch und (nunmehr digitalem) Werkzeug offensichtlich wird.[8]

Und dennoch: Das Aufkommen einer solchen unmittelbaren menschlich-maschinellen Wechselseitigkeit könnte als eine wesentliche Erklärung dafür gesehen werden, warum gerade dem Roboter derzeit eine wesentliche Schlüsselrolle im Bauen zugewiesen wird. Einerseits technisch, indem sich individuelle, aufwendige oder detailreiche Konstruktionen nunmehr effizient und präzise verwirklichen lassen. Andererseits programmatisch, weil die seit der Renaissance bestehende Trennung von Entwurf und Produktion tendenziell aufgehoben wird und sich vormals diskrete Arbeitsschritte in «elegante» kontinuierliche Prozessketten überführen lassen. Damit scheint sich zumindest eines der grossen Versprechen des industriellen Bauens zu erfüllen – nämlich die nahtlose **Verschaltung [S. 99]** aller baulichen Akteure und Abläufe, genauso, wie es Ernst Neufert (1900–1986), Konrad Wachsmann (1901–1980) oder Walter Gropius (1883–1969) mit ihren Entwürfen für eine industrielle Bauproduktion einst vorgesehen hatten – angefangen bei der durchrationalisierten Planung bis hin zur automatisierten Fertigung und Montage auf der Baustelle. **[ABB. 4]**

ABB. 3 Das menschliche Eingreifen in den robotischen Fertigungsprozess des räumlichen Holzrahmentragwerks des **DFAB HOUSE** ruft unweigerlich Assoziationen mit mittelalterlichen Bauprozessen hervor. Gramazio Kohler Research, ETH Zürich, 2019.

ABB. 4 Die von Ernst Neufert während des Zweiten Weltkriegs entwickelte «Hausbaumaschine» sollte die Wohnungsnot im industriellen Massstab lösen, wurde allerdings nie verwirklicht.

Allerdings ergeben sich neben allzu offensichtlichen Kontinuitäten[9] ebenso geschichtliche Bruchstellen. Einerseits, indem das Projekt der Industrialisierung des Bauens von Anfang an auf untrennbare Weise mit den ästhetischen, politischen und sozialen Idealen der Moderne verbunden war und jene Narrative heute, im roboterbasierten Bauen, verloren gegangen zu sein scheinen. Oder waren sie in der digitalen Kultur gar nie vorhanden?[10] Andererseits ergeben sich grundlegende entwerferische Unterschiede: Denn was vormals industriell geplant und seriell umgesetzt wurde, wird durch die «interaktive» Verknüpfung zwischen den nicht mehr mechanisch, sondern durch den Computer algorithmisch determinierten Entwurfs- und Konstruktionsverfahren zunehmend überwunden.[11] Gegenüber dem ursprünglichen industriellen Bauen, in welchem maschinelle Prozesse und Werkzeuge sich wesentlich vom Geist desjenigen unterschieden, der sie ursprünglich entwickelte, ist die heutige Maschinenproduktion nicht mehr Gegenstand mechanischer, abstrahierter und standardisierter Vorgänge.[12] Vielmehr bildet die unmittelbare Vernetzung von digitalen Planungs- und Herstellungsprozessen ein gestalterisches Milieu, das durch seine algorithmisch-variable Charakteristik der menschlichen (und in diesem Sinne anthropologischen) Intuition und Kreativität vielfach gerechter zu werden scheint, als es in der bisherigen Industrialisierung des Bauens der Fall ist. Diese neue, durch den Roboter ermöglichte Interaktivität zwischen Kopf und Hand, zwischen Denken und Handeln, zwischen Mensch und Maschine führt nicht nur zu einer entwerferischen Erweiterung des industriellen Bauens, sondern verweist zugleich auf eine bisher unzureichend untersuchte wissens- und erkenntnistheoretische Dimension der digitalen Architektur selbst.[13] Und genau hier unterscheidet sich auch der Einsatz des Roboters von anderen mechanischen Verfahren – und schlussendlich die Kreativität des Gestaltens von der technischen Automatisierung.

Wird der Einsatz des Roboters nun also bauliche Realität werden? Sollte er das überhaupt? Auch hier zeigt der Blick in die Geschichte: Obwohl die Industrialisierung des Bauens sich niemals in voller Gänze durchzusetzen vermochte, so lässt sich ihr massiver Einfluss auf die Architektur kaum bestreiten – nicht nur materiell, sondern auch ästhetisch und politisch. Und so scheint es nicht ausgeschlossen, dass sich auch im roboterbasierten Bauen vielleicht nicht alle, aber einige wesentliche Aspekte durchsetzen werden.[14] Zugleich dürfte das roboterbasierte Bauen weit über die Aktualisierung von bestimmten technisch-materiellen Prozessen hinausgehen. Auch hier zeigt die geschichtliche Perspektive, dass es seit der Frühphase des industriellen Bauens um weitaus mehr als nur um eine mechanische oder funktionale Erneuerung der Architektur ging.[15] In diesem Kontext war es insbesondere Walter Gropius, der proklamierte, dass es sich bei der Industrialisierung keinesfalls ausschliesslich um eine Rationalisierung des Bauens, sondern zugleich um eine grundlegende **Veränderung der Architektur [S. 33]** handelt, das heisst, ihrer entwerferischen Prozesse selbst **[ABB. 5]**.[16] Mit der Industrialisierung des Bauens sollte nichts weniger als eine ästhetische und damit kulturelle Wende des Bauens insgesamt in Anschlag gebracht werden.

Vor diesem Hintergrund wäre im Roboter weitaus mehr als nur ein Werkzeug zur technischen Automation bereits existierender baulicher Prozesse zu sehen. Denn der Einsatz einer solchen Maschine eröffnet eine neue epistemologische Dimension: Es geht um Prozesse, die algorithmisch, variabel und zugleich materiell und konstruktiv sind. Diese wiederum führen zu neuen entwerferischen Fragestellungen, zu neuen wissens- und erkenntnistheoretischen Perspektiven und schlussendlich zum uralten Traum von gestalterischen Prozessen, die eine schier endlose Varianz an Alternativen ermöglichen und zugleich ergebnisoffen und konkret sind. Genau hierin dürfte schliesslich auch die Bedeutung für die Zukunft des digitalen Holzbaus liegen – eben nicht nur in seiner materiellen, technischen Avanciertheit, sondern ebenso sehr in der Entfaltung der je spezifischen entwerferischen, ästhetischen und damit kulturellen Dimension, a priori und nicht umgekehrt. In diesem Sinne werden abschliessend nochmals einige Punkte angeführt, welche die beschriebene Entwicklung hin zu einer epistemologischen Dimension des roboterbasierten Bauens weiter konturieren und die damit aufgeworfenen Fragen präzisieren.

Erstens: Durch seine kinematischen Freiheitsgrade erzwingt der Roboter eine vertiefte entwerferische und konstruktive Beschäftigung mit dem dreidimensionalen Raum. Im Gegensatz zu anderen digitalen Fabrikationsmaschinen – insbesondere dem schichtbasierten 3D-Druck – wird die Manipulation von Material frei im Raum durchgeführt. Hier knüpft das roboterbasierte Bauen unmittelbar an die menschliche Körperlichkeit an und ruft uns ins Gedächtnis, dass wir seit der Moderne das Lineare, das Orthogonale als wesentliches räumliches Paradigma akzeptiert und es insbesondere in den gestalterischen Disziplinen beispielhaft verinnerlicht haben. Tatsächlich ist es die industrielle Automation selbst, die in weiten Teilen auf geradlinigen, repetitiven Bewegungsprozessen basiert und auf vereinfachte räumliche Operationen hin optimiert wurde. Mit dem Roboter hingegen findet eine massive Erweiterung statt, indem neue, vielleicht auch ungeahnte Möglichkeiten durch die direkte Anbindung des räumlich-konstruktiven Entwurfs an die räumlich-konstruktiven Fähigkeiten des Roboters in den Fokus rücken. Entworfen und gebaut wird also nicht ausserhalb, vielmehr innerhalb einer räumlich-maschinellen Materialisierungslogik.

Zweitens: Mit dem Einsatz des Roboters verlieren die klassischen Dichotomien von Daten und Material, von Abstraktion und Konkretion, von Element und Verbund ihre Basis und werden durch entwerferische und bauliche Prozesse ersetzt, in denen sich diese Gegensätze aufheben. Hier ist insbesondere der BUGA-Holzpavillon von Achim Menges und Jan Knippers für die Bundesgartenschau 2019 in Heilbronn bestechend, weil er in spezifischer Form alle Elemente des computerbasierten Entwerfens und Bauens umfasst, gleichgültig, ob man es als parametrisch oder robotisch bezeichnet.[17] Es handelt sich um eine doppelt gekrümmte Holzschalenkonstruktion aus 376 individuell gefertigten (Leichtbau-)Segmenten, die wie ein dreidimensionales Puzzle gefügt werden und schlussendlich eine Spannweite von über 30 Meter erreichen. Der Einsatz einer (transportablen)

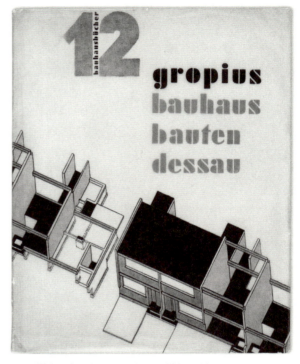

ABB. 5 Walter Gropius entwickelte 1929 / 1930 für die Bauhaussiedlung in Dessau-Törten einen industriellen Bauprozess für den Wohnungsbau, der in der gleichnamigen Buchpublikation (Bucheinband gestaltet von László Moholy-Nagy) entsprechend propagiert wurde.

ABB. 6 Die robotische Fertigung der Einzelsegmente des Holz-pavillons von Achim Menges und Jan Knippers für die Bundes-gartenschau 2019 erlaubte nicht nur die Integration unter-schiedlicher Fertigungsschritte, sondern die Umsetzung einer enormen konstruktiven und räumlichen Komplexität. Institut für Computerbasiertes Entwerfen und Baufertigung (ICD) und Institut für Tragkonstruktion und konstruktives Entwerfen (ITKE), Universität Stuttgart, 2019.

Roboterzelle ermöglicht die Ausführung aller Vorfertigungsschritte der einzelnen Schalensegmente direkt vor Ort und damit die Realisierung von 17 000 verschie-denen Keilzinkverbindungen, gemäss der jeweils benötigten Anforderungen im konstruktiven Verbund **[ABB. 6]**.

So erlaubt der Roboter nicht nur die Integration unterschiedlicher Fertigungsschritte, sondern eine schier endlose Individuation eines Bauteils und damit die Kontrolle einer enormen konstruktiven wie räumlichen Komplexität zwischen den einzelnen Elementen und dem Gesamtverbund. So entsteht, trotz der diskreten Kassettenelemente, der Eindruck einer weichen, kontinuierlichen und damit digitalen Urhütte. Die Grenzen zwischen Daten und Material, zwischen Einheit und Vielheit, zwischen Bild und Objekt lösen sich auf, wonach das derzeitige Interesse am Roboter somit keineswegs ausschliesslich der technoiden Ontologie der Maschine selbst geschuldet wäre als vielmehr genau dort ansetzt, wo jene konkrete ästhetische Relevanz entwickelt wird und in das bauliche Entstehungs- und Wirkungsgefüge substanziell eingreift **[ABB. 7]**.

Drittens: Mit dem Einzug des Roboters in das Bauen erhält die Frage von Einheitlichkeit, Effizienz und Rationalität eine neue Bedeutung. Seit der Einführung einer modernen Entwurfslehre an der Pariser École Polytechnique durch Jean-Nicolas-Louis Durand (1760–1834) erhielt das Einfache, das Typologische und damit das (vermeintlich) Rationale stets den Vorzug gegenüber dem Komplexen, Variablen und Vielfältigen im architektonischen Entwurfs- und Umsetzungsprozess. Dieses urgeschichtliche Motiv wird durch den Roboter schrittweise aufgelöst, indem dieser – zumindest in seiner archetypischen Form – auf einer gänzlich anderen technischen Logik basiert und das Rationale und die Systematiken der Moderne bis hin zur Industrialisierung des Bauens nicht mehr greifen. Im Gegensatz zu starren mechanischen Apparaturen kann durch den Einsatz des Roboters jedes Bauteil ein **komplexes Unikat [S. 59]** sein und bis ins kleinste Detail mit digitalen Informationen angereichert werden – zum jeweils immer gleichen Herstellungs- und damit Kostenaufwand. Der Entwurf wird variabel und damit das, was für die Industrialisierung noch Programm war, nämlich in mechanischen Standards zu denken und in Serien zu bauen, neu interpretiert und neu gestaltbar. So scheint heute – und insbesondere im digitalen Holzbau – das Versprechen des Variablen und Vielfältigen endlich einlösbar, zum einen durch algorithmische Entwurfsverfahren, zum anderen durch robotische Fabrikationsmethoden, welche den Übergang von (moderner) Einheitlichkeit zur (post-moderner) Vielfalt produktiv machen.

Wie immer man zum Roboter im Bauen steht, es lässt sich kaum mehr bestreiten, dass wir es mit einer historischen Zäsur zu tun haben, die durch die Digitalisierung ausgelöst wurde und nun im Holzbau allzu offensichtlich wird. Doch weit entfernt von einer radikalen Gegenwartspraxis ist damit zugleich ein Anknüpfen an die alten Visionen der Industrialisierung des Bauens, nicht mehr mechanistisch, sondern digital begründet. Zugleich kann die Antwort angesichts eines solchen tiefgreifenden Strukturwandels oder «Wendepunktes»[18] keinesfalls darin bestehen, sich ausschliesslich auf technische Fragestellungen der Automation oder der Durchrationalisierung bestehender Bauprozesse zu fokussieren. Stattdessen muss die beschriebene Entwicklung zur Formulierung einer neuen Entwurfskultur führen, in der die Frage nach dem Verhältnis von Daten und Material, von Entwurf und Konstruktion und schlussendlich von Mensch und Maschine zentral steht und der Roboter hierin als eigene Entität im baulichen Prozess wirken kann. Einen solchen entwerferischen Dialog hatte Nicolas Negroponte bereits in den 1970er-Jahren aufgezeigt, wenngleich eine Umsetzung angesichts der damaligen technischen Möglichkeiten nur begrenzt möglich war.[19] Und in der Tat, das Potenzial eines eigenständigen, technischen, mitunter auch intelligenten maschinellen Gegenübers im Entwurfsprozess hat sich bis heute noch nicht vollkommen entfaltet, indem dem Roboter stets die Rolle einer rein ausführenden Instanz zugewiesen wird (wobei die Wertschätzung, die wir den menschlichen Akteuren im Bauprozess entgegenbringen, ebenso abnimmt). Die Überwindung einer solcher Einseitigkeit könnte eine bauliche Zukunft ermöglichen, in der kreative und «softe» Dialoge zwischen Entwerfern, Handwerkern, Computern, Material und insbesondere maschinellen Akteuren auf Augenhöhe stattfinden und damit vollkommen neue ästhetische und funktionale Potenziale erschlossen werden können. Ob sich daraus tatsächlich eine (digitale) Vollendung der Industrialisierung des Bauens ergeben wird, wird noch zu klären sein.

ABB. 7 Am Holzpavillon von Achim Menges und Jan Knippers für die Bundesgartenschau 2019 zeigt sich, dass das derzeitige Interesse am Roboter keineswegs der technoiden Ontologie der Maschine geschuldet ist als vielmehr der daraus resultierenden ästhetischen, funktionalen und programmatischen Relevanz. ICD und ITKE, Universität Stuttgart, 2019.

1   Reinhard Jordan, Hartmut Küchle, Gert Volkmann, *Holzwirtschaft im Wandel. Ökonomische und technologische Veränderungen in der Holzbearbeitung und Holzverarbeitung*, Studie zur Wirtschafts- und Sozialforschung Nr. 56, hrsg. von Wirtschafts- und Sozialwissenschaftliches Institut des Deutschen Gewerkschaftsbundes, Köln 1986, S. 83–91.

2   Fabio Gramazio, Matthias Kohler, *Digital Materiality in Architecture*, Baden 2008, S. 7–11.

3   Fabio Gramazio, Matthias Kohler, Jan Willmann, *The Robotic Touch – How Robots Change Architecture*, Zürich 2014, S. 386ff.

4   Jan Willmann, Michael Knauss, Tobias Bonwetsch, Anna Aleksandra Apolinarska, Fabio Gramazio, Matthias Kohler, «Robotic Timber Construction: Expanding Additive Fabrication to New Dimensions», in: *Automation in Construction* 61 / 2015, S. 16–23.

5   Mario Rinke, «Konstruktive Metamorphosen – Holz als immerwährendes Surrogat», in: Mario Rinke, Joseph Schwartz (Hrsg.), *Holz: Stoff oder Form. Transformation einer Konstruktionslogik*, Sulgen 2014, S. 263–278.

6   Vergleiche hierzu: Andrea Deplazes, *Architektur konstruieren. Vom Rohmaterial zum Bauwerk. Ein Handbuch*, Basel / Boston / Berlin 2005.

7   Arash Adel, Andreas Thoma, Matthias Helmreich, Fabio Gramazio, Matthias Kohler, «Design of Robotically Fabricated Timber Frame Structures», in: Phillip Anzalone, Marcella del Singnore, Andrew John Wit (Hrsg.), *Recalibration. On imprecision and infidelity,* Proceedings Catalog of the 38th Annual Conference of the Association for Computer Aided Design (ACADIA), Mexiko City 2018, S. 394–403.

8   Zugleich besteht in einem solchen «digitalen Handwerk» die Gefahr, dass die menschliche Tätigkeit nur dann genutzt wird, wenn schlichtweg die technischen, materiellen oder zeitlichen Ressourcen fehlen, um den maschinellen Prozess vollständig zu automatisieren. Auf diese Weise würde der Mensch mit seinen (handwerklichen) Fähigkeiten, seiner Intuition, Begabung und Erfahrung schlichtweg «verkümmern». Vergleiche hierzu: David Pye, *The Nature and Art of Workmanship*, New York 1968.

9   Keinesfalls vergessen werden sollte, dass die Industrialisierung des Bauens seit jeher vom Narrativ bestimmt ist, menschliche Akteure von unnötig harter, belastender oder eintöniger Arbeit zu befreien. Bereits die Wortherkunft von Roboter weist auf ein geschichtliches Anknüpfen an eine solche Urgeschichte der Industrialisierung, dies insofern, als die tschechische Ursprungform *robot* mit Sklaven- oder Fronarbeit übersetzt werden kann und damit genau das in Aussicht stellt, wovon das Maschinenzeitalter und insbesondere die Industrialisierung des Bauens schon immer träumte: die Automatisierung als Befreiung des Menschen von entfremdeter (Fron-)Arbeit. Vergleiche hierzu: Kara Reilly, «From Automata to Automation: The Birth of the Robot in R.U.R. (Rossum's Universal Robots)», in: Dies., *Automata and Mimesis on the Stage of Theatre History*, New York 2011, S. 148–176.

10 Jan Willmann, «Das (digital) Neue in der Gestaltung: Wie sich die Zukunft in der Vergangenheit entscheidet», in: Siegfried Gronert, Thilo Schwer (Hrsg.), *Positionen des Neuen. Zukunft im Design. Gesellschaft für Designgeschichte, Schriften 2*, Stuttgart 2019, S. 158–169.

11 Sean Ahlquist, Achim Menges, «Computational Design Thinking», in: Dies., *Computational Design Thinking. Computation Design Thinking*, London 2011, S. 10–29 (AD Reader).

12 Eine solche schöne neue Welt des «Nicht-Standards» wird dann wiederum selbst zum Standard, führt man sich die seit Ende der 1990er-Jahre entstandenen sich vielfach ähnelnden Prozesse und Produkte der digitalen Architekturproduktion genauer vor Augen. Dort scheint die serielle Produktion des Nicht-Seriellen in eine nicht nur kontrastierende, sondern zugleich auch anknüpfende Funktion mit der Massenfertigung zu treten. Vergleiche hierzu: Frédéric Migayrou, Zeynep Mennan, *Architectures non standard*, Paris 2003.

13 Malcolm McCullough, *Abstracting Craft. The Practiced Digital Hand*, Cambridge / MA. 1998.

14 Dies insbesondere, wenn man bedenkt, dass sich im beschleunigten digitalen Zeitalter bereits eine Vielzahl ehemaliger Utopien entfiktionalisieren und Einzug in unsere Lebenswelt erhalten, wie beispielsweise das Internet selbst, das einst von J.C.R. Licklider zu Beginn der 1960er-Jahre als «Intergalactic Computer Network» bereits in allen Details beschrieben wurde und erst mehrere Jahrzehnte später zu einer technischen wie kulturellen Realität wurde. Vergleiche hierzu: J.C.R. Licklider, *Topics for Discussion at the Forthcoming Meeting. Memorandum For Members and Affiliates of the Intergalactic Computer Network*, Washington D.C. 1963.

15 Andreas Schwarting, *Die Siedlung Dessau-Törten. Rationalität als ästhetisches Programm*, Dresden 2010.

16 Winfried Nerdinger, *Walter Gropius. Architekt der Moderne*, München 2019, S. 102ff.

17 Achim Menges, Jan Knippers, Hans Jakob Wagner, Daniel Sontag, «BUGA Holzpavillon – Freiformfläche aus robotisch gefertigten Nulltoleranz-Segmenten», in: Forum Holzbau (Hrsg.), *25. Internationales Holzbau-Forum (IHF 2019). Aus der Praxis – Für die Praxis*, Tagungsband, Biel 2019, S. 129–138.

18 Konrad Wachsmann, *Wendepunkt im Bauen*, Wiesbaden 1959.

19 Nicholas Negroponte, *Soft Architecture Machines*, Cambridge / MA. 1976.

Nur sehr selten ist das Entwerfen und Planen ein linearer Prozess der seiner ganz eigenen Logik folgt. Vielmehr ist die Planung von vielen äusseren Faktoren abhängig, die meistens zu ganz zentralen Einflüssen werden. Insofern ist es schwierig, architektonische Beispiele ohne diesen Kontext zu besprechen. Der Leitfaden zum Entwerfen im aktuellen Holzbau im ersten Teil dieses Buches wird deshalb begleitet von einem kritischen Beispielteil.

Diese Sammlung ausgewählter aktueller Holzbauten soll das diskutierte Spektrum veranschaulichen. Anhand von 16 Holzarchitekturen wird die Vermittlung von Holztechnologie und Entwurf aufgezeigt, wobei der Entwurfsprozess mit zentralen Entscheidungen zur Konstruktion nachvollzogen wird. So kann das diskutierte Projekt jeweils, über den Status eines vorbildlichen Holzprojektes hinaus, anhand seiner Bedingungen und Eigenarten beurteilt und mit den eigenen Entwurfsdiskussionen in Zusammenhang gebracht werden. Für diesen kritischen Beispielteil zeichnen die Architektinnen und Architekten von AMJGS verantwortlich.

Claudia Escudero, Judith Gessler, Sandra König, Anja Meyer und Nikolas Wälli arbeiten als Architektengruppe unter dem Namen AMJGS in Zürich und Glarus. Ihr besonderes Interesse ist das Prozesshafte hinter dem Ergebnis, weshalb die Abhängigkeiten im Planungsprozess und die konkreten Bedingungen einzelner Phasen zentrale Aspekte ihrer Arbeit in ganz unterschiedlichen Massstäben darstellen. Dass für sie Planen und Bauen als vernetzte Aktivitäten zu verstehen sind, die gesellschaftlich vermittelt werden müssen, zeigt sich an ihrem Engagement in Gestaltungskommissionen, Vereinen und anderen Netzwerken.

ZEITGENÖSSISCHE HOLZ-ARCHITEKTUREN IM KONTEXT IHRER RAHMENBEDINGUNGEN

Der Beispielteil beleuchtet einzelne, grundlegende und besondere Aspekte des zeitgenössischen, industriell geprägten Holzbaus. Da Entwürfe immer in Kontexte eingewoben sind, befragt er die Architekten, ausführenden Ingenieure und Bauherren nach ihren Entwurfsentscheiden und den jeweiligen Rahmenbedingungen. Er ist ein Panorama verschiedener Varianten des Elementbaus im Kontext der Projekte. Er erläutert das jeweilige Projekt mit seinem konstruktiven Prinzip vor dem Hintergrund seiner Randbedingungen. Die Planungsgeschichte wird komprimiert abgebildet: Warum wurde diese konstruktive Variante gewählt, gab es dominante Randbedingungen oder besondere Situationen, gab es starke Veränderungen während der Planung → S. 172?

Der Planungsprozess mit seinen Projektphasen, wie sie bekannt sind, ist dabei, wie im gesamten Buch, Leitlinie. Die Art der Planung hat sich jedoch verändert. Vorgezogenes, Gleichzeitiges, Überlappendes prägen das Planen im heutigen Holzbau, nicht nur unter dem momentan allgegenwärtigen Begriff BIM → S. 99, wie es Katharina Lehmann und Hermann Kaufmann beschreiben → S. 47. Anhand der nachfolgenden Beispiele wird dies sichtbar. Die Beispiele illustrieren, in welchem Moment welche Experten beizuziehen, wann welche planerischen Weichen zu stellen sind. Sie ermöglichen das Erkennen von Schnittstellen zwischen den Disziplinen und zeigen, wann welche Planungsschritte Priorität haben, wie es Peter Makiol in seinem Text beschreibt → S. 77. Die Bedeutung des Holzbauingenieurs als früher Partner im Prozess ist dabei unbestritten → S. 41, → S. 47.

ABB. 1 Neubau für die Schweizerische Hochschule für Holzwirtschaft, Biel 1999, Marcel Meili, Markus Peter Architekten.

Holzbau heisst Systemdenken. Es geht in den Beispielen um das Spezifische, Typische der verschiedenen Systeme. Es finden sich daher viele Preisträger, publizierte Projekte und Büros, die sich auch in weiteren Projekten mit Holz befasst haben, unter den vorgestellten Bauten. Eine weiterführende individuelle Recherche zu den Projekten empfiehlt und lohnt sich.[1]

Es geht in dieser Beispielssammlung primär um die Konstruktion und ihre Planung, in der Konsequenz dann sekundär um Fassadenlösungen und Oberflächen. Wie konstruktive Logik und

Gebäudeausdruck Städte prägen können, beschreibt Mathias Heinz → S. 19. Die historische Sicht zeigt, wie sich die kulturellen Rahmenbedingungen für die Verwendung von Holz als Baumaterial unserer Städte über grosse Zeitspannen entwickelt haben. In der Schweiz haben sich die Bedingungen für das Erscheinungsbild von Holzbauten in den vergangenen Jahren überraschend schnell gewandelt. Am Beispiel Brandschutz und damit zusammenhängend der Verkleidung wird dies deutlich. So wären Gebäude, wie sie seit 2018 entstehen, 2010 noch nicht bewilligt worden.[2] Diese veränderten Rahmenbedingungen prägen den Ausdruck der Gebäude. Das Geschäfts- und Wohnhaus in der Badenerstrasse in Zürich (2010) → S. 152 von pool Architekten ist vor, die Wohnüberbauung Moos-Cham (2019) → S. 178 von Loeliger Strub Architektur und die Maiengasse in Basel (2018) von Esch Sintzel Architekten nach der Revision der Brandschutznorm entstanden.

ABB. 2 Wohnhaus Hebelstrasse, Basel 1990, Herzog & de Meuron, Basel.

ABB. 3 Aufstockung Wohnhaus, Kloten 2006, AMJGS Architektur. Die überspannenden Scheiben in Blockholzplatten ermöglichen einen Wechsel der Tragrichtung. Das oberste Geschoss wird als Dach interpretiert und materialisiert.

Es sind jedoch bei Weitem nicht nur rechtliche und technische Rahmenbedingungen, die genannt werden. Die Neugierde der Entwerfenden und der Ingenieure, die vertiefte Kenntnis der spezifischen Grundlagen und das stetige Aktualisieren von vorhandenem Wissen sind Grundbedingungen der Planenden, wie es Marianne Burkhalter und Christian Sumi fordern → S. 33.

Die Beispiele erzählen also keine Geschichte des Holzbaus. Dennoch gibt es Projekte, die für die Entwicklung des heutigen Holzbaus in der Schweiz richtungsweisend waren. Es gibt einige Persönlichkeiten, die mit ihrem Wirken Startpunkte des «neu gedachten» Holzbaues definiert haben. Etwa Konrad Wachsmann, als Chefarchitekt des auf Holzbauten spezialisierten Unternehmens Christoph & Unmack AG in Niesky (1926–1933) → S. 137, Paul Artaria mit seiner Publikation zu *Schweizer Holzhäusern*[3], Peter Zumthor mit dem Bau der Kapelle Sogn Benedetg in Sumvitg (1988), Herzog & de Meuron mit dem Wohnhaus Hebelstrasse in Basel (1990) und Marcel Meili, Markus Peter Architekten mit dem Neubau für die Schweizerische Hochschule für Holzwirtschaft in Biel (1999). Referenzen und Beispiele, aus anderen Kulturkreisen, die eine reiche Holzbaukultur pflegen, wie etwa Japan, bleiben unerwähnt, im Wissen, dass sie ebenso Einfluss hatten und haben.

Es sind zeitgenössische, gebaute Beispiele, die beschrieben werden. Dabei handelt es sich um gedämmte Bauwerke, in denen gewohnt oder gearbeitet wird, sodass keine ungedämmten Bauten, Ställe oder Pavillons erscheinen, auch wenn es durchaus spannende Beispiele gäbe. Die typologische Breite war dennoch Kriterium, ebenso wie der Kontext. Die Auswahl der Projekte reicht von der Übersetzung des Blockbaus beim Schulhaus in St. Peter → S. 150 bis zum Bau der Bergstation Chäserrugg → S. 176 auf knapp 3000 Meter Höhe. In ihrer Art, an ihrem Ort, mit dem gewählten Konstruktionssystem zeigen die Beispiele exemplarisch Aspekte des heutigen Bauens mit Holz → S. 131.

Weitere Abgrenzungen waren notwendig, um die Beispielhaftigkeit der Projekte in Bezug auf die konstruktive Logik und den Planungsablauf zu stärken. Gross und hoch waren folglich nicht entscheidend.[4]

Aufstockungen und Erweiterungen sind als Themen spannend, aber nicht so sehr im Konsequent-konstruktiven.[5] Oft führen die Rahmenbedingungen des Bestandes zu konstruktiven Kompromissen oder andere Aspekte als die konstruktive Logik nehmen Überhand.

Die Abgrenzung zum Ingenieurholzbau (Stichworte: Stabsysteme, Fachwerk, Knoten, «Hetzscher Träger», Brettschichtholz) ist ebenfalls mit keiner Wertung der Bauaufgabe verbunden. Perrondächer oder Brücken sind Bauwerke von grosser planerischer Komplexität, mit hohen ästhetischen Ansprüchen. In der Zusammenarbeit mit Ingenieuren entstehen neue, effiziente Holz-Holz-Fügungen und daraus Konstruktionsmethoden, welche neue geometrische Möglichkeiten eröffnen → S. 160.

ABB. 4 Wohnhaus Girod, Choëx 1988, Roland Gay.

Architektur in und mit Holz, welche weniger dem Konstruktiven als vielmehr dem Verkleidenden, Symbolischen, Bildhaften Wichtigkeit beimisst, ist ebenfalls nicht vertreten. So ist der Typus des Chalets, wohl der bekannteste Holzbautyp der Schweiz, nicht erwähnt. Das frei stehende, kleine Haus bietet nur im seltenen Fall Grund zu exemplarischer Konstruktionsweise. Dennoch wären viele in dieser Hinsicht unspektakulären Holzbauten durchaus erwähnenswert – gerade auch wegen ihrer «Normalität».

Abschliessend gibt es Themen, welche keinen oder zu wenig Platz fanden, obwohl sie – in die Zukunft geblickt – wichtiger werden könnten: die Systemtrennung (HLSK), das Wieder- und Weiterverwerten, die Verwendung von heimischem Laubholz → S. 154 und → S. 168.

Die Frage, warum und wie wir mit Holz bauen, liesse sich mit weiteren gelungenen Beispielen beantworten. Der Rohstoff Holz ändert sich nicht, wohl aber die Produkte, die die zeitgenössische Holzindustrie hervorbringt, und damit das Bauen mit Holz, unser Umgang mit dem Material. Der Beispielteil soll animieren, das Panorama des Holzbaus unter erweitertem Fokus zu betrachten. Wann ist welche Konstruktion für welche Bauaufgabe geeignet, wie hat der Einsatz verschiedener Technologien Sinn, in welcher Phase sind welche Entscheide richtungsweisend?

ABB. 5 Wohnüberbauung Maiengasse, Basel 2018, Esch Sintzel Architekten. Mit der Revision der Brandschutzvorschriften 2015 ändert sich der Ausdruck urbaner Holzarchitekturen.

---

1   Die Dokumentationen des Prix Lignum, ausgelobt von Lignum Holzwirtschaft Schweiz, zeigen weitere Projekte, https://prixlignum.ch (Stand 12.8.2020).
2   Seit dem 1.1.2015 gelten die Schweizerischen Brandschutzvorschriften BSV 2015 der Vereinigung Kantonaler Feuerversicherungen VKF. Holzbauten können seither in allen Gebäudekategorien und Nutzungen errichtet werden. Bei der Definition des Feuerwiderstandes wird eine Konstruktion mit brennbaren Anteilen den nicht brennbaren Bauteilen gleichgestellt. Die Anwendungsmöglichkeiten für das Bauen mit Holz sind durch diese Revision deutlich erweitert worden.
3   Paul Artaria, *Schweizer Holzhäuser*, Basel 1936.
4   In Winterthur-Neuhegi haben Weberbrunner Architekten mit Aoppelsa Architekten eine Arealüberbauung mit 307 Wohnungen realisiert. Es ist der bisher grösste Holzbau der Schweiz (Stand 2020). Untergeschoss und Erdgeschoss sind als Massivbau ausgeführt, die bis zu fünf Geschosse darüber als Holzbau. Siehe auch: https://weberbrunner.eu/project/wohnuberbauung-mit-gewerbeflachen-sue-til-winterthur-neuhegi/ (Stand 12.8.2020).
     Der bisher höchste Holzbau ist mit dem 80 Meter hohen Holzhochhaus Pi in Zug von Duplex Architekten in Planung (Stand 2020). Siehe: https://duplex-architekten.ch/de/projekte/holzhochhaus-pi/ (Stand 12.8.2020).
5   Konstruktiv, gestalterisch und gesellschaftlich. Die Auseinandersetzung, durchaus ein politisches Thema, wird von der Juso Basel-Stadt geführt: Arbeitsgruppe Stadtentwicklung, Juso Basel-Stadt, *Das Basler Dach. Ideen zur Verdichtung im Bestand*, Basel 2017.

SCHULPAVILLON ZÜRI-MODULAR, ZÜRICH

ZEITRAUM	1. GENERATION AB 1998, 2. GENERATION AB 2012, 18 MONATE VON BESTELLUNG BIS BEZUG, 5 MONATE BAUZEIT, ERSTER PAVILLON ALS DIREKTAUFTRAG
PROJEKTTRÄGER	STADT ZÜRICH, VERTRETEN DURCH IMMOBILIEN STADT ZÜRICH, AMT FÜR HOCHBAUTEN, STADT ZÜRICH
ARCHITEKTUR	BAUART ARCHITEKTEN UND PLANER, BERN, NEUCHÂTEL, ZÜRICH
BAUMANAGEMENT	HSSP MIT RSARCHITEKTUR, ZÜRICH (2013–2019), SEIT 2019 MML ARCHITEKTEN
INGENIEURWESEN	RUGGLI & PARTNER, BAUINGENIEURE & PLANER, ZÜRICH
WEITERE	STÖCKLIN UND PARTNER ELEKTROINGENIEURE, ZÜRICH
HOLZBAU (GU-LEISTUNGEN)	WEY MODULBAU, WOHLEN, SEIT 2013 BLUMER LEHMANN, GOSSAU
KONSTRUKTION	HOLZMODULBAUWEISE, ÜBERWIEGEND FICHTE, FASSADE LÄRCHE

● VORPROJEKT – EBENE DER LOGIK

Wird innerhalb kürzester Zeit auf engem Raum gebaut und sollen die Bauten temporär und transportfähig sein, dann ist der Holzmodulbau aufgrund seiner Möglichkeiten in der Vorfertigung und schnellen Montage prädestiniert.

In der Stadt Zürich nimmt der Bedarf an Schulraum seit den späten 1990er-Jahren kontinuierlich zu. Der Schulpavillon Züri-Modular entstand 1998 aus der Weiterentwicklung des für die Stadt Thun realisierten modularen Schulpavillons Modular-Thun. 1998 stellte die Stadt Zürich die ersten fünf Züri-Modular-Pavillons auf. Dass sich die Anzahl der gebauten Pavillons bis Ende 2020 auf 76 Gebäude erhöhen und der Pavillon so erfolgreich sein würde, war bei dessen Entwicklung noch nicht abzusehen.

Das Holzmodulbausystem besteht aus standardisierten Grundelementen und zusätzlichen Teilen wie Fundament, Dach und Treppe. Grundsätzlich sind die Module für den mehrmaligen Einsatz geplant und die Details dementsprechend ausgelegt. Dank der modularen Bauweise in Raumzellen kann der Züri-Modular-Pavillon demontiert, transportiert und an neue Standorte versetzt werden, um auf sich wandelnde Raumbedürfnisse und demografische Veränderungen zu reagieren. Bis 2020 gab es im Stadtgebiet 13 Standortverschiebungen und acht Aufstockungen von ursprünglich zweistöckigen Pavillons.

Ein dreigeschossiger Züri-Modular-Pavillon bietet auf circa 500 Quadratmetern Nutzfläche sechs gleichwertige, beidseitig belichtete Klassenräume, mehrere Gruppenräume sowie eine Nasszelle auf jedem Geschoss. Der vollwertige Schulraum lässt sich flexibel einsetzen: für Unterricht oder Betreuung mit Verpflegung und Aufenthalt, als Spielzimmer. Eine besondere Herausforderung liegt in der effizienten Projektabwicklung und Baulogistik, denn die Züri-Modular-Pavillons sollen möglichst rasch nach der Bestellung zur Verfügung stehen. Zwischen Bestellung und Bezug liegen nur 18 Monate (inklusive fünf Monaten Bauzeit).

● BAUPROJEKT – EBENE DES DETAILS

Die Module stehen auf Ortbetonfundamenten. Die tragenden Wände sind in Holzrahmenbauweise ausgeführt und mit Gipskarton verkleidet. Die Decken sind mit perforierten Akustikelementen versehen. Die Konstruktion bildet die Aspekte der Wiederverwendbarkeit ab, der Vorfertigungsgrad ist sehr hoch. Im Werk wird die Raumzelle soweit wie möglich ausgestattet. Dazu gehören Strom- und Sanitärinstallationen, fertig behandelte Decken- und Wandverkleidungen, Fenster, Türen, Heizkörper sowie Storen oder Beschattungssysteme. Auch die Fassadenbekleidung aus naturbelassenem Lärchenholz wird im Werk vorgefertigt. Die doppelte Kastendecke erfüllt die Schallschutzanforderungen, ein schwimmender Estrich ist nicht erforderlich. Bei Erstaufstellung wird der Bodenbelag vor Ort verlegt, bei einem Standortwechsel bleibt er im Modul. In der Regel sind alle Schulhäuser gleich ausgestattet, die Wahl des Ausbaustandards erfolgt durch die Stadt Zürich zu Beginn des Projekts.

Als Konstruktionsholz kommt Schweizer Holz zum Einsatz. Die Holzwerkstoffplatten stammen teils aus anderen Regionen. Wegen des Anteils von Formaldehyd wird nur ausgesuchtes Material verbaut.

● BEWILLIGUNG – EBENE DER VERBINDLICHKEIT

Die Produktionszeit eines Pavillons im Werk dauert im Schnitt vier Wochen, die Aufrichte zwei bis drei Tage und die Fertigstellung und Inbetriebnahme vor Ort rund vier Wochen. Galt das Schulprovisorium anfangs als Notlösung, ist das bewährte Raumzellen-System heute als temporärer Schulraum fester Bestandteil der Schulraumplanung der Stadt Zürich. Die durch die Pavillons zur Verfügung gestellte Fläche deckt rund fünf Prozent der gesamten Schulfläche in der Stadt Zürich ab. Die Aufträge für die standortbezogenen Architekturleistungen und für den Holzbau erfolgen über Rahmenverträge.

● AUSFÜHRUNG – EBENE DER MACHBARKEIT

Die Kosten für einen dreigeschossigen Züri-Modular-Pavillon betragen circa 3,2 Millionen Schweizer Franken und variieren je nach Standort und Ausstattung. Er ist für eine Standzeit von 20 bis 25 Jahren ausgelegt, vermutlich hält er deutlich länger.

Auf lange Sicht rechneten sich Provisorien bisher nicht, auch wenn sich die Preissituation heute weitestgehend dem Niveau eines «Nicht-Modulbaus» angepasst hat. Dies ist der zunehmenden Automatisierung in der Produktion geschuldet. Sie sind jedoch schneller verfügbar.

Auf gesellschaftlicher Ebene kann der Pavillon das Schulhaus als öffentlichem Kristallisationspunkt in städtischen Quartieren nicht ersetzen. Die Realisierung eines neuen Schulhauses dauert von der strategischen Planung über die Phasen Wettbewerb, Projektierung, Genehmigung, Ausschreibung und Realisierung etwa acht bis zehn Jahre. Der Neubau ist dann unter Umständen bereits zu klein. Wachsende Geburtenraten, der Zuzug von Familien und die anhaltende Bautätigkeit lassen den Bedarf an Schulraum in Zürich weiter steigen. Der Schulpavillon wird dem Stadtbild also weiterhin erhalten bleiben und steht dann vielleicht irgendwann wie seine würdigen Vorgänger unter Denkmalschutz.

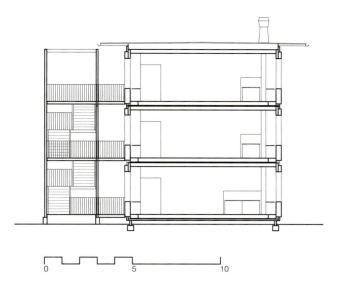

ABB. 1 Züri-Modular-Pavillon, 2. Generation, seit 2012. Die zweite Generation bietet zehn Prozent mehr Fläche und entspricht Minergie-Eco. Die Module der zweiten Generation können um bis zu drei Geschosse aufgestockt werden.

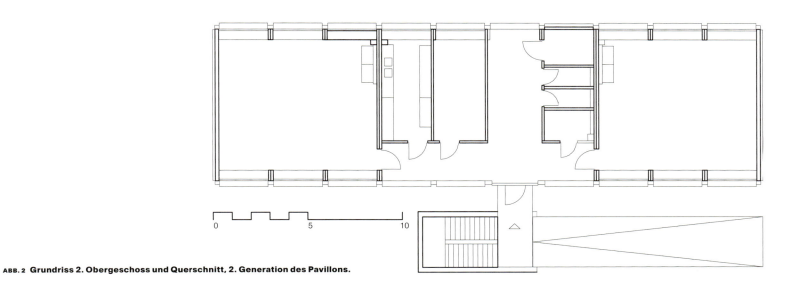

ABB. 2 Grundriss 2. Obergeschoss und Querschnitt, 2. Generation des Pavillons.

ABB. 3–5 Flexibles Modulsystem: Aufstockung des zwanzigjährigen Pavillons Friesenberg im Sommer 2019.

ABB. 6 Züri-Modular-Pavillon, 1. Generation.

ABB. 7 Bis auf Bodenbelag, Anstrich und Möblierung sind die Module im Werk vorfabriziert.

SCHULHAUS ST. PETER, ST. PETER

ZEITRAUM	WETTBEWERB 1994, PROJEKT 1994–1997
AUSFÜHRUNG	1997–1998
PROJEKTTRÄGER	GEMEINDE ST. PETER
ARCHITEKTUR	CONRADIN CLAVUOT, CHUR
INGENIEURWESEN	CONZETT BRONZINI PARTNER, CHUR
HOLZBAU	ARBEITSGEMEINSCHAFT PROJER HOLZBAU, T. MAISSEN HOLZBAU, H. JÄGER HOLZBAU, SPESCHA
KONSTRUKTION	SCHULHAUS UND MEHRZWECKHALLE MIT INNENLIEGENDER STRICKBAUKONSTRUKTION UND
	VORGESPANNTEN MASSIVHOLZBINDERN, FICHTE / LÄRCHE

● **VORPROJEKT – EBENE DER LOGIK**

Traditionelle Methoden modern um-zusetzen, verlangt ein Verständnis der richtungsabhängigen Materialeigen-schaften von Holz und der Toleranzen im Holzbau.

Der massive Holzbalken ist das Ur-Bauteil des Fügens im Holzbau. Traditionellerweise werden die Balken zu ungedämmten Konstruk-tionen «gestrickt» und nach Anforderung an die Nutzung von innen oder auch von aussen gedämmt und verkleidet.

Der Bau des Schulhauses St. Peter zeigt die Umkehrung des Prinzips der innenliegenden Verkleidung, ohne jedoch auf den äus-seren Ausdruck des Strickbaus zu verzichten. Das Zusammenbrin-gen der inneren Logik der liegenden massiven Balken und der äus-seren stehenden Konstruktion, welche die Bretterschalung und die starren Teile der Fenster- und Türrahmen aufnimmt, erfordert be-wegliche Setzungsfugen und Verbindungen. Geplant wird mit dem Ur-Mass im Holzbau, der Dimension des liegenden Balkens. Im al-pinen Raum sind dies etwa fünf Meter, denn Gebirgsbäume wach-sen weniger hoch und weniger gerade als diejenigen in Flachzonen.

Alle Details müssen auf dieses Mass abgestimmt, die natür-lichen Schwundprozesse mitgedacht werden. Die geplanten Diffe-renzen zwischen der inneren Balkenlage, auf welcher die Dachlas-ten ruhen und der äusseren Verkleidung mit ihrer starren stehenden Konstruktion ist heute, zwanzig Jahren nach Erstellung, deutlich re-duziert. Bestehend ist eine Pufferzone, die für die Aufnahme saiso-naler Schneelasten auch verbleiben muss.

● **BAUPROJEKT – EBENE DES DETAILS**

Im Gebäudeinneren tritt die Primärkonstruktion unverkleidet zuta-ge. Der monolithische Ausdruck der Räume verrät nichts von der Komplexität des Fassadenaufbaus. Der Strick als innere Tragschicht des Gebäudes wird aus 11,5 × 20 Zentimeter starken gehobelten Fichtenbalken gebildet, welche zu riesigen Wänden bis 7,50 Meter Höhe und 35 Meter Länge aufeinandergeschichtet werden. Für den weiteren Schichtaufbau spielt die Eigenschaft des Schwindens des Holzes bei dieser Tragschicht eine zentrale Rolle. Holz schrumpft vor allem in Querrichtung zum Lauf der Jahresringe, das Schwinden in Längsrichtung kann vernachlässigt werden. Ein Blockbau setzt sich in den ersten Jahren pro Geschoss um etwa zehn Zentimeter. Genauer gesagt: wenn man das Holz mit zwölf Prozent Volumen-feuchtigkeit einbaut (was allgemein gefordert ist), dann verliert es auf einen Meter Höhe drei Zentimeter. Dieses Setzmass muss von der gesamten Konstruktion aufgenommen werden und ist daher in den Aufbau einzurechnen. Die durch das Schwindmass bedingte Bewegung des Holzes würde im vorliegenden Fall zu Ausbauchun-gen der schlanken hohen Wände und letztlich zu deren Einknicken führen. Um dem entgegenzuwirken, sind auf der Aussenseite der Strickwand sogenannte Setzpfosten montiert. Die Befestigung der liegenden Holzbalken an den Setzpfosten erfolgt mittels Schwal-benschwanzprofilen, so können sich die liegenden Strickbalken entlang der Setzpfosten nach unten bewegen. Die hohen Strick-wände erhalten ein Stützkorsett, um ihrer tragenden Funktion ge-recht zu werden.

Die übrigen Wandelemente wie Wärmedämmung, Fenster, Türen und äussere Verkleidung sind an den Setzpfosten befestigt, die ein in sich starres System bilden. Die Wandkonstruktion ist so-mit zweigeteilt in ein bewegliches und in ein unbewegliches Sys-tem. In Clavuots Ensemble in St. Peter sind diese Bewegungszonen als sichtbare Fugen ausgebildet: Lebendigkeit und Bewegung des Baumaterials Holz werden somit über eine konstruktive Massnahme messbar und ästhetisch wirksam.

● **BEWILLIGUNG – EBENE DER VERBINDLICHKEIT**

Die Entscheidung für den Strickbau erfolgte im Planungsverlauf nach einem Kostenvergleich mit anderen Holzsystemen. Der «Strick» war zwar fünf Prozent teurer, aber der Unterhalt in den Jahren ist gleich null. Damit war der Strickbau im Vergleich günstiger. Dies hat sich heute bestätigt. Zudem altern die Holzoberflächen schöner als Bret-terverschalungen. Mit dem Neubau des Schulhauses wurde eine lo-kale Bautradition fortgeschrieben und weitergedacht.

ABB. 1 Alle Details im Gebäudeinnern sind auf das Mass der Balken abgestimmt. Bei den Fensterstürzen wird das Setzen der Balken, und damit des gesamten Raumes, gegenüber den starren Fenster-einfassungen nachvollziehbar. Im Laufe der Zeit schliessen sich die dafür vorgesehenen Fugen kontinuierlich.

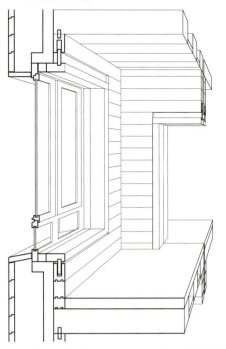

ABB. 2 Isometrie Fassadenkonstruktion und Schichtenaufbau.

ABB. 3 Bei den Trennwänden werden zuerst die Türrahmen versetzt. Die Verbindung zwischen Tür und Strickwand erfolgt mit Nut und Kamm.

ABB. 4 Die riesigen Öffnungen der Mehrzweckhalle sowie die hinterlüftete Fassade sind ungewohnte Elemente im Blockbau.

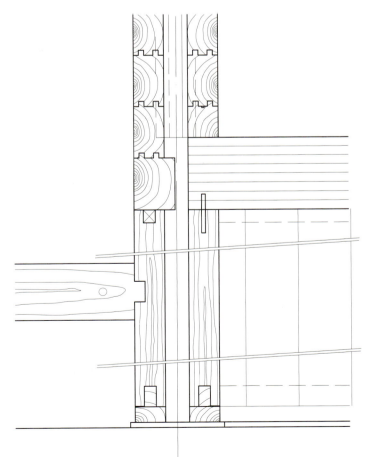

ABB. 5 Detail Strickwand.

ABB. 6 Die Bretterhülle aus gehobelten Lärchen-brettern ist an der Gebäu-deecke überblattet.

ABB. 7 Horizontale Aussparungen im betonierten Sockel sowie offene Fugen zwischen Fensterbank und Verkleidung gewährleisten eine kontinuierliche Luftzirkulation in der Fassade.

NEUBAU WOHN- UND GESCHÄFTS-HAUS BADENERSTRASSE, ZÜRICH

ZEITRAUM	WETTBEWERB 2006, AUSFÜHRUNG 2008–2010
PROJEKTTRÄGER	BAUGENOSSENSCHAFT ZURLINDEN (BGZ), ZÜRICH
ARCHITEKTUR	POOL ARCHITEKTEN, ZÜRICH
HOLZBAUINGENIEURWESEN	SJB KEMPTER FITZE, HERISAU
WEITERE	BAUINGENIEUR: HENAUER GUGLER, ZÜRICH
	BRANDSCHUTZINGENIEUR: MAKIOL WIEDERKEHR, BEINWIL AM SEE
	NACHHALTIGKEIT: H.R. PREISIG, ZÜRICH
HOLZBAU	ZIMMEREIGENOSSENSCHAFT ZÜRICH UND JÄGGI HAFTER HOLZBAU, REGENSDORF
KONSTRUKTION	HYBRIDBAUWEISE: SOCKEL UND TREPPENTÜRME ORTBETON, DAZWISCHEN SECHS HÄUSER IN HOLZMASSIVBAUWEISE,
	INNEN- UND AUSSENWÄNDE MIT TOP-WALL-SYSTEM

VORPROJEKT – EBENE DER LOGIK

Während des Vorprojekts wurde von Massiv- auf Holzbauweise umgestellt, um die Vorgaben der 2000-Watt-Gesellschaft zu erreichen. Das verwendete Top-Wall-System ermöglicht eine einfache und schnelle Montage auf der Baustelle.

Die Vorgabe, als erstes Gebäude der Schweiz nach den Zielen der 2000-Watt-Gesellschaft zu bauen, wurde bereits im Wettbewerb definiert, welcher vom Amt für Hochbauten der Stadt Zürich im Auftrag der Baugenossenschaft Zurlinden durchgeführt wurde. Der Wettbewerbsbeitrag sah vor, auf einem Sockel, der die Flächen für den Supermarkt aufnimmt, sechs einzelne Wohnhäuser zu errichten. Diese sind gegeneinander vorschoben und lösen so den Lärmschutzes und die Belichtung für die eher kleinen Wohnungen auf der tiefen Parzelle an der stark befahrenen Badenerstrasse. Die resultierende grosse Fassadenabwicklung musste ausgeglichen werden, um das Energielabel zu erreichen, deshalb erfolgte der Wechsel von Massiv- auf Holzbau.

Die Baugenossenschaft Zurlinden (BGZ) versteht sich als Vorreiterin im zukunftsorientierten Wohnungsbau und probiert an ihren eigenen Projekten gerne neue Systeme aus. So bot sich die Möglichkeit, das vom Präsidenten der Genossenschaft, Urs Frei, mit dem Holzbauingenieur Hermann Blumer entwickelte Top-Wall-System einzusetzen. Die Vorgabe der Bauherrschaft war es, dass ein Zimmermann den Wohnbau errichten kann. Das heisst, die Elemente des Systems werden nicht im Werk gefertigt, sie gelangen direkt vom Sägewerk auf die Baustelle. Die Wertschöpfung liegt damit bei der Zimmerei. Das Prinzip ist einfach: Aus Fichtenstämmen werden Holzbohlen von 10 × 20 Zentimetern herausgesägt, die mittels Zapfen in hölzerne Basisschwellen gesteckt und mit einem Deckenstirnriegel abgeschlossen werden. Die zehn Zentimeter dünne, hochfeste und tragende Wand aus Massivholz wird innen und aussen gedämmt und verkleidet. Ritzen zwischen den Bohlen sind nur im Rohbau sichtbar. Deshalb kann minderwertiges Holz mit Ästen und Rissen verwendet werden, dürfen sich die Elemente bewegen und verwerfen.

Öffnungen entstehen durch das Weglassen einzelner Bohlen, Aussparungen für Durchdringungen werden vorgefertigt. Die haustechnischen Installationen sind vom Rohbau getrennt, was spätere Umnutzungen ermöglicht. Die geringen Spannweiten ermöglichten den Einsatz reiner Holzdecken. Diese liegen auf den massiven Holzwänden auf und bestehen aus Holzhohlkastenelementen mit einer schweren Schüttung für den Schallschutz, auf denen ein schwimmender Unterlagsboden schallgetrennt aufliegt.

BAUPROJEKT – EBENE DES DETAILS

Das Top-Wall-System kann ohne Kran schneller also als ein konventioneller Massivbau aufgestellt werden. Auch trägt das stehende Massivholz deutlich besser als eine Mauerwerkswand. Die Holzbalken sind unbehandelt und auf zwölf Prozent Restfeuchte getrocknet, was die Dauerhaftigkeit der Konstruktion gewährleistet. Es gibt keine sichtbaren Holzbaudetails, der Innenausbau ist mit Gipskarton und Faserzement sowie von aussen mit einer vorgehängten Schale aus Glasfaserbeton gelöst, sodass man die Holzkonstruktion dem Gebäude an keinem Ort ansieht.

Das Gebäude wurde vor der Revision der Brandschutzvorschriften 2015 erstellt. Aus Gründen des Brandschutzes musste die Konstruktion daher gekapselt werden. Teile der Isolation sind nach innen genommen, sodass die vorgehängte Fassade schlanker ausgeführt werden konnte (Isolation innen acht Zentimeter, aussen 16 Zentimeter).

BEWILLIGUNG – EBENE DER VERBINDLICHKEIT

Um die Vorgaben des Labels 2000-Watt-Gesellschaft nach dem «SIA-Effizienzpfad Energie» einzuhalten, wurde das Projekt während aller Phasen von einem Energie-Qualitätsmanagement begleitet. Auch galt es, ein Brandschutzkonzept zu entwickeln, welches von den Behörden akzeptiert wurde. Dies ist nach wie vor eine Schwierigkeit, obwohl Holz sehr lange hundert Prozent trägt, bevor es – im Gegensatz zu Stahl – vorhersehbar einbricht.

AUSFÜHRUNG – EBENE DER MACHBARKEIT

Das Top-Wall-System in Kombination mit der Holzkastendecke erfordert im Gegensatz zur herkömmlichen Massivbauweise keine langen Austrocknungszeiten für Mörtel und Beton. Somit wurden insgesamt etwa drei Monate an Bauzeit eingespart, was die höheren Kosten des Massivholzsystems im Vergleich zu einem Mauerwerksbau ausgeglichen hat. Das System erfordert eine genauere Planung, ermöglicht aber auch eine sehr massgenaue Ausführung, welche dem Innenausbau zugutekommt.

Durch seine Steckverbindung ist es einfach rückbaubar und kann am Ende der Lebensdauer des Gebäudes weiterverwendet werden. Das Bauholz enthält keine Lösungsmittel und kein Metall.

ABB. 1 Aussenansicht.

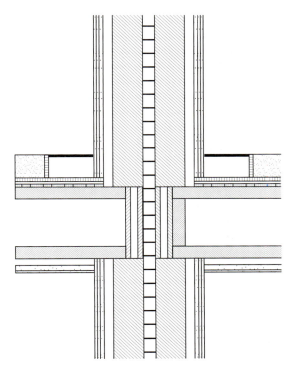

ABB. 2 Top-Wall-System im Bau.   **ABB. 3** Installationswand.

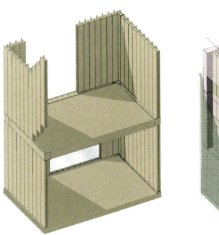

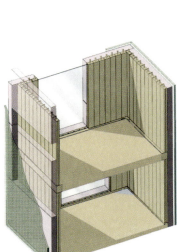

ABB. 4 Das Top-Wall-System, rechts mit Fassadenbekleidung. Hermann Blumer und Urs Frei entwickelten ein System, bei dem die Wertschöpfung beim Zimmermann liegt.

ABB. 5 Die Leitungen sind wie im Bürobau in Boden-kanälen geführt.

ABB. 6–8 Montage Top-Wall-System.

ERSATZNEUBAU FERIENHEIM BÜTTENHARDT, BÜTTENHARDT

ZEITRAUM	DIREKTAUFTRAG, 2007–2010
PROJEKTTRÄGER	BEAT MADER, BÜTTENHARDT
ARCHITEKTUR	BERNATH+WIDMER ARCHITEKTEN, ZÜRICH
INGENIEURWESEN	HERMANN BLUMER, CRÉATION HOLZ, HERISAU, SJB.KEMPTER.FITZE, FRAUENFELD,
WEITERE	HAUSTECHNIK: SCHERRER HAUSTECHNIK
HOLZBAU	BRÄDÄX BLOCKBAUZIMMEREI, APPENZELL
	BERGAUER HOLZBAU, BÜTTENHARDT
KONSTRUKTION	MEHRHEITLICH LAUBHOLZ, EICHE, FÖHRE, BUCHE, TANNE, ÜBERWIEGEND HEIMISCHES HOLZ

VORPROJEKT – EBENE DER LOGIK

Welche Möglichkeiten bietet Laubholz als Konstruktionsholz? Durch die Kernbohrung der verwendeten Stämme können diese als Balken zugeschnitten werden.

Ein Bauernhof in der Ostschweiz: Jugendliche helfen hier bei der Feldarbeit und Pferdepflege und festigen dabei ihr Sozialverhalten. Sie halfen auch beim Bau ihres eigenen Wohnhauses.

Die Vorgabe, dass mit dem hofeigenen Mischholz, das bis anhin verfeuert wurde, gearbeitet wird, nahmen die Architekten zum Anlass, den Bohlenständerbau, eine in der Region verankerte traditionelle Bauweise, als Holzbausystem zu wählen. So lassen sich die verschiedenen Holzarten kombinieren und entsprechend ihrer spezifischen Eigenschaften einsetzen. Das Arbeiten mit eigenem Holz erfordert eine lange Vorbereitungszeit, die entsprechenden Lagerungsflächen, Verarbeitungswerkzeuge und Fachkompetenzen.

Die gefällten Stämme wurden vor Ort mit einer mobilen Säge vorkonfektioniert und mit einer Bohreinrichtung vom Kern befreit. Der Baumstamm musste also nicht aufgesägt werden, und auch bei geringeren Stammdurchmessern konnte so ein Balken zugeschnitten werden. Auf diese Weise gewann man hochwertiges Bauholz aus Rundholz, das sonst lediglich zu Brenn- oder Industrieholz getaugt hätte. Die Kernbohrung erschliesst eine Reihe leistungsfähiger Lösungen für Verbundelemente. Durch die gebohrten Balken können beispielsweise Zugstangen eingezogen werden. Die Balken für den Neubau lagerten anschliessend rund ein Jahr auf einem nahe gelegenen Areal. Durch die Kernbohrung trocknet das frische Holz deutlich schneller; die Balken weisen weniger Schwundrisse und geringere der für das Laubholz typischen Verwindungen auf. Unter Zuschaltung einer zwei Wochen dauernden Vakuumtrocknung war das Bauholz nach einem Jahr einsetzbar. Der Abbund erfolgte in der Halle, auf der Baustelle wurden fertige Elemente versetzt.

BAUPROJEKT – EBENE DES DETAILS

Der Neubau ist ein an heutige Anforderungen angepasster Bohlenständerbau wie er vom 17. bis 19. Jahrhundert in der Region verbreitet war. Der Bohlenständerbau ist, wie der Blockbau, eine massive Holzkonstruktion mit einfachem Wandaufbau, der ohne hinterlüftete Fassade auskommt. Er hat die gleichen bauphysikalischen Eigenschaften, aber dank der Stützen und der Gliederung in Primär- und Sekundärstruktur ergeben sich keine Setzungen, die beim Blockbau zu aufwendigen Details führen.

Das gesamte äussere Tragwerk (Ständerbau) wurde aus Eiche (20 × 20 Zentimter) erstellt und mit Föhrenbohlen (Bohlendicke 8 bis 14 Zentimter) ausgefacht. Für die inneren sichtbaren Deckenbalken und Schiebeböden wurde vorwiegend Buche eingesetzt. Innere Wandausfachungen bestehen aus gipsgebundenen Holzwerkstoffplatten.

BEWILLIGUNG – EBENE DER VERBINDLICHKEIT

Die Anforderungen an Schall- und Brandschutz waren vor allem bei der Decke über dem am Wochenende betriebenen Restaurant erhöht. Präzise Berechnungen konnten nicht gemacht werden, da die Konstruktion ohne Vorbild ist. Erfahrungswerte lieferte jedoch der beteiligte Holzbauingenieur Hermann Blumer, der das Bauen mit Laubholz seit Jahrzehnten unterstützt. Die Anschlussdetails besprach der ausführende Zimmermann mit der Baupolizei.

Der höhere Brandwiderstand des Hartholzes machte den Brandschutz einfacher und ermöglichte sichtbare Balken und dazwischen liegende Schiebeböden aus Buche im Restaurantraum. Dort ergänzen eine relativ schwere Dämmschüttung (Dämmpellets mit $500 \, kg/m^3$) und eine Bodenplatte aus Gipsfaser die Trennung zu den darüber liegenden Schlafräumen.

AUSFÜHRUNG – EBENE DER MACHBARKEIT

Anhand einer Rundholzliste, die nach einer vernachlässigten Waldpflege und Ausdünnung des Baumbestandes angefertigt wurde, planten die Architekten mit dem zur Verfügung stehenden Holz die Bohlenständerbaukonstruktion des Gebäudes. Aus der maximalen Bohrlänge von 2,6 Metern ermittelten sie das Achsmass von 5,2 Metern, die vorhandenen Holzsorten setzten sie ihren Eigenschaften entsprechend ein: Eiche für das äussere Rahmenwerk des Ständerbaus, Föhre für die dicken Bohlen der Ausfachung, Buche im Inneren.

ABB. 1 Stimmung und Ausdruck des Laubholzes in der Laube der Besenbeiz.

ABB. 2, 3 Das Bauholz wurde im eigenen Wald gewonnen und in der Nähe des Bauplatzes zwischengelagert.

ABB. 5 Das entkerne Holz trocknet gleichmässig und rasch.

ABB. 4 Die Stämme wurden vor Ort gesägt und mit einer Kernbohrung versehen.

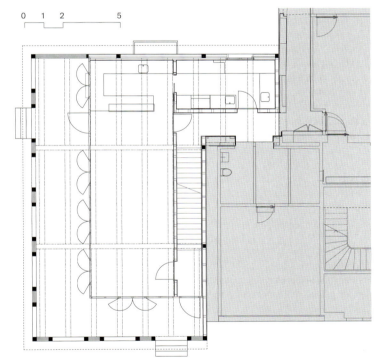

ABB. 7 Grundriss Erdgeschoss mit Laube.

ABB. 6 Versetzen der Elemente.

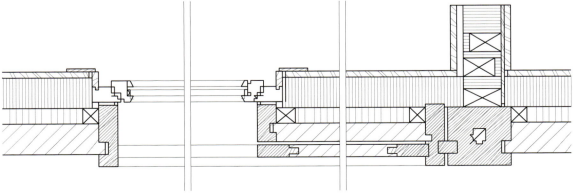

ABB. 8 Horizontalschnitt.

WOHNHAUS HAUS K., ALPNACH

ZEITRAUM	DIREKTAUFTRAG, REALISIERUNG 2015–2018
PROJEKTTRÄGER	PRIVAT
ARCHITEKTUR	SEILER LINHART ARCHITEKTEN, LUZERN UND SARNEN
INGENIEURWESEN	KÜNG HOLZBAU, ALPNACH
WEITERE	KUNST: ORNAMENTE VON RENÉ ODERMATT, LUZERN
HOLZBAU	KÜNG HOLZBAU, ALPNACH
KONSTRUKTION	HOLZPUR, NATURBELASSENES KONSTRUKTIONSHOLZ FICHTE/ TANNE 281,5 M³; BEKLEIDUNG 15,5 M³ IN FICHTE/ TANNE

● VORPROJEKT – EBENE DER LOGIK

Konstruktiver Holzbau ohne weitere Materialien: Holz hält, dämmt, schützt, speichert, lässt durch, verzahnt sich – macht eigentlich alles, was eine Gebäudehülle leisten muss.

Beim Wohnhaus in Alpnach geht es nicht um das Ausreizen technischer Möglichkeiten im System – auf Leim, Metall und chemische Baustoffe wird weitgehend verzichtet –, sondern um das Ausloten der Möglichkeiten im materialgerechten Holzbau mit CNC-gesteuerter Fertigung. Holzbauer und Architekten haben eng zusammengearbeitet. Der sorgfältige und unaufgeregte Umgang mit Typologie und Materialität, der lokale Bezug, der entsteht, zeichnen das Gebäude aus.

Im geneigten Terrain erhebt sich über einem Betonsockel das dreigeschossige Wohnhaus mit weit auskragendem Satteldach. Der Bau wurde mit dem firmeneigenen Vollholzsystem des Holzbauers aus lokalen Weisstannen und Fichten erstellt. Das Holz wird im Dezember und Januar geschlagen, dann enthalten die Bäume am wenigsten Saft, sowohl Pilze als auch Schädlinge halten sich fern. Durch langes Ruhenlassen wird das Holz noch trockener. Das ermöglicht eine präzise Verarbeitung. Speziell das Mondholz, so der Holzbauer, das um Weihnachten kurz vor Neumond geschlagen wird, ist besonders hart, stabil, haltbar und resistent.

Die Herstellung des Vollholzsystems erfolgte in einer 40 × 80 Meter grossen Werkhalle mit modernsten Maschinen. Die 54 Meter lange, mit drei Portalen und 26 Achsen gesteuerte Produktionsanlage wird für die Vorfabrikation genutzt. Greifer schichten die verschieden langen Bretter kreuzweise auf den Produktionstisch, grössere Öffnungen wie Türen und Fenster werden ausgespart. Im CNC-gesteuerten Dübelportal werden bei den Kreuzungspunkten der Bretterlagen die Dübellöcher gebohrt und Dübel aus Buchenholz präzise eingepresst. Das Bearbeitungscenter fräst die Konturen, bohrt die Steckdosen, kehlt die Verbindungsnuten und kalibriert die Elemente. Die so entstehenden Gitterträger sind äusserst steif, wie im Schiffs- und Brückenbau üblich. Die Schnittstelle zwischen traditionellem Holzbau und industrieller Produktion ist beachtenswert, da die Herstellung der Holzelemente und das Zusammensetzen in einer Hand liegen und der Holzbauer so nicht nur die gesamte Wertschöpfungskette abbildet, sondern mit der Bündelung der Kompetenzen auch individuellen Gestaltungsspielraum schafft.

● BAUPROJEKT – EBENE DES DETAILS

Sämtliche Aussen- und Innenwände sowie das Dach bestehen aus unbehandelten, unbekleideten Fichten- und Weisstannenvollholzelementen von 43 respektive 15 Zentimetern Dicke ohne zusätzliche Dämmmaterialien. Die Geschossdecken sind als massive Brettstapeldecken ausgebildet und durch eine aufgeschobene Leiste aus Weisstanne veredelt. Übergänge von beheizt zu unbeheizt sind so ohne Entkoppelung machbar. In Fragen der Wärmespeicherung, der Abschirmung von Elektrosmog sowie im Schall- und Brandschutz ist dieses System einem konventionellen Holzbau überlegen. Der Innenausbau erfolgt ebenfalls mit natürlichen lokal verfügbaren Baustoffen. Der Stampflehm für den Erschliessungskern stammt aus der eigenen Baugrube. Geheizt wird über einen Stückholzofen.

● BEWILLIGUNG – EBENE DER VERBINDLICHKEIT

Das verarbeitete Holz stammt hauptsächlich aus dem Kanton Obwalden aus Hochwäldern mit Plenterbetrieb: Nur die grossen und kräftigen Bäume werden ausgewählt. Der Jungwuchs erhält Licht und Platz, das Ökosystem Wald soll sich entfalten können. Förster ernten und verlesen die Bäume, lokale Transporter führen die Stämme, Zentralschweizer Sägereien schneiden sie nach Mass ein, trocknen die Hölzer und bringen sie in den Produktionsbetrieb. Im Vergleich zur konventionellen Holzwirtschaft wird mit diesen kurzen Wegen die Hälfte an grauer Energie verbraucht.

Und: Sollte das Haus dereinst abgerissen werden, entsteht kein problematischer Sondermüll, sondern einfach Brennholz.

● AUSFÜHRUNG – EBENE DER MACHBARKEIT

Der Holzbauer Stephan Küng sagt: «Ich habe mir das Wissen über Holz aus vielen Gesprächen mit der älteren Generation angeeignet und versuche, die Erkenntnisse nicht nur in unserem Betrieb, sondern auch den Architekten und Bauherren weiterzugeben. Fundiertes Wissen über Holz ist entscheidend. Heute legt man den Fokus auf technische Eigenschaften: Das ist eine Fichte, das eine Buche – Fichte eignet sich eher für dieses, Buche für jenes. So einfach ist es aber nicht. Beispielsweise fehlt bei rotem Eichenholz die Gerbsäure, womit auch die Färbung auf Sichtbeton entfällt – ganz entgegen einer normalen Eiche. Eiche ist also nicht gleich Eiche – leider wissen dies nur noch wenige.»

ABB. 2 Der Dachüberstand und die tiefen Lauben schützen die Fassade vor der Witterung.

ABB. 3 Die von René Odermatt entworfenen Schnitzornamente auf den Verkleidungen der Zugläden sind CNC-gefräst.

ABB. 1 Das weit auskragende Satteldach, Reihenfenster mit hölzernen Zugläden und die ausgeprägten Lauben verweisen auf bäuerliche Vorbilder.

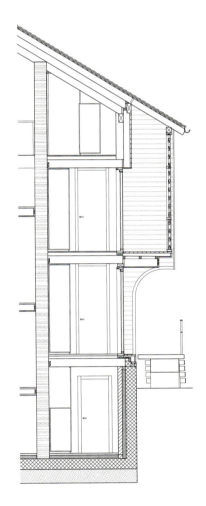

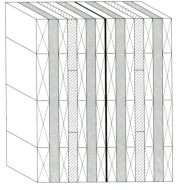

ABB. 4 Konstruktionsschnitt und Ansicht.

ABB. 5 Detailschnitt Holzpur: Gitterträger aus Fichte und Weisstanne, kreuzweise geschichtet. An den Kreuzungspunkten verbundene Lagen. Holzart und Oberfläche der Innenseite sind wählbar.

ABB. 6 Im Dübelportal werden die Brettstapel gebohrt und durch eingepresste Buchendübel verbunden.

MUSEUMSDEPOT SCHWARZENBURG, SCHWARZENBURG

ZEITRAUM   STUDIENAUFTRAG 2010, REALISIERUNG 2012, BEZUG 1. ETAPPE JUNI 2012, BEZUG 2. ETAPPE AUGUST 2014
PROJEKTTRÄGER   SCHWEIZERISCHE STIFTUNG FÜR DIE GESCHICHTE DER POST UND TELEKOMMUNIKATION, BERN
ARCHITEKTUR   ARCHITEKTURBÜRO PATRICK THURSTON, BERN; CYRILL PFENNINGER (PROJEKTLEITER)
INGENIEURWESEN   INDERMÜHLE BAUINGENIEURE, THUN
WEITERE   WALDHAUSER + HERMANN, ENERGIE UND HAUSTECHNIK INGENIEURE, MÜNCHENSTEIN
HOLZBAU   REMUND HOLZBAU, SCHWARZENBURG
KONSTRUKTION   HOLZTRAGWERK AUSSEN MIT STÜTZEN UND FACHWERKTRÄGERN, BLECHVERKLEIDUNG MIT BRISE-SOLEIL-FUNKTION,
                  DEPOT ALS ISOLIERTE KISTE OHNE ÖFFNUNGEN, KLIMAREGULIERENDE BAUWEISE

● VORPROJEKT – EBENE DER LOGIK

Das Museum für Kommunikation in Bern betreibt im ehemaligen Kurzwellensender Schwarzenburg sein zentrales Museumsdepot. Für die fachgerechte Lagerung seiner Sammlungsstücke hat das Museum 2013 einen Studienauftrag zur Sanierung und Erweiterung der alten Senderanlage durchgeführt. Ziel war die Zentralisierung aller Sammlungsobjekte (über 100 000) an einem Ort mit genügend Raum für deren Lagerung, sodass die historischen Kutschen, Postautos und andere Objekte der Schweizerischen Stiftung für die Geschichte der Post und Telekommunikation langfristig sicher vor äusseren Einflüssen bei dauerhaft stabilem Klima geschützt sind. Die Erweiterung sollte dabei möglichst autark funktionieren. Das Projekt von Patrick Thurston überzeugte einerseits durch den gezielten Einsatz von passiven Massnahmen zur Klimaregulierung, was den Verzicht auf teure Technik ermöglichte, und anderseits durch seine Einpassung in die ländliche Umgebung.

● BAUPROJEKT – EBENE DES DETAILS

Mit passiven Mitteln aktiv das Klima regulieren – beim Museumsdepot liegt das Tragwerk ausserhalb der thermischen Hülle und ist Teil des passiven Witterungs- und Klimaschutzes.

Das Museumsdepot liegt inmitten einer von Hügeln umgebenen Ebene, in der ein spezielles Mikroklima herrscht. In der sogenannten «Ausschüttungszone» gibt es starke Regen- und Schneefälle, viel Wind, aber auch extreme Hitze im Sommer. Der im Erweiterungsbau untergebrachte Teil der Sammlung umfasst rund 75 historische Fahrzeuge, welche empfindlich auf zu grosse Temperatur- und Feuchtigkeitsschwankungen und auf Staubentwicklung reagieren. Um die konservatorischen Anforderungen bezüglich Raumklima zu erfüllen, spielen alle Elemente zusammen: die Positionierung der Erweiterung (Nutzung von Schattenwurf und Windströmungen), die eine natürliche Kühlung ermöglicht, die Ausgestaltung der Gebäudehülle, die feuchte- und temperaturausgleichend wirkt. Die Halle ist als blechverkleidete Holzarchitektur konzipiert, die in der ländlichen Umgebung auf den ersten Blick an einen grossen Stall erinnert.

Das klimatisch kontrollierte Raumvolumen ist kompakt gestaltet, das gesamte Tragwerk liegt ausserhalb der thermischen Hül-

le. Die Fachwerkträger für das Dach sind mittig auf V-Stützen abgestellt und überspannen eine Gebäudelänge von 52 Metern. Auf deren Obergurt lagern Sparrenpfetten, die das weit auskragende Wetter- und Schattendach tragen. Auf Untergurten liegen Brettstapeldeckenelemente aus roh gesägten Weisstannenbrettern und bilden den oberen Raumabschluss der Halle.

Die Wände bestehen aus Rahmenbauelementen und sind gedämmt, im Süden und Westen mit Zellulose, um im Winter die Sonnenenergie passiv als Speicher zu nutzen. Die Aussenhülle auf der Süd- und Westseite wird durch Brises soleils aus Metall so beschattet, dass die Wintersonne die Wände aussen wärmt. Im Sommer hingegen schützen die Fassadenlamellen und das grosse Dach den Depotkörper vor Überhitzung. Zudem wird durch den grossen Dachüberstand (zwei Meter) Schlagregen weitgehend vermieden. Im Innern helfen die Brettstapeldecke und der massive Betonboden, die Feuchtigkeit und das Raumklima auszugleichen. Neben dem Tor und den Fluchtwegtüren gibt es ausser den Entrauchungsklappen keine Öffnungen im Bauwerk. Die Heizung im Betonboden wird ausschliesslich zur Feuchteregulierung eingesetzt, ein kleines Lüftungsgerät sichert den konservatorisch nötigen minimalen Luftaustausch.

● BEWILLIGUNG – EBENE DER VERBINDLICHKEIT

Der Entscheid für eine Holzkonstruktion stand im Zusammenhang mit der geforderten Etappierung des Neubaus. Am gleichen Standort befand sich das alte nur halb so grosse Depot, eine Alupaneelkonstruktion, in der ein Teil der Fahrzeuge untergebracht war. Nachdem die erste Hälfte des Neubaus bis zu den V-Stützen erstellt war, wurden die Fahrzeuge umgelagert, die alte Halle abgebrochen und anschliessen die zweite Hälfte gebaut.

● AUSFÜHRUNG – EBENE DER MACHBARKEIT

Im Betrieb ist es nun der Konservator, der das Klima, zusätzlich zu den baulichen Massnahmen, regelt. Er öffnet die Lüftungsklappen, wenn es angebracht ist und reguliert die Heizschlangen. Nach zwei Jahren Betriebszeit hat sich das Raumklima bei den Zielwerten eingependelt.

ABB. 1 Hoch aufragende Ständer tragen das giebelständige Pfettendach. Es schützt das Fahrzeugdepot vor Regen und spendet Schatten.

ABB. 2 Studienmodell zur Ausbildung der Südwestecke des Bauwerks. Zwischen Wetterdach und eigentlicher Decke des Lagers kann der Wind durchziehen.

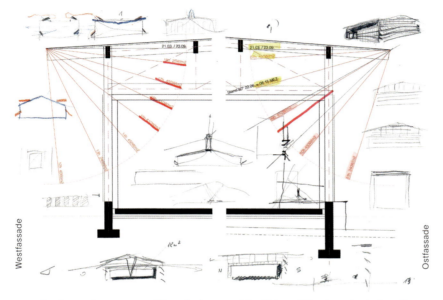

ABB. 3 Studien zu Besonnung und Energieeintrag auf der Süd- und Westfassade als Grundlage für die Beschattung durch Brises soleils.

Westfassade

Ostfassade

ABB. 4 Randfeld des Dachtragwerkes mit Ständerkonstruktion und Pfettendach, links im Bild der aussenliegende Fachwerkträger.

ABB. 5 Die erste Hälfte der Dachträger ist aufgerichtet. Im Vordergrund die Brettstapeldecken, welche zwischen die Fachwerkträger gespannt sind.

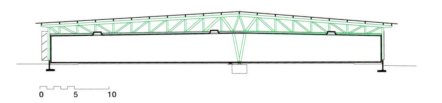

0   5   10

ABB. 6 Detailaufnahme der V-Stützen. Im Hintergrund die Alupaneelkonstruktion des alten Depots.

ABB. 7 Die 40 × 52 Meter grosse Halle wird in der Mitte von vier Fachwerkträgern überspannt. Entlang der Fassade tragen hoch aufragende Ständer das giebelständige Pfettendach.

BILDUNGS- UND BERATUNGSZENTRUM ARENENBERG, SALENSTEIN

ZEITRAUM	WETTBEWERB 2010 (PROJEKTWETTBEWERBSVERFAHREN MIT GELADENEN THURGAUER ARCHITEKTURBÜROS), BAUZEIT APRIL 2013–JULI 2014
PROJEKTTRÄGER	KANTONALES HOCHBAUAMT THURGAU
ARCHITEKTUR	STAUFER & HASLER ARCHITEKTEN, FRAUENFELD
INGENIEURWESEN	CONZETT BRONZINI PARTNER, CHUR
HOLZBAU	KNECHT, OBERWIL
KONSTRUKTION	HYBRIDBAU, SOCKEL UND TREPPENKERN AUS BETON, DARÜBER SKELETTBAU MIT STÜTZEN-PLATTEN-SYSTEM, HOLZ: EICHE, LÄRCHE
ENERGIELABEL	MINERGIE-P

● VORPROJEKT – EBENE DER LOGIK

Massive, frei stehende Eichenstützen machen das Holztragwerk im Innenraum erlebbar, gleichzeitig erlauben sie Flexibilität in der Nutzung des Grundrisses.

Das BBZ Arenenberg ist der erste viergeschossige Holzbau im Kanton Thurgau. Konstruktiv setzt er auf eine Kombination aus Beton und Holz, in der sich die Stärken beider Materialien ergänzen. Die vorvergraute Fassadenbekleidung besteht komplett aus Thurgauer Fichtenholz und wurde mit dem Herkunftszeichen Schweizer Holz ausgezeichnet.

Der Kanton erwartete ausdrücklich einen innovativen und zukunftsweisenden Bau aus nachhaltig produziertem Holz, der schweizweit neue Massstäbe setzt. Die umgesetzten konstruktiven Ideen wurden bereits im Wettbewerbsentwurf entwickelt. Das Tragwerk ist im gesamten Gebäude gegenwärtig. Im Innenraum dominieren die massiven frei stehenden Eichenstützen – in der Mitte, wo grosse Lasten auftreten, verstärkt mit Sattelholz, ohne Sattel am Rand, wo weniger Last anfällt. Das verschobene Raster von Trag- und Raumstruktur bietet Nutzungsflexibilität und setzt zudem die freigespielten Stützen in Szene.

● BAUPROJEKT – EBENE DES DETAILS

Die quadratischen Stützen bestehen aus Brettschichtholz mit einem Fichtenkern und einer äusseren, 40 Millimeter starken Ummantelung aus Eichenholz zur Verbesserung des Brandschutzes. Eiche ist schwerer entflammbar als Fichte und brennt weniger schnell ab. Die Querriegel der Mittelstützen sind aus massiver Eiche und bieten ausreichend grosse Auflagerflächen für die Deckenkonstruktion.

Die Geschossdecken bilden einen Verbund aus Leicht- und Massivbau und sind nach Mass konfektioniert. Auf einzelnen Brettsperrholzplatten wurde über einer Trittschalldämmung ein 14 Millimeter starker armierter Überbeton gegossen. Die Massivholzdecke dient als verlorene Schalung, besitzt schalldämmende Wirkung und ist gleichzeitig Deckenuntersicht. Die schwimmende Monobetonplatte wirkt in einem Minergiehaus als Speichermasse und ergibt geschliffen den Terrazzo-Fertigbelag. Statisch gesehen wirken beide Deckenschichten zusammen. Die massive Konstruktion ist im Grundriss flexibel, Trennwände können auf einfache Weise nachträglich ergänzt werden.

Eine Besonderheit ist die nördliche Giebelwand, welche als Erdbebenscheibe (Aussteifung) wirkt. Dem Wunsch der Architekten nach versetzt angeordneten Öffnungen kam das Prinzip entgegen, dass mit der Fachwerkkonstruktion und dem dreischichtigen Aufbau die Giebelwand als steife Scheibe ausgebildet werden konnte.

Entlang den Fassaden springen die Stützen je Geschoss um 18 Zentimeter nach aussen: Die Kräfte werden mittels integrierter Stahlverbinder umgeleitet. Die hinterlüftete Fassadenbekleidung verspringt auch um dieses Mass. So entsteht auf jedem Geschoss ein Überhang, der als Wetterschutz und Nische für die Holzrollläden dient.

Das markante fünfgeschossige Gebäude hinterlässt, gemessen an seiner Nutzfläche, einen bescheidenen Fussabdruck und verbraucht wenig Kulturland.

● BEWILLIGUNG – EBENE DER VERBINDLICHKEIT

Durch die klaren Vorgaben zum Holzbau in der Wettbewerbsauslobung wurde dieser nie infrage gestellt. Die wichtigen technischen Probleme konnten bereits im Wettbewerb gelöst werden.

● AUSFÜHRUNG – EBENE DER MACHBARKEIT

Da die sichtbaren Oberflächen des Holzbaus schon im Rohbau erstellt wurden (Deckenuntersichten, Stützen), mussten diese aufwendig geschützt und abgeklebt werden. Dieser zusätzliche Arbeitsaufwand wird durch den Minderaufwand bei den Oberflächenbehandlungen ausgeglichen.

Aufwendig war auch das Erstellen der Betondecken, da diese bis zum Aushärten des Betons mit einer speziell angefertigten Konstruktion (einer temporären Spriessung) gestützt werden mussten.

ABB. 2 Die Fassadenbekleidung besteht aus Thurgauer Fichte: Schmale Konvexleisten wechseln mit breiten Konkavbrettern ab. Erstere sind silber lasiert, die zweiten grau vorverwittert.

ABB. 3 Die Mittelstützen stehen auffällig im zentralen Korridor, darüber ein sperriger Sattel, auf dem die Decke liegt.

ABB. 1 Die lasierte Fassade aus Fichtenholz ist gegen unten abgetreppt und bietet einen konstruktiven Schutz.

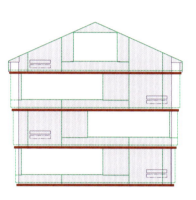

ABB. 4 Die nördliche Giebelwand ist tragend und steift das Gebäude zusammen mit dem Kern aus. Sie ist dreischichtig aufgebaut. Die mittlere Schicht trägt, die innere stabilisiert, die äussere trägt die Fassade.

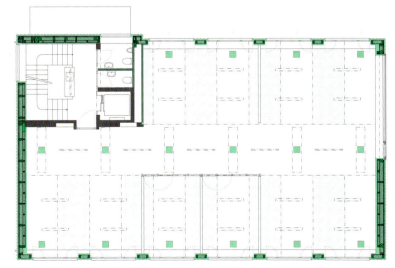

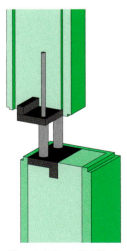

ABB. 5 Die Deckenkonstruktion besteht aus einem linear angeordneten Tragwerk mit gelenkig zusammengefügten Brettsperrholzplatten. Ein durchlaufender Primärträger bildet das Rückgrat.

ABB. 6 Das Anschlussdetail aus Stahl in der Randstütze ermöglicht den Lastabtrag von Stütze zu Stütze ohne Durchstanzen der Decke.

KAENG KRACHAN ELEFANTENPARK, INNENANLAGE ZOO ZÜRICH, ZÜRICH

ZEITRAUM   ZWEISTUFIGER WETTBEWERB 2008, BAUZEIT 2011–2014
PROJEKTTRÄGER   ZOO ZÜRICH
ARCHITEKTUR   ENTWURF, ROHBAU: MARKUS SCHIETSCH ARCHITEKTEN, ZÜRICH
INGENIEURWESEN   WALTGALMARINI, ZÜRICH (AUCH BAULEITUNG HÜLLE)
WEITERE   BAUMANAGEMENT: FISCHER ARCHITEKTEN, ZÜRICH UND BGS & PARTNER ARCHITEKTEN, RAPPERSWIL
                        GEOMETRISCHE PARAMETRISIERUNG UND TEILE DER WERKPLANUNG: KAULQUAPPE, ZÜRICH
HOLZBAU   ARGE IMPLENIA BAU UND STRABAG BAU
KONSTRUKTION   MEHRSCHICHTIG KONSTRUIERTE FREIFORMSCHALE AUS FICHTE/TANNE AUF VORGESPANNTEM STAHLBETONRING

● VORPROJEKT – EBENE DER LOGIK

Die Wettbewerbsausschreibung forderte ein naturnahes Gebäude, welches ohne die üblichen technischen Konstruktionselemente auskommt. Sah das Siegerprojekt von Markus Schietsch Architekten noch fünf das Dach tragende Baumstützen vor, so ist das realisierte Dach, das eine Fläche von 6000 Quadratmetern bis zu 85 Meter stützenfrei überspannt, eine Holzschale, die als Blätterdach, Schildkrötenpanzer oder Ähnliches gelesen werden kann. Der Entscheid für Holz als Baumaterial stand von Anfang fest, die Architekten wollten eine organische Struktur schaffen, die sich in die Landschaft einfügt. Dabei stand nicht die Ästhetik der Dachschale im Vordergrund, sondern die Frage, welche frei geformte Konstruktion die organische Form ermöglicht.

● BAUPROJEKT – EBENE DES DETAILS

Der handwerkliche Bauprozess steht im Kontrast zur hochgradig technisierten, nur dank der computerbasierten Parametrisierung plan- und berechenbaren Form.

Konstruktiv wäre eine Kuppel aus Stahlbeton, eine Regelfläche ohne Öffnungen, die linienförmig auf dem Boden steht, die einfachste Lösung. Die umgesetzte Freiform ist ein in Strahlen aufgelöstes Schalentragwerk, welches am Rand auf- und abschwingt und dort nur punktuell aufliegt. Eine Vielzahl von Öffnungen in Dach und Fassade belichtet den Innenraum. Die Architekten entwickelten die Konstruktion in enger Zusammenarbeit mit den Ingenieuren unter Verwendung von physischen Modellen (aus Holz, Karton, Kunststoff) und parametrischen Computermodellen. Der Entscheid für ein Tragwerk aus Holz fiel auch aufgrund des geringen Gewichtes des Baustoffs und den Vorteilen bei der Herstellung.

Alle konstruktiven Elemente wurden in einem 3D-Modell entwickelt. Viele der Rechen- und Entwicklungsschritte sind gescriptet und konnten laufend an die Erfordernisse bezüglich Statik, Gestaltung und Nutzung angepasst werden.

● BEWILLIGUNG – EBENE DER VERBINDLICHKEIT

Um Erfahrungen bezüglich der Statik und der Konstruktion zu erlangen, wurde ein Modell im Massstab 1:200 konstruiert. Die daraus gewonnen Erkenntnisse flossen in die Berechnungen ein.

Vor der Montage wurde ein 1:1-Mock-up eines Dachabschnitts (mit dem kompletten Dachaufbau samt Abdichtungen und Oberlichtern) erstellt. Das Mock-up war wichtig, um die Schwierigkeiten beim Bau des Daches zu ermitteln und die Machbarkeit des gewaltigen Bauwerks zu gewährleisten, das heisst, um zu überprüfen, ob das Schaldach überhaupt baubar war.

● AUSFÜHRUNG – EBENE DER MACHBARKEIT

Bei einer Schale verlaufen die Kräfte je nach Belastung in verschiedene Richtungen. Holz kann in Längsrichtung der Fasern sehr gut Zug- und Druckkräfte aufnehmen, orthogonal dazu aber nur einen Bruchteil davon. Mit einem Verbund aus drei Lagen jeweils acht Zentimeter dicker Brettsperrholzplatten, die um 60 Grad zueinander gedreht und anschliessend vernagelt wurden (100 Nägel pro Quadratmeter), konnten die Trageigenschaften über die ganze Schale homogenisiert werden. Zusätzlich wurde die Schale mit 240 Millimeter dicken Rippen aus gebogenen Holzbalken verstärkt. Die erforderliche Biegesteifigkeit erfolgt über einen idealisierten Fachwerkträger: Eine 57 Millimeter dicke Furnierschichtplatte des Primärträgers wirkt als Obergurt, die Schale als Untergurt. Die darüber liegende Sekundärkonstruktion besteht aus einer Dämmschicht und einer Installationsebene. Die Wartungsebene darüber ist 60 Zentimeter hoch und wird nach oben von Furnierschichtholzplatten begrenzt.

Die Halle belichten 271 teilweise mit einer Kettensäge in die Holzschale eingeschnittene Oberlichter mit Luftkissen aus ETFE-Folie samt integrierter Hagelschutzschicht.

Viele konstruktive Entscheide leiteten sich aus wirtschaftlichen Aspekten des Bauablaufs ab. So besteht die Schalenkonstruktion aus Brettsperrholzplatten mit Standardabmessungen (3,4 × 12 Meter). Die Platten sind so weich ausgebildet, dass sie sich auf dem Lehrgerüst dank weniger Hilfsmittel vor Ort in die gewünschte Form biegen lassen. Auf aufwendige Vorkrümmungen im Werk und Bauteile mit grossen und damit schwer zu transportierenden Abmessungen konnte verzichtet werden. Nur bei einem Dachradius unter 50 Meter, also bei etwa 15 Prozent der Dachfläche, wurden die Platten vorgängig einachsig vorgekrümmt und im Werk verklebt. Die Fertigung kam ohne Fünf-Achs-Fräsmaschine aus und erzeugte hunderte von Unikaten aus dem Standardprodukt Brettsperrholz. Durch die Parametrisierung konnte jedes Element mit einem Nummerncode eindeutig zugewiesen werden.

Bei der Ausführung kamen klassische Zimmereifirmen zum Einsatz. Sie bestimmten das Tempo der Aufrichte, teilweise arbeiteten bis zu 80 Zimmerleute gleichzeitig von allen Seiten am Dach.

ABB. 1 Die 6800 Quadratmeter grosse frei geformte Dachschale überspannt stützenfrei die Anlage des Innengeheges. Die Halle hat einen Durchmesser von 80 Metern und in ihrer Mitte eine Höhe von 18 Metern.

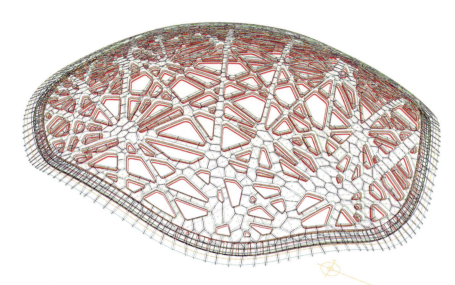

ABB. 2 Standbild des Schalenmodells im Formfindungsprozess.

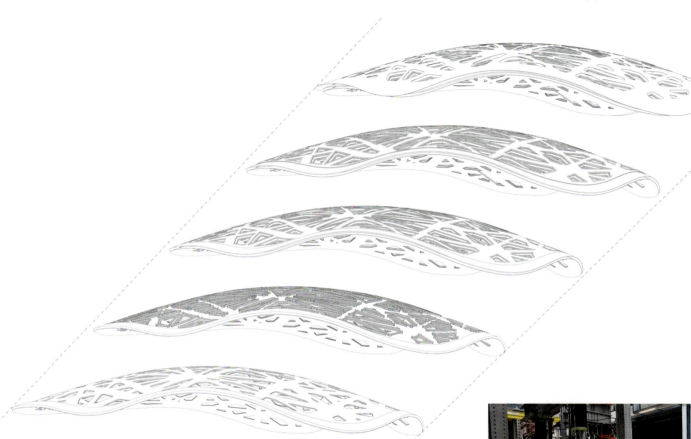

ABB. 3 Übersicht Elemente Dach. Von oben nach unten: Wartungsebene (aufgeständerte Kertoplatte), Randaufkantung (EFTE-Kissen, wasserführende Schicht), Hinterlüftungsebene, Randrippen, Tragschale.

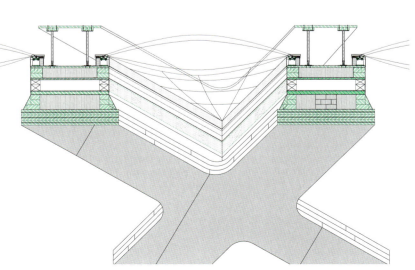

ABB. 4 Vier-Punkt-Biegeversuch eines repräsentativen Aufbaus.

ABB. 5 Montage der das Schalentragwerk bildenden 3,4 × 12 Meter grossen Brettsperrholzplatten.

ABB. 6 Detail Dachaufbau, 271 Luftkissen aus UV-durchlässiger ETFE-Folie sorgen für die Belichtung.

MEHRFAMILIENHÄUSER «LANGHÄUSER», FREILAGER, ZÜRICH

ZEITRAUM	WETTBEWERB 2010 (BASIEREND AUF EINEM PRIVATEN GESTALTUNGSPLAN), REALISIERUNG 2013–2015, BEZUG 2016
PROJEKTTRÄGER	ZÜRCHER FREILAGER, ZÜRICH
ARCHITEKTUR	ROLF MÜHLETHALER ARCHITEKT, BERN
HOLZBAUINGENIEURWESEN	INDERMÜHLE BAUINGENIEURE, THUN
PROJEKTREALISIERUNG	ALLREAL GENERALUNTERNEHMUNG, ZÜRICH
LANDSCHAFTSPLANER	VOGT LANDSCHAFTSARCHITEKTEN, ZÜRICH
HOLZBAU	RENGGLI, SCHÖTZ
KONSTRUKTION	ELEMENTBAU IN TANNE, FICHTE, BRETTSPERRHOLZ UND BRETTSCHICHTHOLZ, AUSSTEIFENDE BETONKERNE, FASSADE: DRUCKIMPRÄGNIERTE WEISSTANNE
LABEL	MINERGIE-P-ECO

● VORPROJEKT – EBENE DER LOGIK

Das Freilager in Zürich wurde 2019 als 2000-Watt-Areal zertifiziert. Im urbanen Umfeld war der vorgeschlagene unverkleidete Holzbau unerwartet. Inspiriert haben Rolf Mühlethaler die ehemaligen Lagerhäuser auf dem Gelände. Der Entwurf entwickelt seine Kraft aus der Repetition immer gleicher Elemente in der Vertikalen und der Horizontalen. Die durchgerasterte Raumstruktur gewährt Flexibilität in der Grundrissgestaltung. Überlagerungen von Schichten und linearen Elementen gliedern die Fassade. Dem Rhythmus der Fassade folgend ist jeder Raumzelle von 15 Quadratmetern ein Fenster zugeordnet. Für Wohnen, Essen und Küche ist eine Verdoppelung, für die Nassräume eine Halbierung der Zelle einfaches Teilungsprinzip der Wohnungsstruktur. Durch Hinzufügen und Weglassen einer Einheit entstehen unterschiedliche Wohnungsgrössen.

● BAUPROJEKT – EBENE DES DETAILS

Das Projekt illustriert, wie informierte Planung mit hohem ästhetischem Anspruch in die Detailplanung übergehen kann.

Die drei sechsgeschossigen Langhäuser sind bis auf die betonierten Treppenhauskerne und das Untergeschoss als Holzelementbauten in Kammer- und Schottenbauweise ausgeführt. Die Modularität des Holzbaus spiegelt sich im statischen System der Gebäude. Die Geschossdecken bestehen aus Brettstapeldecken, welche auf tragenden Aussen- und Innenwänden aus Holzrahmen ruhen. Nicht alle Innenwände sind tragend. Die Innenräume sind mit Gipskartonplatten verkleidet, da die Wohnbauten noch vor Inkrafttreten der erleichterten Brandschutzvorschriften von 2015 geplant wurden.

Unterschiedlich tiefe Veranden und je nach Ausrichtung unterschiedlich breite Fenster (sie sind süd-ostseitig bei den schmalen Veranden etwas grösser ausgeführt für mehr Lichteintrag) reagieren einerseits auf die Minergie-P-ECO-Anforderungen, andererseits dienen sie dem Schutz der Holzfassade. Alle konstruktiven Bauteile sind an exponierten Stellen mit Verschleissbrettern geschützt.

Die Veranden verhindern zudem den Brandüberschlag zwischen den Geschossen. Durchgehende und zugängliche Installationsschächte entsprechen den Vorgaben der Systemtrennung. Die Schallschutzanforderungen wurden mit einer übersichtlich organisierten und entkoppelten Leitungsführung umgesetzt.

Die modularen Grundrisse basieren auf einem Raster von 3,35 Metern und geben den Rhythmus für den Holzbau vor.

Die geringen Spannweiten kommen nicht nur der Tragfähigkeit des Holzes entgegen, die resultierenden Elementgrössen sind auch gut zu transportieren. Für die Fassaden und Balkone kam druckimprägnierte und geölte Weisstanne zu Einsatz. Der Übergang von innen nach aussen ist einfach gelöst. Verbindungen zwischen den Elementen kommen ohne Verblendleisten und mit wenig Stahl aus. Die Präzision der Vorfertigung lässt das Fassadenmaterial wirken, jedes Bauteil hat eine unverzichtbare konstruktive Funktion.

Die Bauherrschaft spielte im Planungs- und Bauprozess eine wichtige Rolle im Stützen oder Verwerfen einer Idee und hat zum Gelingen des Projektes beigetragen.

Rolf Mühlethaler: «Holzbau verbindet Material, Handwerk und Konstruktion und fördert das Verständnis für ein ganzheitliches Architektinnenmetier.»

● BEWILLIGUNG – EBENE DER VERBINDLICHKEIT

Die Bauherrschaft hatte sich in der Wettbewerbsvorbereitung noch für keine Konstruktionsart entschieden, weshalb der Wettbewerb nur die Form der Gebäude vorgab.

Das Projekt hat sich bis zur Realisierung jedoch nur unwesentlich verändert. Die Langhäuser waren bereits während der Phase des Wettbewerbes als Holzhäuser geplant.

● AUSFÜHRUNG – EBENE DER MACHBARKEIT

Die Fertigung konnte dank der Multiplikation immer gleicher Elemente des Schottenbaus rationalisiert geschehen. Die hundertfache Wiederholung gleicher Wand- und Bodenelemente macht den Holzbau gegenüber konventionellen Bauweisen konkurrenzfähig. Die Herausforderung für den Holzbauer lag in der Grösse des Projekts und dem engen Zeitrahmen. «Von der Holzlieferung bis zur Montage mussten wir alles just in time abstimmen, um möglichst effizient zu produzieren und am Bau zu verarbeiten. Im Werk haben wir eine separate Produktionsstation ein Jahr lang ausschliesslich für die Wandelemente eingesetzt», erklärt der zuständige Projektleiter des Holzbauunternehmens, Matthias Kaufmann.

Diese zwölf Meter langen Elemente inklusive Fenstern und allen Installationen lieferte der Holzbauer fortlaufend auf die Baustelle. Dort war ein Team von sechs Mitarbeitenden vor Ort und erstellte in nur zwölf Monaten Montagezeit die drei Langhäuser.

ABB. 1 Blick in das Quartier Freilager mit den Langhäusern.

0 1 2   5

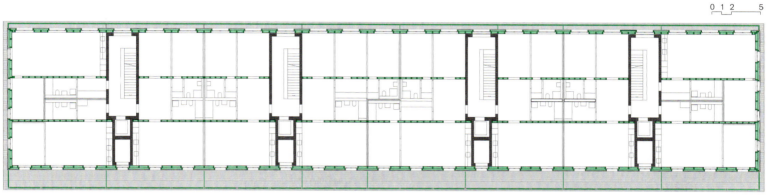

ABB. 2 Grundriss Wohngeschoss. Die modulare Schottenbauweise ermöglicht sowohl offene Grundrisse als auch eine traditionelle Zimmereinteilung.

ABB. 3–6 Produktion im Werk, Anlieferung auf der Baustelle und Montage der zwölf Meter langen Wandelemente mit eingebauten Fenstern und Leerrohren. In der Rohbauphase lieferten täglich bis zu acht Lastwagen die vorfabrizierten Elemente auf die Baustelle.

ABB. 7 Veranda: Unterzug, Balkonplatte und Rundstütze sind aus Brettschichtholz. Stirnbretter schützen die auskragenden Bauteile.

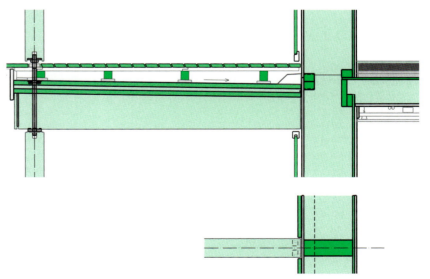

ABB. 8 Detail Übergang Veranda zu Wohnraum.

VERWALTUNGSGEBÄUDE DER KANTONSPOLIZEI FREIBURG MAD3, GRANGES-PACCOT

ZEITRAUM	WETTBEWERB 2011–2015, AUSFÜHRUNG 2015–2017
PROJEKTTRÄGER	KANTON FREIBURG
ARCHITEKTUR	DEILLON DELLEY ARCHITECTES, BULLE
INGENIEURWESEN	SRG ENGINEERING, FREIBURG
WEITERE	HLKS INGENIEUR: TECNOSERVICE ENGINEERING, FREIBURG
BAUPHYSIK	SORANE, ECUBLENS
FASSADENTECHNIK	SUTTER + WEIDNER, BIEL
AKUSTIKER	ACOUCONSULT, GENF
HOLZBAU	BRAWAND ZIMMEREI, GRINDELWALD
KONSTRUKTION	VIERGESCHOSSIGER HOLZSKELETTBAU AUF BETONSOCKEL, HOLZ-BETON-VERBUNDDECKEN (MASSIVHOLZ), STÜTZENRASTER AUS BRETTSCHICHTHOLZ

● VORPROJEKT – EBENE DER LOGIK

Der Bund befürwortet und unterstützt die Verwendung von Holz als ökologischem, nachwachsendem Rohstoff. Doch es gilt, die Hürden des öffentlichen Beschaffungswesens zu überwinden.

Mit dem Bauvorhaben fördert der Kanton die Verwendung von Holz bei öffentlichen Gebäuden und setzt damit eines seiner Ziele der kantonalen Strategie «Nachhaltige Entwicklung» um. So forderte er im Wettbewerb zum ersten Mal die Verwendung von Holz für das Tragwerk bei einem öffentlichen Gebäude. Die Materialwahl für die Fassaden war den Wettbewerbsteilnehmenden freigestellt. Insgesamt wurden für die Tragstruktur fast 2 500 Kubikmeter einheimisches Holz aus Wald im Staatsbesitz verbaut. Das sind auf den gesamten Holzverbrauch gerechnet 97 Prozent Schweizer Holz. Auch ein Grossteil der Wertschöpfung – vom Sägen, Verarbeiten und Produzieren der Elemente bis zur Montage – wurde von regionalen Unternehmen erbracht.

Das Bauen mit heimischem Holz für die öffentliche Hand ist noch hindernisbehaftet. Die diskriminierungsfreie Gesetzgebung im Bereich des öffentlichen Beschaffungswesens verbietet es Bauherrschaften mit Waldbesitz, wie dem Kanton Freiburg, in seiner Ausschreibung regionales Holz direkt einzufordern. Das Hochbauamt des Kantons nutzte den engen Spielraum im Rahmen der öffentlichen Beschaffung zur Förderung der lokalen Holzwirtschaft.

Wichtig im Prozess war die frühzeitige Planung, die Formulierung klarer Ziele sowie, in der Phase der Ausschreibung, die Festlegung von Produkten und Materialien. Das geerntete Holz aus dem Staatswald wurde an Lager genommen und den beteiligten Holzbauunternehmen zur Weiterbearbeitung zur Verfügung gestellt. So wurde für den Bau wenig graue Energie verbraucht. Die Produktions- und Lieferkette kann vollständig nachverfolgt werden.

● BAUPROJEKT – EBENE DES DETAILS

Die Tragstruktur besteht aus zum grossen Teil roh behauenem Holz. Ein Gerüst aus Stützen und Balken wird durch Auflegen von Deckenelementen stabilisiert. Zwei tragende Stahlbetonkerne steifen die Konstruktion aus. Der viergeschossige Skelettbau besteht aus Massivholz, Brettschichtholz und Dreischichtplatten. Der Innenraum wird von massiven Stützen dominiert, die das Gebäude in einem Raster von 2,10 Meter in Längsrichtung unterteilen. Drei Abschnitte gliedern den Bau in der Breite, daraus entsteht die Anordnung des Raumprogramms. Die Spannweiten der Decken betragen 2 × 7,20 Meter bzw. 12 Meter bei grossen Räumen.

Die Deckenelemente aus Massivholz sind vorfabriziert und durch einen zehn Zentimeter starken Betonüberzug ausgesteift. Der darüber befindliche Hohlraumboden nimmt die Haustechnik auf. Das enge Stützenraster ermöglicht eine flexible Grundrissorganisation. Die unverkleideten Holzdecken sorgen für eine gute Raumakustik. Während im Inneren Holz dominiert, unterstreicht die Metallfassade aus eloxiertem Aluminiumblech den Status des öffentlichen Gebäudes.

● BEWILLIGUNG – EBENE DER VERBINDLICHKEIT

Seit den 1970er-Jahren hat der Bund verschiedene Impuls- bzw. Förderprogramme für Holz lanciert. In den 1980er- und 1990er-Jahren ging es zunächst um die Förderung von Holz als Rohstoff und Energiequelle. Seit etwa 2000 stehen die Steigerung des Absatzes heimischer Hölzer und die Stärkung der Leistungsfähigkeit und Verbesserung der Zusammenarbeit innerhalb der Holzkette Schweiz im Fokus. Marketingstrategien binden den Endverbraucher ein, etwa über die Lancierung der Marke «Schweizer Holz». Seit 2009 rückt der Schweizer Holzbaupreis Prix Lignum alle drei Jahre zukunftsweisende Holzbauten in den Fokus der Aufmerksamkeit.

● AUSFÜHRUNG – EBENE DER MACHBARKEIT

2017 wurde das zunächst letzte, mit 18 Millionen Schweizer Franken dotierte, nationale Forschungsprogramm «Ressource Holz» (NFP 66) abgeschlossen. 30 Projekte aus vier Themenbereichen beschäftigten sich mit Weiterentwicklungen im Holzbau und innovativen holzbasierten Materialien für neue Anwendungen.

ABB. 1 Die eloxierten Aluminiumpanele der Fassade verraten nichts von der hölzernen Tragstruktur des viergeschossigen Verwaltungsgebäudes.

ABB. 2 In den oberen Geschossen spannen die Decken 2 × 7,20 Meter. Der Querschnitt der Brettschichtholzstützen beträgt 28 × 28 Zentimeter.

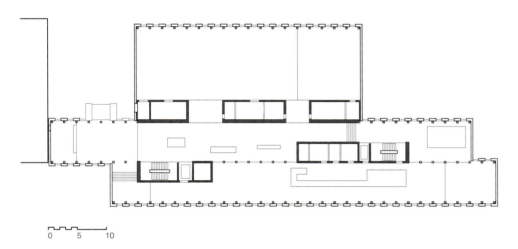

0   5   10

ABB. 3 Raumschichten unterschiedlicher Tiefe sowie massive Kerne gliedern den Grundriss.

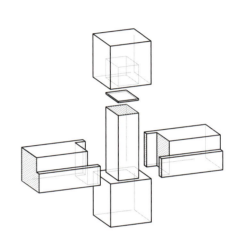

ABB. 4 Verbindungsknoten Stütze-Balken.

ABB. 5, 6 Fertigung und Montage der vorfabrizierten Deckenelemente aus Massivholz.

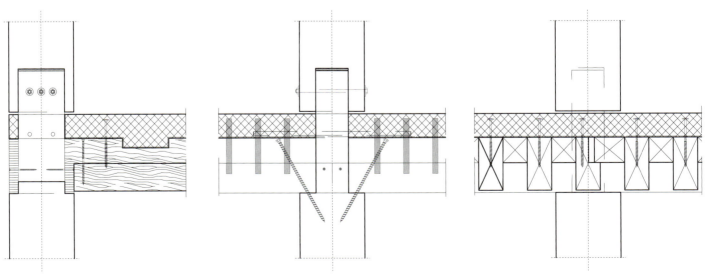

ABB. 7 Detail Deckenaufbau.

GASTRONOMIEGEBÄUDE EKKHARTHOF, LENGWIL

ZEITRAUM	WETTBEWERB 2014, PLANUNG 2015–2016, AUSFÜHRUNG 2017–2018
PROJEKTTRÄGER	EKKHARTHOF-VEREIN, LENGWIL
ARCHITEKTUR	LUKAS IMHOF ARCHITEKTUR, ZÜRICH
	LUKAS IMHOF, CARLOS WILKENING, PROJEKTLEITUNG
	CAROLINE SCHILLINGER, PROJEKTARCHITEKTIN
MASSIVBAUINGENIEURWESEN	INGENIEURBÜRO A. KELLER, WEINFELDEN
HOLZBAUINGENIEURWESEN	JOSEF KOLB, ROMANSHORN
HOLZBAU	NEUE HOLZBAU, LUNGERN; KIFA, AADORF
KONSTRUKTION	RAUMFACHWERK AUS ESCHENBRETTSCHICHTHOLZ

VORPROJEKT – EBENE DER LOGIK

Der Ekkharthof ist eine Wohn-, Schul- und Arbeitsstätte für Menschen mit Betreuungsbedarf. Die in den 1970-Jahren nach anthroposophischen Grundsätzen erbaute Anlage sollte erneuert und erweitert werden. Im Wettbewerb schlug Lukas Imhof einen transparenten hölzernen Gastronomiepavillon vor, denn eine sichtbare Öffnung nach aussen war explizit gewünscht. Als «offenes Haus» ermöglicht das neue Gemeinschaftsgebäude den Bewohnern die Teilhabe an der Gesellschaft.

Der Entscheid für die sich selbst aussteifende Konstruktion in Laubholz fiel im Austausch mit dem Holzbauingenieur im Vorprojekt. Laubholz erlaubte die Umsetzung des anspruchsvollen statischen Konzeptes mit gestalterisch angemessenen Querschnitten.

Die Architektur des Speisesaals inszeniert die Thurgauer Seenlandschaft. Die Säulenhalle ist ringsum geöffnet und steht auf einem Sockel aus gestocktem Recyclingbeton, der die Gastroküche aufnimmt. Das biegesteife Rahmentragwerk aus den wuchtigen Stützen und Trägern bildet gleichermassen Innen- wie Aussenraum und geht nahtlos in die Terrasse über. Die Pfosten-Riegel-Verglasung ist direkt auf die Holzstützen angeschlagen. Dank der guten Dämmwerte der massiven Holzstützen ist eine zusätzliche Isolationsschicht unnötig. Die Tragstruktur ist, gemeinsam mit dem Dach, raumbildendes Element des Saales.

Die Konstruktion bildet gleichzeitig den Innenausbau, die Stützen müssen im Gebrauch robust und unempfindlich sein. Die Wahl auf Eschenholz fiel somit aus statischen, ästhetischen und ökonomischen Gründen. Eschenholz hat eine höhere Tragfähigkeit als Fichte oder Tanne, vor allem eine höhere Zugfestigkeit.

BAUPROJEKT – EBENE DES DETAILS

Die Tragstruktur aus Eschenbrettschichtholz ermöglicht es, dass die Säulenhalle ohne weitere Aussteifungselemente den horizontalen Kräften aus Wind und Erbebenen trotzen kann. Der massive Aufzugskern ist zwar konstruktiv verbunden, konnte aber aufgrund seiner Exzentrizität wenig zur Aussteifung beitragen. Die Festigkeitswerte des Eschenholzes sind fast doppelt so hoch als von Konstruktionsholz aus Nadelholz, was insbesondere beim weit auskragenden Vordach statisch erforderlich war. Die leicht konische Form der Stützen wäre statisch nicht immer notwendig gewesen. Teilweise sind die Querschnitte ausgereizt und

könnten nicht mehr reduziert werden. An anderer Stelle sind sie bewusst und aus gestalterischen Gründen überdimensioniert oder sie haben ihre Dicke aus produktionstechnischen Gründen erhalten, da das Holz in gewissen Lamellenbreiten geliefert wird. Eine schlankere Ausführung hätte zusätzlichen Aufwand verursacht. Zudem bieten sie so Raum für die nicht sichtbaren Anschlussverbindungen.

Die Ausführung verleiht dem Gebäude sein möbelhaftes Erscheinungsbild. Die ausladenden Vordächer schützen die Holzfassade und dienen als Sonnenschutz des grossflächig geöffneten Innenraums. Nur auf der Westfassade wurde ein zusätzlicher Sonnenschutz installiert.

Mit schlichten Details wurde die technische Ausstattung in den Holzbau integriert. Ein gutes Beispiel dafür sind die Holzringe an der Decke, die in die Akustiklattung eingepasst sind und alle Elektrokomponenten aufnehmen wie Brandmelder, Abzweigdosen, Anschlussstellen für Leuchtmittel oder Bewegungsmelder.

BEWILLIGUNG – EBENE DER VERBINDLICHKEIT

Der Wettbewerbsentwurf blieb in seinen Grundzügen unverändert, vor allem die Holzkonstruktion des Speisesaals. Die Erschliessung und Organisation der Gastroküche im Sockelgeschoss wurde in der Ausarbeitungsphase an die Bedürfnisse im Betriebsablauf und den finanziellen Rahmen angepasst.

AUSFÜHRUNG – EBENE DER MACHBARKEIT

Das Unternehmen Neue Holzbau ist Vorreiterin in der Verwendung von Laubholz in der Schweiz. Sie produzierte und lieferte das Holztragwerk aus Eschenholz massgeschneidert auf die Baustelle. Für die nicht sichtbaren Holzverbindungen kam die vom Unternehmen entwickelte GSA-Technologie zum Einsatz. Mit parallel oder rechtwinklig zur Faserrichtung im Brettschichtholz eingeklebten profilierten Stahlstäben können auf kleiner Fläche grosse Kräfte in Holzbauteile eingeleitet werden.

Der Wunsch der Bauherrschaft, in der hauseigenen Schreinerei einen Beitrag zum Neubau zu produzieren, brachte die Architekten auf die Idee, Tische und Stühle für den Speisesaal zu entwerfen. Die Möbel sollten formal zum Neubau passen, der Stuhl stapelbar und der Tisch klappbar sein. Um den Produktionsbedingungen am Ekkharthof Rechnung zu tragen, musste eine simple Montage der Möbel ermöglicht werden. Dieser voraus geht ein komplexer, digital gesteuerter Vorfabrikationsprozess. Die schlichten Eschenholzmöbel werden heute sogar in Serie von den Betreuten in Lengwil montiert.

ABB. 1 Der Speisesaal bietet Platz für 200 Gäste. Beleuchtung sowie Rauch-, Tageslicht- und Präsenzmelder sind in die Akustikdecke aus massiven Eschenholzleisten integriert.

ABB. 2, 3 Innerhalb einer Woche war der Holzbau aufgerichtet.

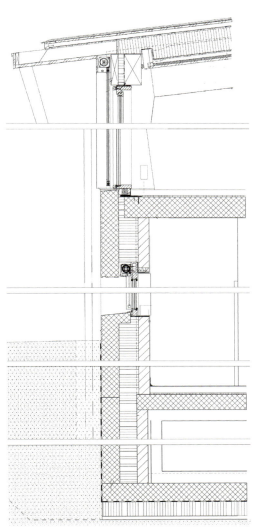

ABB. 4 Fassadenschnitt.

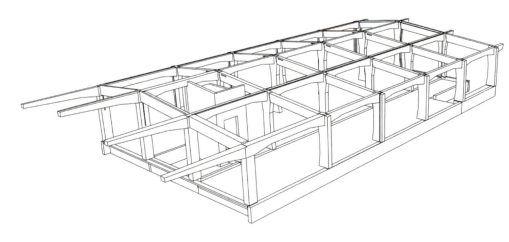

ABB. 5 Perspektivische Darstellung der Holzkonstruktion.

ABB. 6 Die Auskragung über der Terrasse beträgt 5,20 Meter und war in dieser schlanken Ausführung nur in Laubholz zu realisieren. Die Trägerform folgt dem Momentenbild des Kragarms, der Träger wird zum Knotenpunkt immer höher und breiter. Zudem ist der Träger an der Stütze eingespannt für die Längsaussteifung.

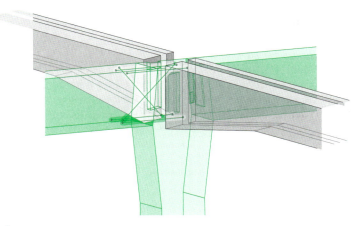

ABB. 7, 8 Knotenanschluss. Die Verdickung der Enden ist optisch gewollt und schafft Platz im Knotenbereich für die Anschlüsse. Eingeklebte Gewindestangen und Megant-Verbinder sind durch ihre Biegesteifigkeit für die Aussteifung verantwortlich. Wie wird die Verdickung umgesetzt? Beim Ekkarthof zeigt man das Brettschichtholz in seiner typischen Beschaffenheit paralleler Brettlagen und somit auch die auslaufenden Bretter mit den dunklen Fugen. Ein pragmatischer Ansatz.

NEUER FIRMENSITZ MAX FELCHLIN, IBACH

ZEITRAUM WETTBEWERB 2014, AUSFÜHRUNG 2017–2019
PROJEKTTRÄGER MAX FELCHLIN, IBACH
ARCHITEKTUR MEILI, PETER & PARTNER ARCHITEKTEN, ZÜRICH
INGENIEURWESEN PIRMIN JUNG SCHWEIZ, RAIN
WEITERE BAUMANAGEMENT UND -LEITUNG HSSP, ZÜRICH
HOLZBAU ARGE HECHT HOLZBAU, SURSEE,
BISANG HOLZBAU, KÜSSNACHT, NEUE HOLZBAU, LUNGERN
KONSTRUKTION ERSTE VIER GESCHOSSE HYBRIDBAU, DACHAUFBAU ALS HOLZFALTWERK MIT PUNKTUELLEN STÜTZEN,
BRÜCKE ZU BESTEHENDEM GEBÄUDE ALS FACHWERK

● VORPROJEKT – EBENE DER LOGIK

Das sogenannte Condirama überspannt als Serie dreier Pavillons das neue Verwaltungsgebäude und die Produktionshalle. Seine Dachform prägt den Neubau. Bereits in der Phase des eingeladenen Wettbewerbs entstand der Entwurf für das prägnante Dach, welches während der Planung laufend verfeinert wurde, ohne die Form aus dem Wettbewerb zu verlieren.

Von Beginn an war die Ausführung in einer Holzkonstruktion vorgesehen. Die in der Innerschweiz tief verankerte Holzbautradition war mit ausschlaggebend für die Wahl des Materials und der Konstruktion. Als Referenz dienten barocke Dachbauten der Region und insbesondere auch die japanische Zimmermannskunst. Die Verknüpfung von Tradition und Innovation führt in der Dachkonstruktion zu einem neuen Ausdruck.

● BAUPROJEKT – EBENE DES DETAILS

Anhand von unzähligen Modellstudien im Masstab 1:50 wurde die Konstruktion auf den gestalterischen Ausdruck und die statischen Möglichkeiten hin überprüft.

In Workshops mit den Holzbauingenieuren Pirmin Jung und Hermann Blumer wurde so bereits im Vorprojekt die Holzkonstruktion erarbeitet.

Der Dachstuhl besteht aus sich überlagernden Fach- und Sprengwerken und ist nur an den Ecken abgestützt, um den Ausblick auf das allseitige Panorama freizugeben.

Der Obergurt des geneigten Fachwerks und der Bug des Sprengwerks übertragen ihre Druckkräfte auf die Eckknoten.

«Dabei werden die Zugkräfte in die drei horizontalen Richtungen von Balken, Untergurt und liegendem Fachwerk übertragen. Die Vertikalkräfte werden über die Stützen in die darunter liegende Struktur abgeleitet. Diese komplexe Verbindung nimmt ein Brettschicht-Buchenholzformstück auf, mit dem sowohl Normal- und Schubkräfte als auch Momente mittels einzelner Gewindestangen übertragen werden können. Der Zapfen des Bugstabes des Sprengwerks dient zur Sicherung der gegenseitigen Lage der zwei Hölzer. In den Verbindungen, die nicht in der Werkstatt, sondern als Baumontagen zusammengefügt sind, sind steckbare Metallverbindungen und Dübel verwendet worden, die sich insbesondere für Stösse mit grosser Festigkeit und Steifigkeit eignen. Eine

nochmalige Erweiterung dieser Verbindungstechniken finden wir in den Druckknotenpunkten, in denen ein hochpräziser, schwindfreier, expandierender Vergussmörtel die Metallbügel und Stirnflächen kraftbündig verschliesst.»[1]

Für den richtigen Prozess in Planung und Ausführung müssen, so der Projektleiter von Meili, Peter & Partner, Lukas Enschmann, die richtigen Fragen gestellt werden. Wie gestaltet sich der Raum? Soll der Holzbau darin sichtbar sein? Wie soll er sichtbar sein? Ist es richtig, auf sichtbare Verbindungen zu verzichten? Schliesslich, wie verhalten sich diese architektonischen Fragestellungen in Bezug auf die Statik, auf Spannweiten und Durchmesser? Daran schliesst die Frage der Ausführung an, die Machbarkeit. Was sind konstruktiv dem Material entsprechende Arbeitsabläufe und Fügungen?

Ein grosses Thema in Ibach war die Frage der Verbindungen. Bei den Dachgauben etwa fällt auf, dass viele Verbindungen aus dem traditionellen Holzbau verwendet wurden. Bei den Knotenverbindungen wurden zur Aufnahme der enormen schräg einfallenden Kräfte Hartholzblöcke in die Fichte-Tannen-Konstruktion eingeleimt. Das Dach ist von den Gauben abgesetzt, um die Kraft der Gaubenkonstruktion räumlich hervorzuheben und diese nicht mit dem Dach verschmelzen zu lassen.

● BEWILLIGUNG – EBENE DER VERBINDLICHKEIT

Die repräsentativen Schulungsräume stellten eine Herausforderung im Entwurf dar. In diesen Räumen werden die Confiseure in der Verarbeitung von Schokolade geschult. Dies bedingt äusserst strenge klimatische Anforderungen, zur Verarbeitung von Schokolade darf die Raumtemperatur maximal 23 Grad Celsius betragen. Dies führte dazu, dass für den Dachraum eine Hochleistungskühldecke eingeplant werden musste. Sie wurde im Zwischenraum zwischen Dach und Gaube untergebracht.

● AUSFÜHRUNG – EBENE DER MACHBARKEIT

Es wurden insgesamt 1296,5 Kubikmeter Massivholz, Leimholz und Holzwerkstoffe verbaut, wobei 83,4 Prozent des verbauten Holzes aus dem Schweizer Wald stammen. Das Holz wächst in ziemlich genau einer Stunde wieder und speichert so viel CO_2, wie die 150 Mitarbeitenden der Max Felchlin in 16 Monaten produzieren.

1 Markus Peter, «Technische Evolution und architektonische Potenziale», in: *werk, bauen + wohnen, Fügen in Holz*, 5 – 2019, S. 13–17.

ABB. 1 Der neue Verwaltungstrakt rechts und die bestehende Produktionshalle links sind durch die Fachwerkbrücke, die die Räume für die Kundenbetreuung aufnimmt, verbunden.

ABB. 2 In der Dachkonstruktion wird lokale Zimmermannskunst zelebriert. Sie erlaubt ein punktuelles Ableiten der statischen Kräfte auf nur wenige Stützen.

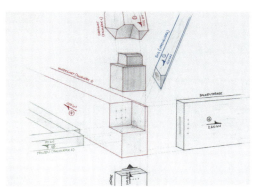

ABB. 3 Eckknoten der Dachkonstruktion über dem Verpflegungsraum im Condirama für jede Stelle, wo die Kräfte aus dem Dach und dem Fachwerkausleger in die Stütze eingeleitet werden.

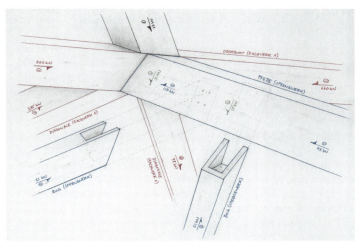

ABB. 4 Kräfteverlauf im Knotenpunkt zwischen Sprengwerk und Fachwerk. Bug und Pfette des Sprengwerks werden mittels Metallbügeln und Verbundmörtel gefügt.

ABB. 5–7 Montage der Dachgauben.

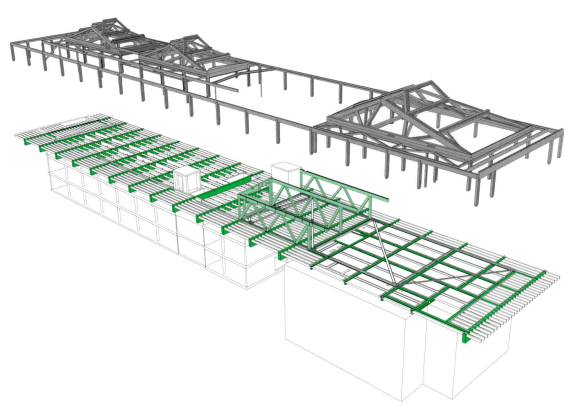

ABB. 8 Isometrie Dachkonstruktion.

NEUBAU WOHNHAUS MIT GEWERBE, LOKSTADT WINTERTHUR

ZEITRAUM	WETTBEWERB 2016, PLANUNG UND AUSFÜHRUNG 2016–2020
PROJEKTTRÄGER	TOTALUNTERNEHMER IMPLENIA SCHWEIZ, DIETIKON
BAUHERRSCHAFTEN	GESEWO – GENOSSENSCHAFT FÜR SELBSTVERWALTETES WOHNEN, WINTERTHUR; GAIWO – GENOSSENSCHAFT FÜR ALTERS- UND INVALIDENWOHNUNGEN, WINTERTHUR; ANLAGESTIFTUNG ADIMORA, ZÜRICH; IMPLENIA IMMOBILIEN, ZÜRICH
ARCHITEKTUR	ARGE BAUMBERGER & STEGMEIER ARCHITEKTEN, ZÜRICH / KILGA POPP ARCHITEKTEN, WINTERTHUR
HOLZBAUINGENIEURWESEN	TIMBATEC HOLZBAUINGENIEURE SCHWEIZ, ZÜRICH
WEITERE	BAUPHYSIK: PIRMIN JUNG SCHWEIZ, RAIN; ELEKTROINGENIEUR: HEFTI. HESS. MARTIGNONI, ZÜRICH; FASSADENPLANUNG: ERNST BASLER + PARTNER, ZÜRICH; LANDSCHAFTSARCHITEKT: HAGER PARTNER, ZÜRICH; BIM-SUPPORT: KAULQUAPPE, ZÜRICH; BIM/3D-MODELL (DURCH HOLZBAUER BEAUFTRAGT): DESIGN-TO-PRODUCTION, ZÜRICH (PARAMETRISCHE PROGRAMMIERUNG); ANSELM SCHOEN.HOLZBAU PLANUNG, WITZENHAUSEN (UMWANDELN DES 3D-MODELLES FÜR DIE PLANAUSGABE, ERSTELLUNG ALLER HOLZBAURELEVANTEN PRODUKTIONS- UND MONTAGEPLÄNE)
MASSIVBAUINGENIEUR	DR. GROB & PARTNER, WINTERTHUR
KONSTRUKTION	HOLZSKELETTBAU, FASSADENELEMENTE IN HOLZRAHMENBAUWEISE MIT INTEGRIERTER TRAGSTRUKTUR, VORFABRIKATION: WANDELEMENTE INNEN FERTIG BEPLANKT, HLS + ELEKTRO INTEGRIERT
FASSADE	HINTERLÜFTETE FASSADENVERKLEIDUNG MIT GLASFASERBETON, TITANZINKSCHINDELN, HOLZ- UND FASERZEMENTSCHALUNG

VORPROJEKT – EBENE DER LOGIK

Das Lokstadt-Areal in Winterthur war eine der wichtigsten Produktionsstätten für Lokomotiven und Züge in der Schweiz. Bis 2025 entsteht auf dem Areal ein neuer Stadtteil nach den Vorgaben der 2000-Watt-Gesellschaft. Als Vorgabe der Wettbewerbsauslobung erfolgte der gesamte Prozess vom Architekturwettbewerb bis zur Ausführungsplanung anhand eines vorgegebenen BIM-Modells.

Das Haus Krokodil ist das erste neue Gebäude auf dem Areal und umfasst 254 Wohnungen mit verschiedenen Wohnformen. Die Blockrandbebauung mit Innenhof nimmt mit ihrem Volumen und ihrer strukturellen Ordnung Bezug auf die umliegenden Hallenbauten.

Den Entscheid für einen Holzbau haben die Architekten auch getroffen, um die tiefen Grundrisse (14 bis 22 Meter) räumlich zu gliedern. Bereits in der Wettbewerbsphase wurde der Holzbauingenieur hinzugezogen, der auch in die weitere Planung eingebunden war. Das Gebäude ist als Skelettbau konstruiert, lediglich die Untergeschosse sowie die Treppenhäuser sind in Stahlbeton ausgeführt. Die Holzstützen sind prägender Teil der Architektur.

Das BIM-Modell aus dem Wettbewerb wurde im anschliessenden Planungsprozess ausgearbeitet und mit detaillierteren Informationen angereichert. Neben dem Monitoring der zu erwartenden Projektkosten sollte überprüft werden, ob die angestrebten Nachhaltigkeitsziele erreicht werden können. Zudem erwartete man sich in der Ausführungsphase die Optimierung von Logistik und Montage bis hin zur Kontrolle des Baufortschritts.

Die Planung mit BIM erfordert in den frühen Planungsphasen die Einbeziehung aller Beteiligten, um zeit- und kostenintensive Umplanungen zu vermeiden. Dafür muss entsprechend Zeit im Vorprojekt vorgesehen werden.

BAUPROJEKT – EBENE DES DETAILS

Beim Haus Krokodil bilden Stützen im Abstand von drei bis vier Metern und Unterzüge – im Innenbereich liegend, an der Fassade stehend – das Tragwerk. Das Deckensystem wird mit grossflächigen Brettsperrholzplatten, das Dachsystem mit Hohlkastenelementen ausgeführt. Die vorgefertigten Fassadenelemente sind geschossweise an den Unterzug aufgehängt. Der Baustoff Holz ist im Gebäude spürbar: Die teils frei stehenden Stützen sowie Unterzüge und Decken sind bewusst in die Raumgestaltung einbezogen und gliedern die Grundrisse.

Für die angestrebte optimierte Planung mit BIM haben sich die nach dem Vorprojekt erforderlichen räumlichen Anpassungen, aufgrund von Anforderungen, die so im Wettbewerb nicht formuliert waren, als Schwierigkeit herausgestellt. Die notwendigen Änderungen über alle Gewerke führten im Bauprojekt zu deutlichen Aufwänden. Zudem erforderte der Einsatz von OpenBIM die Definition der Schnittstelle zwischen den unterschiedlichen Softwarelösungen der Planungsbeteiligten, um den Verlust von Informationen beim Datentransfer zu begrenzen.

BEWILLIGUNG – EBENE DER VERBINDLICHKEIT

Die Planung mit BIM ist anspruchsvoll, die Rahmenbedingungen in gesamten Planungs- und Bauprozess müssen darauf abgestimmt sein. Auf den gesamten Lebenszyklus eines Gebäudes betrachtet kann sich dies positiv auswirken, da das Datenmodell auch für die Bewirtschaftung des Gebäudes genutzt werden kann, für das Haus Krokodil war dies keine Anforderung.

Die Details für den Holzbau wurden in der Werkplanung vom Holzbauingenieur und dem Holzbauer entwickelt. Dazu haben sie die 3D-Planung der Architekten in die eigene 3D-Planung überführt, die die Basis bildete für die Fertigung. Diese wurde von den Architekten geprüft (sitzen die Details an der richtigen Stelle, stimmt die Bauteilzuordnung etc.), bevor beim Holzbauer die Detailplanung erfolgte, die, nach erneuter Abstimmung, in das Datenmodell für die Fertigung überführt wurde.

AUSFÜHRUNG – EBENE DER MACHBARKEIT

Massive Treppenhauskerne dienen der statischen Aussteifung von Holzgebäuden und stellen die Fluchtwege im Brandfall sicher. Sie werden oftmals vor dem Holzbau errichtet, sodass die Zimmerleute die vorfabrizierten Holzbauelemente an die betonierten Treppenhauskerne anpassen müssen. Beim Haus Krokodil schlug der Holzbauingenieur die Umkehrung des Prozesses vor. Zunächst wurden jeweils zwei Geschosse im Holzbau errichtet und dann die Treppenhauswände gegossen. Die Wandelemente aus Dreischichtplatten bilden gleichzeitig die Innenwände der Wohnungen und die Schalung für den Treppenhauskern aus Beton.

Dank des beschriebenen Verfahrens konnte man auf zahlreiche Stahlverbindungen und somit 24 Tonnen Stahl verzichten. Zudem waren die Bauzeiten kürzer.

Die eingesetzten Brettschichtholzdecken sind über ein Schwalbenschwanzsystem miteinander verbunden. Die sogenannten X-fix-C-Deckenverbinder ziehen die Platten zusammen und verbinden die Elemente der Sichtdecken spaltenfrei. Sie bieten Zeitersparnis bei der Montage, zudem ist die Schubwirkung gewährleistet und im Holzbau gelöst. Die Fassadenelemente wurden bis auf die äussere und innere Beplankung vorgefertigt und inklusive Hinterlüftung und Fenster auf die Baustelle geliefert.

Beim Haus Krokodil ist Holz das gliedernde Element der Hülle, es strukturiert die Wohngrundrisse. Den Einsatz des Materials haben die Architekten konsequent genutzt, um dem Gebäude am Ort und in seiner Funktion seinen Ausdruck zu verleihen.

ABB. 1 Der Holzbau ist an den Fassaden ablesbar.

ABB. 2 Die Holzkonstruktion ist im Inneren spürbar: die teils frei stehenden Stützen und Unterzüge gliedern die Grundrisse.

ABB. 3 BIM-Modell: Zuweisung der Bauteile mit Materialsierung.

ABB. 4 Übergeordnete Technik durch Holzbau.

ABB. 6 BIM-Modell: Darstellung der Haustechnik.

ABB. 5 22 000 Quadratmeter Holzdecken in Sichtqualität werden mit 10 000 sogenannten X-fix-C-Verbindern verbunden. Der zweiteilige, selbstspannende Brettsperrholzverbinder wird mit dem Hammer eingeschlagen.

MEHRZWECKHALLE DER GEMEINDE LE VAUD, LE VAUD

ZEITRAUM	PLANUNG 2009–2014, AUSFÜHRUNG 2014–2018
PROJEKTTRÄGER	GEMEINDE LE VAUD
ARCHITEKTUR	LOCALARCHITECTURE, LAUSANNE
	LAURENT SAURER, MANUEL BIELER, ANTOINE ROBERT-GRANDPIERRE, GIULIA ALTARELLI, ELSA JEJCIC
HOLZBAUINGENIEUR	
UND AUSFÜHRUNG	RATIO BOIS, ECUBLENS
BAUINGENIEURWESEN	2M INGÉNIERIE CIVILE, YVERDON-LES-BAINS
HOLZBAU (TRAGWERK)	AMÉDÉE BERRUT, COLLOMBEY-MURAZ
KONSTRUKTION	STÜTZENFREIE HALLENKONSTRUKTION, HOLZELEMENTBAU AUF BETONSOCKEL, BRETTSCHICHTHOLZ, MASSIVHOLZ, HWS-PLATTEN, VORWIEGEND WEISSTANNE

● VORPROJEKT – EBENE DER LOGIK

Die Gemeinde Le Vaud benötigte für den Schulbetrieb eine grössere Turnhalle und entschied sich für den Bau eines Mehrzwecksaals. Er dient zum einen dem Schul- und Vereinssport und bietet zugleich als Kulturbau Raum für verschiedene öffentliche Veranstaltungen. Das Projekt ging aus einem eingeladenen Wettbewerb hervor.

Die Gestaltung der Halle mit ihren rund 1200 Quadratmetern Nutzfläche reagiert einerseits auf die Forderung nach einer effizienten Raumorganisation, die in einer einfachen Grundstrukur – rechteckiger stützenfreier Grundriss mit grossen Fensterflächen – zum Ausdruck kommt. Andererseits entspricht sie dem Wunsch der Gemeinde nach einem ausdrucksstarken Gebäude, das auch visuell zum Mittelpunkt des Dorflebens werden kann.

● BAUPROJEKT – EBENE DES DETAILS

Der 38 Meter lange Firstträger der Haupthalle ist aus verleimtem Brettschichtholz (Weisstanne) gefertigt und statisch in vier Einzelträger aufgelöst, um die hochklappbaren Sportgeräte und die Beleuchtung aufzunehmen.

Der Innenraum entspricht den strikten Normen für Sport- und Versammlungsstätten, während die Hülle frei entworfen ist. Der in das abfallende Gelände gesetzte Betonsockel nimmt die dienenden Räume und die Haustechnik auf. Hangabwärts erstreckt sich die doppelgeschossige Mehrzweckhalle mit abgetrennter Bühne. Über dem Sockelgeschoss liegt das zur Halle offene Galeriegeschoss mit Eingang und Zuschauertribüne.

Um den Raum stützenfrei zu halten, haben die Architekten den Einsatz von Brettschichtholzträgern vorgeschlagen. Die Ausarbeitung des Entwurfs erfolgte in Zusammenarbeit mit dem Holzbauingenieur, der Teil des Planungsteams war.

Die beinahe quadratische Halle wird von einem Doppelgiebel in Längsrichtung überspannt. Er besteht aus einer Kombination von gigantischen Brettschichtholzträgern und vorfabrizierten statisch wirksamen Akustikelementen. Die gezackten Giebelwände tragen die Hauptlast und bilden mit den Brettschichtholzträgern das Tragsystem. Der 38 Meter lange Firstträger der Haupthalle wurde in zwei Teilen auf die Baustelle transportiert und vor Ort montiert. Der Träger nimmt die hochklappbaren Sportgeräte und die Beleuchtung auf, so konnte die restliche Decke von Einbauten freigehalten werden. In der Galerieebene bildet eine grosse V-Stütze das Mittelauflager.

Die zwischen den beiden primären Tragelementen angeordneten vorgefertigten Akustik-Kastenelemente bilden die Sekundärstruktur und tragen die mit Abstand zum Tragwerk aufgeständerte Dachhaut aus Wellblech. Sie verläuft versetzt zur Symmetrie der Hallendecke und bildet die in die Fassade übergehende gezackte Dachlandschaft.

Die Halle ist vierseitig belichtet, die Längsseiten sind vollflächig verglast. Hier dient die Auskragung des Daches im Norden als Wetterschutz und im Süden als Sonnenschutz. An den Giebelseiten nehmen dreieckige Fenster die Dachform wieder auf.

Alle eingesetzten Materialien sind dabei eine Hommage an die Region: Regionales Tannenholz ist im gesamten Innenraum präsent. 80 Prozent des verbauten Holzes ist Schweizer Holz. Die beauftragten Unternehmen stammen aus der Region.

● BEWILLIGUNG – EBENE DER VERBINDLICHKEIT

Im Juli 2016 war das Gebäude fast fertiggestellt, doch dann wurde es einen Monat vor Eröffnung bei einem Brand zerstört. Letzte Arbeiten an der Dachabdichtung waren Auslöser des Feuers. Die Verantwortlichen machten sich umgehend an den Wiederaufbau. Die Architekten nutzten den Tiefschlag, um ihren Entwurf noch einmal zu verfeinern. Erfahrungen aus der ersten Umsetzung boten Verbesserungspotenzial.

● AUSFÜHRUNG – EBENE DER MACHBARKEIT

Ziel war es, so viel wie möglich von den Brandüberresten wiederzuverwenden. So konnte der zweigeschossige Betonsockel nach einer Sanierung wieder als Basis für den Holzbau dienen. Rauchspuren am Sockel sind zur Erinnerung an den Brand belassen.

Die Haustechnikleitungen im Untergeschoss hielten dem Feuer Stand und konnten ebenfalls wiederverwendet werden. Die Beleuchtung der Halle wurde grundlegend überarbeitet. Durch das Hinzufügen eines Zwischengeschosses neben der Bühne entstand zudem mehr Lagerraum.

Den Architekten wäre eine längere Pause zwischen dem Brandunfall und dem Wiederaufbau lieber gewesen, hätte sie doch der Gemeinde, den Unternehmen und den Bewohnern Zeit gegeben, das Erlebte zu verarbeiten. Doch das schreckliche Ereignis des Brandes schweisste die Beteiligten für einen Wiederaufbau zusammen.

ABB. 1 Die Holzschalung der Dreieckfenster an den Giebelseiten vermittelt zwischen der äusseren Geometrie des gezackten Giebels und der tatsächlichen Fensteröffnung im symmetrischen Innenraum.

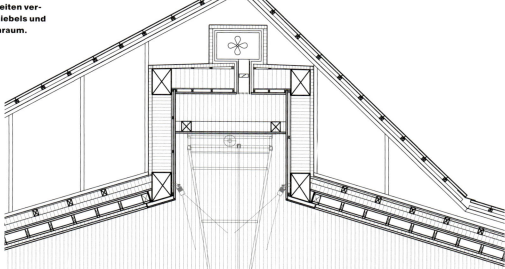

ABB. 2 Detailschnitt durch den aufgelösten Hauptträger über der Turnhalle.

ABB. 3 Während der Bauphase. Die konsequente Materialisierung des Innenraums in Tannenholz mit Ansicht der V-Stütze.

ABB. 4 Montage Brettschichtholzträger.

ABB. 5 In der Raumschicht zwischen Fassade und Innenwandverkleidung befinden sich die Bühne, der Lift sowie dienende Räume.

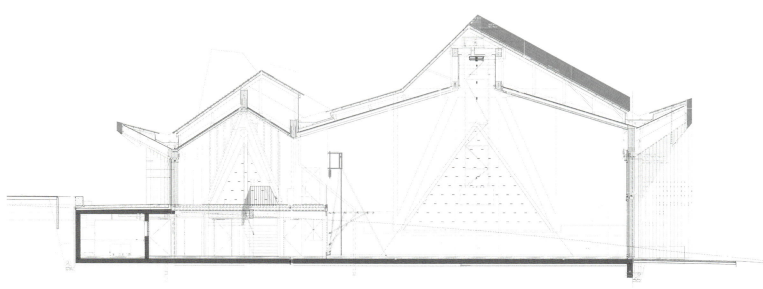

ABB. 6 Querschnitt durch die Halle. Der Schnitt zeigt den Versatz zwischen Gebäudehülle und der abgehängten Decke des Innenraums.

CHÄSERRUGG BERGSTATION, CHÄSERRUGG

ZEITRAUM   DIREKTAUFTRAG, PLANUNG 2013, AUSFÜHRUNG 2014–2015
PROJEKTTRÄGER   TOGGENBURG BERGBAHNEN, ALT ST. JOHANN
ARCHITEKTUR   HERZOG & DE MEURON, BASEL
PROJEKT- UND BAUMANAGEMENT: GHISLENI PARTNER, RAPPERSWIL
INGENIEURWESEN HOLZBAU   PIRMIN JUNG SCHWEIZ, RAIN
INGENIEURWESEN   SCHNETZER PUSKAS INGENIEURE, BASEL
HOLZBAU   BLUMER LEHMANN, GOSSAU
KONSTRUKTION   HOLZ-SKELETTBAU MIT VORGEFERTIGTEN ELEMENTEN ERGÄNZT, HOLZARTEN FICHTE UND TANNE

● VORPROJEKT – EBENE DER LOGIK

Mit der Bergstation und dem neuen Restaurant auf dem Chäserrugg setzten die Basler Architekten Herzog & de Meuron ein neues Holzbauwahrzeichen in das Toggenburg.

● BAUPROJEKT – EBENE DES DETAILS

Als östlichster der sieben Churfirsten erhebt sich der Chäserrugg 2262 Meter über dem Meer. Exponiert auf solcher Höhe finden sich traditionell eher Steinbauten. Die Architekten haben sich früh für Holz entschieden, um die lokale Tradition widerzuspiegeln, das Hochtal Toggenburg verfügt über eine starke handwerkliche Holzbaukultur.

Der Holzbau liegt auf einem Betonsockel, das grosse Dach steht im Mittelpunkt. Es verbindet die bestehende Bergstation der Seilbahn mit dem Neubau und schafft eine neue, grosszügige Ankunftshalle. Die Pfetten ragen weit über die Fassade hinaus und sind durch diagonale Holzstreben mit dem Fundament verbunden. Aufgrund der grossen Windkräfte wurden alle Verbindungen so ausgebildet, dass sie auf Zug und Druck belastbar sind. Für die Dimensionierung waren auch die Schneelasten relevant, Stützen und Streben haben Abmessungen von 40 × 40 Zentimeter, die Pfetten bis zu 40 × 100 Zentimeter. Das Tragwerk wurde mit vorproduzierten Holzrahmenelementen kombiniert. Es kamen traditionelle Zimmermannsverbindungen wie Verzapfungen oder Versätze zum Einsatz, die durch Verbindungsmittel des Holzingenieurbaus ergänzt wurden. Schon bei der Vergabe war den Architekten die Bereitschaft der Unternehmer wichtig, den rollenden Planungsprozess zu unterstützen. Das Holzbauunternehmen erhielt beispielsweise den Auftrag, obwohl viele Details noch nicht abschliessend geklärt waren.

95 Prozent der Partner und Lieferanten kamen aus der Region und 80 Prozent des Holzes stammte aus der Schweiz. Die Detail- und Ausführungsplanung erfolgte im Team bestehend aus Architekten, Bauherrenvertretung, Bauleitung, Unternehmern und Fachplanern mit dem Korrex und Freigabe durch die Architekten. Im Weiteren wurden Details durch den Bauphysiker und durch den Brandschutzexperten kontrolliert und ergänzt.

● BEWILLIGUNG – EBENE DER VERBINDLICHKEIT

Ein Bewilligungsverfahren für das Bauen im alpinen Raum ist nicht zu vergleichen mit dem im städtischen Kontext, viele Akteure, auch Umweltverbände, meldeten Ansprüche an. Dennoch verlief die öffentliche Auflage ohne Einsprachen. Wichtig war, dass der Neubau so gesetzt wurde, dass der eigentliche Gipfel des Berges frei bleibt. Auch greift der Bau nicht in das bestehende Gebäude der Bergbahn ein. Somit war keine weitere Bewilligung vom Amt für Verkehr erforderlich, was eine deutliche Verzögerung des Baubeginns bedeutet hätte.

● AUSFÜHRUNG – EBENE DER MACHBARKEIT

Bei Planung und Bau wurde dem rücksichtsvollen Umgang mit der Umwelt Priorität zugeordnet. Die Transportlogistik wurde mit der Luftseilbahn sichergestellt. Mit 1800 Fahrten sind 3600 Tonnen Material auf den Berg geführt worden.

Von Beginn an wurde so geplant, dass der Rohbau in einer Sommerperiode realisiert und möglichst alle Materialien für den Innenausbau in dieser Zeit auf die Baustelle transportiert werden konnten. Während der Winterperiode erfolgte der Innenausbau. Gearbeitet wurde das ganze Jahr. Der respektvolle Umgang mit Bestand, Material und Natur zeigt sich auch in der Logistik. Ausgehend von Entwurf und Tragwerkskonzept wurden die Bauteile so geplant (oder auch geteilt, zerlegt), dass Transport und Montage mit der Seilbahn möglich waren, etwa bei der Traufpfette mit ihrer Länge von circa 60 Metern, die nicht in einem Stück produziert und geliefert werden konnte. Zudem musste der Schutz der Teile beim Transport sowie bei Lagerung auf diversen Deponieplätzen gewährleistet werden. Die Pakete wurden daher mit Folie und Kantenschutz bis auf den Berg befördert und erst kurz vor Montage geöffnet. Die Bahn kann Lasten bis sechs Tonnen tragen, das längste Teil war 23 Meter lang. Auch der Beton wurde auf dem Berg vor Ort gemischt, teils mit Abbruch- und Aushubmaterial, sodass lediglich wenige Helikopterflüge für das Aufstellen des Krans erforderlich waren.

ABB. 1 Das bestehende Seilbahngebäude wird über das Satteldach und die Holzverkleidung in den Neubau integriert.

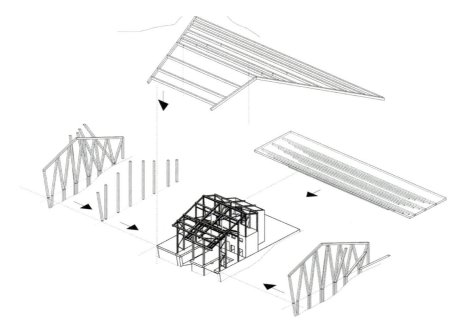

ABB. 2 Der dreiseitig belichtete Gastraum mit den Kojen, die zu Notschlafplätzen umgerüstet werden können.

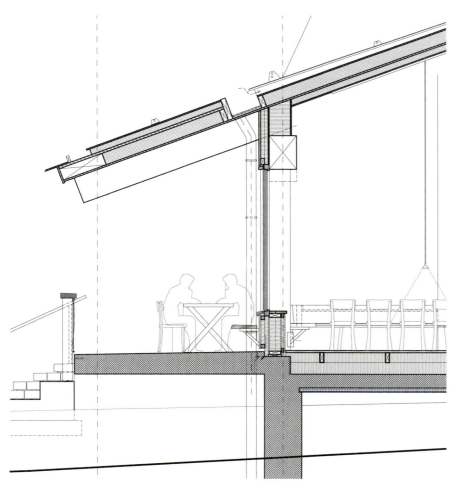

ABB. 3 Tragstruktur.

ABB. 5 Stützenauflager.

ABB. 4 Detail Fassadenschnitt.

WOHNÜBERBAUUNG MOOS-CHAM, TEILGEBIET 2, CHAM

ZEITRAUM   EINGELADENER WETTBEWERB 2013, REALISIERUNG 2017–2019
PROJEKTTRÄGER   PRIVAT
ARCHITEKTUR   LOELIGER STRUB ARCHITEKTUR, ZÜRICH
MITARBEIT   DIDIER OSKAM, PHILIPP METZLER (WETTBEWERB), MICHAEL NÖTZLI (PROJEKTLEITUNG), LUCAS MICHAEL (FASSADE),
    JOËL MARIÉTHOD, LUCIEN VILLIGER, JOEL HÉRITIER, TIZIANA SCHIRMER, FANNI MÜLLER, BEAT KÜBLER, FELIX BÜTTNER
BAUAUFTRAGGEBENDENVERTRETUNG   I + K ARCHITEKTEN, MARTIN KÜMMERLI, ZUG
INGENIEURWESEN   HOLZBAU: PIRMIN JUNG SCHWEIZ, RAIN; WISMER + PARTNER, ROTKREUZ
LANDSCHAFT   SCHMID LANDSCHAFTSARCHITEKTEN, ZÜRICH
WEITERE   BAULEITUNG: WIDMER PARTNER BAUREALISATION, ZUG; FARBBERATUNG ANDREA BURKHARD, ZÜRICH;
    BERATUNG EINGANGSTÜREN INKL. BETONARBEITEN: LUC FORSTER, ZÜRICH
HOLZBAU   ARGE NUSSBAUMER HOLZBAU, KOST HOLZBAU, HOLZBAUTECHNIK BURCH
KONSTRUKTION   HOLZSYSTEMBAU AUS FICHTE AUF MASSIVEM SOCKEL UND AUSSTEIFENDEN TREPPENHÄUSERN,
    HOLZ-BETON-VERBUNDDECKEN, HOLZSTÄNDERWÄNDE, TRAGENDE UND NICHTTRAGENDE INNENWÄNDE

● VORPROJEKT – EBENE DER LOGIK

Die Wohnüberbauung Moos liegt am Siedlungsrand von Cham zwischen Reiheneinfamilienhäusern und den anschliessenden Wiesen und Feldern. Zwei als Holzsystembauten ausgeführte dreigeschossige Wohngebäude bilden den Übergang vom Siedlungs- zum Landschaftsraum. Mit einem I- bzw. s-förmigen Grundriss umschliessen sie einen Hofraum und definieren zur Landschaft eine klare Grenze.

Bereits im Wettbewerb schlug Loeliger Strub Architekur an der Nahtstelle zur Landschaft einen Holzbau vor. Diese Möglichkeit wurde im Hinblick auf die Kosten im Vergleich zu einem Massivbau überprüft. Die private Bauauftraggeberschaft befürwortete das Bauen mit Holz, auch aus Gründen der Nachhaltigkeit.

Der Entwurf entwickelt seine Kraft aus dem Umgang mit dem Rohstoff Holz als Bau- und Ausbaumaterial. Insbesondere die Ausformulierung der Ausbauelemente und die Farbgebung arbeiten mit den Qualitäten des Materials und prägen den Charakter der Bauten. Vergleichbar den Fachwerkbauten des Barocks ist die Farbe als Gestaltungsmittel raumbildendes Element.

Die beiden Mehrfamilienhäuser sind mit massiven Erschliessungskernen und Holz-Beton-Verbunddecken ausgeführt. Im s-förmigen Wohngebäude werden jeweils fünf Wohnungen durch das massiv ausgeführte Treppenhaus erschlossen, im I-förmigen Wohnbau erfolgt die Erschliessung über aussenliegende Laubengänge. Vorgelagerte Loggien und Lauben vermitteln zwischen Hofraum und Wohnen, während auf der der Landschaft zugewandten Seite grosszügige Fensteröffnung und eingeschnittene Balkone und Terrassen die Fassade strukturieren.

● BAUPROJEKT – EBENE DES DETAILS

Zunächst zeigen die Gebäude eine heute sehr gebräuchliche Art des Bauens mit Holz. Das Untergeschoss wurde in Massivbau, die restlichen Stockwerke in Holzsystembauweise gefertigt. Die tragenden Aussenwände sind in Rahmenbauweise mit integrierten Brettschichtholzstützen und tragenden Unterzügen ausgeführt. Als Deckensystem wurden, auch aus akustischen und brandschutztechnischen Gründen, sichtbare Holz-Beton-Verbunddecken eingebaut. Die nichttragenden Innenwände sind als Holzständer ausgeführt und mit Gipsplatten verkleidet. Neben dem Kellergeschoss sind die Treppentürme in Ortbeton gegossen und bilden Basis und aussteifendes Skelett.

Das pragmatische und wirtschaftliche Zusammenspiel verschiedener Systeme ist in Cham in eine spezifische Architektur überführt, die das Holz als Element des Wohnens nutzt und durch eine überlegte Materialisierung Raumqualitäten schafft.

● AUSFÜHRUNG – EBENE DER MACHBARKEIT

Holz wird für unterschiedliche Aufgaben in verschiedenen Formen verwendet: als Konstruktionsmaterial, als Fassadenmaterial, als prägendes Material im Innenraum, als präzis eingesetztes Material für spezielle Bauteile wie Griffe oder Handläufe. Ob roh, lasiert oder gestrichen, es geht darum, die atmosphärische Wirkung des Baustoffes für die spezifische Anwendung zu stärken und für alle Sinne erfahrbar zu machen.

Dabei arbeiten die Architekten mit dem gebräuchlichsten Konstruktionsholz, der Fichte. Diese wird insbesondere durch den Einsatz von Farbe in der jeweiligen Anwendung veredelt. Über die Farbe wird gleichsam eine weitere Wahrnehmungsebene generiert. Im Innenraum verdeutlicht ihr präziser Einsatz die räumliche Komposition, während die Plastizität der Fassaden durch die gewählte Farbkombination herausgearbeitet ist: Das helle Grün der horizontalen Schalung schafft in Verbindung mit einem dunklen Tannengrün und dem Weinrot der Fensterelemente räumliche Tiefe.

In den Wohnungen bestimmen Holzdecken und Holzfriese in Verbindung mit dem grau eingefärbten Anhydritboden und dem Weiss der Gipsfaserverkleidung den Raumeindruck. Die von den Bewohnerinnen und Bewohnern gestaltbaren Schaltzonen in den durchgesteckten Grundrissen sind mit Tannengrün an Decke und Rahmen akzentuiert.

Die Balance zwischen Farbe und rohen Oberflächen, zwischen ausgestalteten Elementen und schlichten Bauteilen prägt die Wohnüberbauung an der Fassade wie im Inneren und verleiht ihr ihr differenziertes und gleichzeitig schlichtes Erscheinungsbild.

ABB. 1 Südfassade.

ABB. 2 Blick auf den Laubengang im ersten Obergeschoss des s-förmigen Wohngebäudes. Mit der Farbgestalterin Andrea Burkhard entwickelten die Architekten das für aussen und innen differenzierte Farbkonzept.

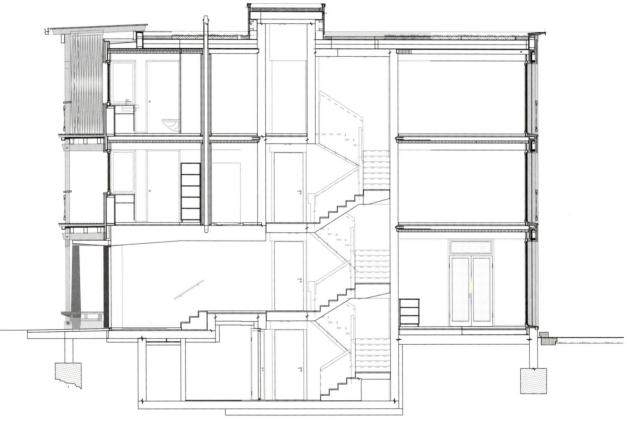

ABB. 3 Querschnitt.

ABB. 4 In den Wohnräumen wird die Fichte mit dunkel lackierten Türen, Sockelleisten und Einbauten kombiniert. Die das Wohnen gliedernde Schaltzone kann von den Bewohnern individuell eingerichtet und genutzt werden.

ABB. 5 Die Farbigkeit der Fassade setzt sich im Innenraum fort.

EINFÜHRUNG

VORPROJEKT

BAUPROJEKT

AUSBLICK

BEISPIELE

ANAHNG

HERAUSGEBER

MARIO RINKE ist Tragwerksplaner und Konstruktionshistoriker, spezialisiert auf den frühen Stahlbeton- und Holzbau und Professor für Building Technology and Integrated Design an der Fakultät für Design Sciences der Universität Antwerpen. Er war Dozent am Departement Architektur der ETH Zürich und an der HSLU Luzern. Mario Rinke erhielt sein Diplom in Bauingenieurwesen an der Bauhaus-Universität Weimar und promovierte an der ETH Zürich. Er arbeitete als Bauingenieur in London und Zürich und führt sein eigenes Büro in Brüssel.

MARTIN KRAMMER ist Architekt und Mitglied der Geschäftsleitung bei der Offconsult AG, Zürich. Er war u.a. Leiter des österreichischen Büros von Morphosis Architects, Los Angeles, und Partner von INNOCAD Architektur, Graz. Er leitete die strategische Marktentwicklung der ERNE AG Holzbau, Laufenburg (CH). Sein Interesse am zeitgenössischen Holzbau und die Auseinandersetzung mit den daraus für die architektonische Produktion resultierenden Fragen begleiten ihn bis heute.

AUTORINNEN UND AUTOREN

MARIANNE BURKHALTER ist Architektin und Partnerin von Christian Sumi im Atelier Marianne Burkhalter und Christian Sumi. Bis Sommer 2020 führten sie gemeinsam das Architekturbüro burkhalter sumi architekten in Zürich, das nun von ihren ehemaligen Partnern Yves Schihin und Urs Rinklef als Oxid Architektur weitergeführt wird.

Neben der eigenen Praxis ist Marianne Burkhalter immer in der Lehre engagiert gewesen. Sie unterrichtet unter anderem als Assistentin bei Klaus Vogt und Mario Campi an der ETH Zürich und hatte Gastprofessuren an der SCI-ARC, Los Angeles, der EPFL Lausanne, gemeinsam mit Christian Sumi, inne, bevor sie, ebenfalls mit Christian Sumi, als Professorin an die Accademia di Architettura in Mendrisio (2008–2018) berufen wurden.

MATHIAS HEINZ ist Architekt und Gründungsmitglied und Partner von pool Architekten, Zürich.

Er war Dozent an der ZHAW Winterthur und an der ETH Zürich und hatte zwischen 2013 und 2016 eine Professur an der TU Berlin gemeinsam mit Raphael Frei inne. Mathias Heinz ist Mitglied des Vorstands des Architekturforums Zürich. Projekte wie das Wohn- und Geschäftshaus Badenerstrasse in Zürich, das Stapferhaus in Lenzburg oder der Campus in Biel zeigen die Auseinandersetzung und das Verständnis von Mathias Heinz im Hinblick auf eine städtische Holzarchitektur.

RICHARD JUSSEL ist Projektenwickler bei Blumer Lehmann und war bis Herbst 2020 dort Geschäftsführer. Der eidgenössisch diplomierte Zimmermeister und Holzbaufachmann ist bereits seit über 35 Jahren ein wichtiger Erfolgsfaktor bei Blumer Lehmann. Er prägte die Entwicklung des Unternehmens, der Produkte und des Holzbaus im Allgemeinen. Ihn begeistern innovative Ideen von Architekten und Planenden, die er mit seiner Mannschaft umsetzen darf. Sein Fachwissen und die Kreativität des Holzbaus zeigen sich in unzähligen realisierten Projekten. Respekt im Umgang mit Menschen und vor dem Baustoff Holz ist eine markante Eigenschaft von Richard Jussel: «Wir Hölzigen haben es gerne geradlinig und klar.» Auch bei seinen Hobbys steht der Baum an erster Stelle. Er fotografiert weltweit Baumrinden. Holz fasziniert und inspiriert ihn seit seiner Kindheit.

HERMANN KAUFMANN ist seit 2002 Professor für Entwerfen und Holzbau an der TU München und Leiter des Instituts für Entwerfen und Bautechnik. Er ist Gründer und Geschäftsführer des Architekturbüros Hermann Kaufmann + Partner in Schwarzach (AT). Hermann Kaufmann hat Architektur in Innsbruck und Wien studiert und war Dozent an der Liechtensteinischen Ingenieurschule sowie Gastprofessor an der TU Graz und der Universität Ljubljana. Er ist Mitglied der Bundeskammer der ZiviltechnikerInnen, der Zentralvereinigung der ArchitektInnen Österreichs (ZV) sowie mehrerer Gestaltungsbeiräte.

Seine Forschungsprojekte befassen sich u.a. mit der Weiterentwicklung des Spektrums der Anwendungsmöglichkeiten moderner Holzbauweisen oder der Aufweitung der baurechtlichen Begrenzungen.

FRANK LATTKE ist gelernter Tischler und hat Architektur an der TU München und der Universidad Politécnica de Madrid (ETSAM) studiert. Nach dem Studium und Lehr- und Wanderjahren in Australien gründete er 2003 sein eigenes Büro in Augsburg. Zwischen 2002 und 2014 war er wissenschaftlicher Mitarbeiter am Lehrstuhl für Entwerfen und Holzbau bei Professor Hermann Kaufmann an der TU München und hat dort den Forschungsbereich aufgebaut sowie mehrere Projekte zum Thema Gebäudemodernisierung geleitet.

KATHARINA LEHMANN studierte Betriebswirtschaft an der Universität St. Gallen. Seit 1996 führt sie als CEO und Delegierte des Verwaltungsrates in fünfter Generation die unter der Lehmann Gruppe zusammengefassten Firmen Lehmann Holzwerk AG, Blumer-Lehmann AG und BL Silobau AG, alle in Gossau, sowie zwei kleine Tochtergesellschaften in Deutschland und Luxemburg. Das Familienunternehmen der Lehmann Gruppe beschäftigt sich seit über 140 Jahren ausschliesslich mit dem Werkstoff Holz. Katharina Lehmann ist bekannt für ihr Engagement für die Schweizer Holzindustrie und den Holzbau und bringt ihr Wissen in zahlreiche Projekte der Holzwirtschaft ein. Ausserdem setzt sie sich für die nachhaltige Bewirtschaftung von tropischen Wäldern ein. Holz ist für sie der Inbegriff der Nachhaltigkeit.

PETER MAKIOL ist ausgebildeter Zimmermann und studierte Holzbauingenieurwesen an der Schweizerischen Ingenieur- und Fachschule für die Holzwirtschaft (heute Schweizerische Holzfachschule Biel). 1992 gründete er das Holzbauingenieurbüro Makiol + Wiederkehr gemeinsam mit Reinhard Wiederkehr. Er ist heute Mitglied der Geschäftsleitung und des Verwaltungsrates. Peter Makiol hatte Lehraufträge am Institut für technische Ausbildung (ITA) in Zürich und an der Schweizerischen Bauschule Aarau inne. Er war u.a. Mitglied in der Normenkommission SIA 265 und der Projektgruppe Schallschutz von Lignum Holzwirtschaft Schweiz. Er ist Mitglied von Swiss Timber Engineers STE und bei Lignum Holzwirtschaft Schweiz.

SANDRA SCHUSTER ist Architektin. Nach einem mehrjährigen Arbeitsaufenthalt in den Niederlanden ist sie seit 2011 selbstständig tätig, insbesondere in der Projektierung mehrgeschossiger Holzbauprojekte. Sie hatte Lehraufträge an verschiedenen Hochschulen und ist seit 2016 wissenschaftliche Mitarbeiterin der Forschungsabteilung am Lehrstuhl für Entwerfen und Holzbau der TU München. Seit 2019 ist Sandra Schuster Geschäftsführerin des Forschungs- und Lehrverbunds TUM.wood.

JULIA SELBERHERR hat Bauingenieurwesen an der Technischen Universität Wien und Betriebswirtschaft an der Wirtschaftsuniversität in Wien studiert. Sie war wissenschaftliche Mitarbeiterin am Institut für Bau- und Infrastrukturmanagement an der ETH Zürich und hat ihre Dissertation zum Thema «Geschäftsmodell für kooperative Lebenszyklusangebote» verfasst. Seit 2014 ist sie in der strategischen Immobilienberatung bei Wüest Partner tätig. Ihr Tätigkeitsbereich umfasst neben der Analyse und Bewertung von Projektentwicklungen, Liegenschaften und Portfolios die Begleitung, Bewertung und integrale Optimierung von Entwicklungsprojekten. Sie ist ausgewiesene Expertin in Bezug auf Marktentwicklungen, Wirtschaftlichkeitsanalysen und Investitionsstrategien für Anlageobjekte in Holzbauweise.

MANFRED STIEGLMEIER ist freischaffender Architekt und Stadtplaner mit Schwerpunkt Holzbau in München. Er ist wissenschaftlicher Mitarbeiter an der Professur Entwerfen und Holzbau der TU München und erhielt im Wintersemester 2018/2019 seine Berufung auf die Professur für Nachhaltiges Bauen am Studiengang Smart Building der FH Salzburg. Manfred Stieglmeier hat zudem einen Lehrauftrag am Studiengang Holztechnologie und Holzbau der FH Salzburg.

KAI STREHLKE hat Architektur an der ETH Zürich studiert und dort auch promoviert. Er war Leiter Digitale Technologien bei Herzog &

de Meuron. Kai Strehlke hatte eine Gastprofessur an der TU Graz und ist Dozent an der Berner Fachhochschule im Masterstudiengang Wood Technology. Seit 2015 ist er bei Blumer Lehmann verantwortlich für digitale CAD/CAM-Prozesse und dort zuständig für die Produktion komplexer Holzstrukturen.

CHRISTIAN SUMI ist Architekt und Partner von Marianne Burkhalter im Atelier Marianne Burkhalter und Christian Sumi. Bis Sommer 2020 führten sie gemeinsam das Architekturbüro burkhalter sumi architekten in Zürich, das nun von ihren ehemaligen Partnern Yves Schihin und Urs Rinklef als Oxid Architektur weitergeführt wird.

Christian Sumi diplomierte an der ETH Zürich bei Prof. Dolf Schnebli und war Assistent bei Bruno Reichlin an der Ecole d'architecture de l'Université de Genève EAUG, wo er später eine Gastprofessur inne hatte. Er war Gastprofessor an der Havard University, Cambridge MA und der University of Strathclyde in Glasgow sowie, gemeinsam mit Marianne Burkhalter, an der EPFL Lausanne. Von 2008 bis 2018 war er Professor an der Accademia di Architettura in Mendrisio, ebenfalls mit Marianne Burkhalter.

THOMAS WEHRLE ist Bereichsleiter Digitaler Holzbau bei Erne Holzbau in Stein am Rhein. Er hat Holztechnik mit der Fachrichtung Holzbau an der Hochschule in Rosenheim studiert und an der ZHAW einen Master in Business Administration and Engineering absolviert. Er war als Researcher in Residence an der ETH Zürich an der Professur für Architektur und digitale Fabrikation tätig und unterrichtet als Gastdozent an der Berner Fachhochschule und der Hochschule Luzern. Thomas Wehrle ist Experte des Bundesamtes für Umwelt BAFU für Wald- und Holzforschungsförderung Schweiz (WHFF-CH).

AGNES WEILANDT ist Partnerin bei Bollinger + Grohmann Ingenieure. Nach dem Studium des Bauingenieurwesens an der RWTH Aachen und der École national des Ponts et Chaussée in Marne-la-Vallée arbeitete sie zunächst bei Werner Sobek Ingenieure, Stuttgart. Sie war wissenschaftliche Mitarbeiterin am Institut für Leichtbau Entwerfen und Konstruieren (ILEK) der Universität Stuttgart. Dort promovierte sie im Bereich der adaptiven Tragwerke. Seit 2006 arbeitet sie als Projektleiterin für Bollinger + Grohmann Ingenieure. 2010 nahm sie den Ruf als Professorin für den Studiengang Baustatik, Baumechanik und Konstruktiver Ingenieurbau an der Frankfurt University of Applied Sciences an.

YVES WEINAND ist Architekt und Bauingenieur und einer der wichtigen Forscher im zeitgenössischen Holzbau. Er ist Gründer des Bureau d'Etude Weinand und Direktor des Lehrstuhls für Holzkonstruktionen IBOIS ENAC an der EPFL Lausanne. Yves Weinand hat seit 1996 zahlreiche emblematische Holzbauten entworfen und realisiert. Seine Arbeiten hinterfragen die technischen und statischen Möglichkeiten von Holz. Die interdisziplinäre Forschung an der EPFL untersucht das Holz in all seinen Aspekten. Die Arbeiten zu freien Strukturen mit Holz-Holz-Verbindungen (ohne Schraube und Leim) waren Gegenstand mehrerer Technologietransfers und sind ein greifbarer Beweis für neue Möglichkeiten im Holzbau. Ziel seiner Forschung ist es, eine neue Generation von erneuerbaren und ökologischen Holzkonstruktionen zu entwickeln.

JAN WILLMANN ist Professor für Designtheorie und Designforschung an der Bauhaus-Universität Weimar. Zuvor lehrte und forschte er am Institut für Architekturtheorie und Baugeschichte der Universität Innsbruck und am Institut für Technologie in der Architektur (ITA) der ETH Zürich. Er studierte Architektur in Oxford und promovierte mit Auszeichnung an der Universität Innsbruck. Forschungs- und Publikationsschwerpunkte umfassen zeitgenössische Designkulturen, insbesondere digitale Gestaltung, an der Schnittstelle zur Medien-, Technik- und Kulturgeschichte. Er unterrichtete und hielt Vorträge an zahlreichen Hochschulen und arbeitete mit unterschiedlichen internationalen Institutionen und Museen zusammen, darunter das FRAC Centre in Orléans, die Chicago Architecture Biennial und das Palais de Tokyo in Paris.

MARK AUREL WYSS studierte Architektur an der ETH Zürich und der Rhode Island School of Design, Providence, Rhode Island. Er war Mitarbeiter bei Bétrix & Consolascio Architekten, und war dort unter anderem Projektleiter für die Kongress- und Messehalle 9 der Olma Messen St. Gallen. Im Jahr 2000 gründete er Rossetti + Wyss Architekten. Die vom Büro realisierten Holzarchitekturen, etwa die Werkhalle AWEL in Andelfingen, realisiert aus massiven grossformatigen und vorfabrizierten Holzelementen, hinterfragen die Möglichkeiten des zeitgenössischen Holzbaus. Seit 2010 ist Mark Aurel Wyss Mitglied im Bund Schweizer Architekten (BSA).

KURATOREN BEISPIELTEIL

CLAUDIA ESCUDERO, JUDITH GESSLER, SANDRA KÖNIG, ANJA MEYER UND NIKOLAS WÄLLI arbeiten als Architektengruppe unter dem Namen AMJGS in Zürich und Glarus. Sie planen und realisieren Bauaufgaben unterschiedlicher Massstäbe mit Freude an der Begleitung des ganzen Bauprozesses. Das Prozesshafte des Planens und die den jeweiligen Phasen eigenen Fragestellungen sind dabei für sie von besonderem Interesse. Interdisziplinarität, Gesellschaft und Baukultur werden als Interessensgebiete intensiv gelebt, zum Beispiel durch aktive Teilnahme in Gestaltungskommissionen, Vereinen und anderen Netzwerken, aber auch durch Architekturvermittlung in temporären Projekten.

LITERATURVERZEICHNIS

Arash Adel, Andreas Thoma, Matthias Helmreich, Fabio Gramazio, Matthias Kohler, «Design of Robotically Fabricated Timber Frame Structures», in: Phillip Anzalone, Marcella del Singnore, Andrew John Wit (Hrsg.), Recalibration. On imprecision and infidelity. Proceedings Catalog of the 38th Annual Conference of the Association for Computer Aided Design (ACADIA), Mexiko City 2018, S. 394–403.

Sean Ahlquist, Achim Menges, «Computational Design Thinking», in: Dies. Computation Design Thinking, London 2011, S. 10–29 (AD Reader).

Architektenkammer Baden-Württemberg (Hrsg.), Bauteam – ein Leitfaden für Architekten und Handwerker, Stuttgart 2009.

Paul Artaria, Schweizer Holzhäuser aus den Jahren 1920–1940, 2. Auflage, Basel 1947.

Sascha Bohnenberger, Klaas De Rycke, Agnes Weilandt, Lattice spaces. Form optimization through customization of non-developable wooden surfaces, Tagungsbeitrag, eCAADe 29, Prag 2012.

Bund Deutscher Zimmermeister (Hrsg.), Holzrahmenbau. Bewährtes Hausbausystem, Karlsruhe 2007.

Bundesamt für Umwelt (BAFU) (Hrsg.), CO₂-Effekte der Schweizer Wald- und Holzwirtschaft. Szenarien zukünftiger Beiträge zum Klimaschutz, Bern 2007, S. 35.

Marianne Burkhalter, Christian Sumi, The Timber Buildings, Zürich 1996.

Marianne Burkhalter, Christian Sumi, Sinnliche Dichte. Projekte und Studien 1999–2003, Beilage zu Hochparterre 11 / 2003.

Marianne Burkhalter, Christian Sumi, Konrad Wachsmann and the Grapevine Structure, Zürich 2018.

Hani Buri, Yves Weinand, «Origami: Faltstrukturen aus Holzwerkstoffen», in: Bulletin Holzforschung Schweiz 2 / 2008, S. 8–12.

Hani Buri, Yves Weinand, Origami – Folded Plate Structures, Thesis EPFL Lausanne, Lausanne 2010.

Peter Cheret, Baukonstruktion. Handbuch und Planungshilfe, Berlin 2010. Le Corbusier, Städtebau, Stuttgart / Berlin / Leipzig 1929, S. 75.

Ulrich Dangel, Wendepunkt im Holzbau. Neue Wirtschaftsformen, Basel / Berlin 2016, S. 121.

Andrea Deplazes, Architektur konstruieren. Vom Rohmaterial zum Bauwerk. Ein Handbuch, Basel / Boston / Berlin 2005.

Klaas de Rycke, Louis Bergis, Ewa Jankowska-Kus, «Free-Form Wooden Structures. Parametric Optimization of Double-Curved Lattice Structures», in: Klaas De Rycke, Christoph Gengnagel, Olivier Baverel, Jane Burry, Caitlin Mueller, Minh Man Nguyen, Philippe Rahm, Mette Ramsgaard Thomsen, Humanizing Digital Reality. Design Modelling Symposium Paris 2017, Singapur 2018, S. 573–588.

Klaas de Rycke, Louis Bergis, Reciprocal frame for the roof of the Frans Masereel Centre, Tagungsbeitrag, Symposium der International Association of Shell and Spatial Structures (IASS Annual Symposium), Hamburg 2017.

Denis Diderot, Jean Rond d'Alembert (Hrsg.), Encyclopédie, ou Dictionnaire raisonné des sciences, des arts et des métiers, Abbildungsband 2, Paris 1751–1780, Tafel I.

Raphael Frei, Mathias Heinz, Simone Jeska, «Holz – Stäbe und Platten», in: Pool Architekten (Hrsg.), Martin Steinmann (Autor), Poolologie des Wohnens, Zürich 2019, S. 235.

Julien Gamerro, Christopher Robeller, Yves Weinand, «Rotational mechanical behaviour of wood-wood connections with application to double-layered folded timber-plate structure», in: Construction and Building Materials, Volume 165, 2018, S. 434–442.

Julien Gamerro, Ingebrigt Lemaître, Yves Weinand, «Mechanical Characterization of Timber Structural Elements Using Integral Mechanical Attachments», Vortrag im Rahmen der World Conference of Timber Engineering, Seoul 2018.

Fabio Gramazio, Matthias Kohler, Digital Materiality in Architecture, Baden 2008, S. 7–11.

Fabio Gramazio, Matthias Kohler, Jan Willmann, The Robotic Touch – How Robots Change Architecture, Zürich 2014, S. 386ff.

Thomas Herzog u.a., Holzbauatlas, 4. Auflage, Basel / Boston / Berlin 2003.

Holzabsatzfonds (Hrsg.), Holzbau Handbuch, Reihe 1, Teil 1, Folge 7, «Holzrahmenbau», Bonn 2009.

Gerrit Horn, Holzrahmenbau, 6. Auflage, Köln 2020.

Markus Hudert, Sven Pfeiffer (Hrsg.), Rethinking Wood – Future Dimensions of Timber Assembly, Basel / Berlin, 2019.

Wolfang Huß, Matthias Kaufmann, Konrad Merz, Holzbau. Raummodule, München 2018.

Anne Isopp, «Belastungstest. Was ist dem Bestand zuzumuten?», in: Zuschnitt 42 / 2011, S. 9ff.

Susanne Jakob-Freitag, «Schick obenauf», in: mikado 5 / 2015.

Reinhard Jordan, Hartmut Küchle, Gert Volkmann, Holzwirtschaft im Wandel. Ökonomische und technologische Veränderungen in der Holzbearbeitung und Holzverarbeitung, Studie zur Wirtschafts- und Sozialforschung Nr. 56, hrsg. von Wirtschafts- und Sozialwissenschaftliches Institut des Deutschen Gewerkschaftsbundes, Köln 1986, S. 83–91.

Hermann Kaufmann, Stefan Krötsch, Stefan Winter, Atlas Mehrgeschossiger Holzbau, München 2017.

Michael Köhl, Arno Frühwald, Bernhard Kenter, Konstantin Olschofsky, Raul Köhler, Margret Köthke, Sebastian Rüter, Hans Pretzsch, Thomas Rotzer, Franz Makeschin, Mengistu Abiy, Matthias Dieter, «Potenzial und Dynamik der Kohlenstoffspeicherung in Wald und Holz. Beitrag des deutschen Forst- und Holzsektors zum Klimaschutz», in: Jörg Seintsch, Matthias Dieter (Hrsg.), Waldstrategie 2020, Tagungsband zum Symposium des BMELV vom 10.–11.12.2008, Sonderheft 327 / 2009 von Landbauforschung – vT! Agriculture and Forestry Research, S. 103–109.

Josef Kolb, Holzbau mit System. Tragkonstruktion und Schichtaufbau der Bauteile, Basel 2020.

Kompetenzzentrum Typologie & Planung in Architektur (CCTP), Hochschule Luzern (Hrsg.), Modul17 – Hochhaustypologie in Holzhybridbauweise, Zürich 2019.

Holger König, «Bauen mit Holz als aktiver Klimaschutz», in: Hermann Kaufmann, Winfried Nerdinger, Bauen mit Holz – Wege in die Zukunft, München 2011, S. 18ff.

Holger König, «Bauen mit Holz als aktiver Klimaschutz. Nachwuchspotenzial und Ökobilanz», in: Zuschnitt 46 / 2012, S. 8ff.

J.C.R. Licklider, Topics for Discussion at the Forthcoming Meeting. Memorandum For Members and Affiliates of the Intergalactic Computer Network, Washington D.C. 1963.

Lignum – Holzwirtschaft Schweiz (Hrsg.), Aufstocken mit Holz – Verdichten, Sanieren, Dämmen, Basel 2014.

Bernard Marrey, Des histoires de bois, Paris 1994.

Malcolm McCullough, Abstracting Craft. The Practiced Digital Hand, Cambridge / MA. 1998.

Achim Menges, Jan Knippers, Hans Jakob Wagner, Daniel Sontag, «BUGA Holzpavillon – Freiformfläche aus robotisch gefertigten Nulltoleranz-Segmenten», in: Forum Holzbau (Hrsg.), 25. Internationales Holzbau-Forum (IHF 2019). Aus der Praxis – Für die Praxis, Tagungsband, Biel 2019, S. 129–138.

Frédéric Migayrou, Zeynep Mennan, *Architectures non standard*, Paris 2003.

Modular Building Institute (Hrsg.), *Improving Construction Efficiency & Productivity with Modular Construction*, White paper, Charlotesville 2010.

José Luis Moro, *Baukonstruktion vom Prinzip zum Detail*, Band 2, Berlin 2009.

Nicholas Negroponte, *Soft Architecture Machines*, Cambridge / MA. 1976.

Winfried Nerdinger, *Walter Gropius. Architekt der Moderne*, München 2019, S. 102ff.

Anh Chi Nguyen, Julien Gamerro, Jean-François Bocquet, Yves Weinand, «3D Finite Element Model for Shear Stiffness of Wood-Wood Connections for Engineered Timber Panels», in: *CompWood 2019*, Beitragszusammenfassungen der International Conference on Computational Methods in Wood Mechanica – from Material Properties to Timber Structures. ECCOMAS Thematic Conference Växjö, Växjö 2019, S. 99.

Anh Chi Nguyen, Yves Weinand, «Development of a Spring Model for the Structural Analysis of a Double-Layered Timber Plate Structure with Through-Tenon Joints», Vortrag im Rahmen der *World Conference of Timber Engineering*, Seoul 2018.

Anton Pech (Hrsg.), *Holz im Hochbau. Theorie und Praxis*, Basel / Berlin 2016.

pro:Holz Austria, Arbeitsgemeinschaft der österreichischen Holzwirtschaft (Hrsg.), *Wohnbau in Holz*, Edition 13, Wien 2018.

pro:Holz Austria, Arbeitsgemeinschaft der österreichischen Holzwirtschaft (Hrsg.), *zuschnitt 77*, «Brandrede für Holz», März 2020.

pro:Holz Austria, Arbeitsgemeinschaft der österreichischen Holzwirtschaft (Hrsg.), *zuschnitt 75*, «Potenzial Holz», September 2019.

pro:Holz Austria, Arbeitsgemeinschaft der österreichischen Holzwirtschaft (Hrsg.), *zuschnitt 71*, «Wohnbau mit System», September 2018.

pro:Holz Austria, Arbeitsgemeinschaft der österreichischen Holzwirtschaft (Hrsg.), *zuschnitt 70*, «Planungsprozesse», Juni 2018.

pro:Holz Austria, Arbeitsgemeinschaft der österreichischen Holzwirtschaft (Hrsg.), *zuschnitt 67*, «Raumstapel», September 2017.

pro:Holz Austria, Arbeitsgemeinschaft der österreichischen Holzwirtschaft (Hrsg.), *zuschnitt 66*, «Dichter in Holz», Juni 2017.

David Pye, *The Nature and Art of Workmanship*, New York 1968.

Ewald Rametsteiner, Roland Oberwimmer, Ingwald Gschwandtl, *Europeans and Wood. What Do Europeans Think About Wood and its Uses? A Review of Consumer and Business Surveys in Europe*, hrsg. von der Ministerial Conference on the Protection of Forests in Europe, Warschau 2007.

Gottfried Semper, «Entwickelung der Wand- und Mauerkonstruktion bei den antiken Völkern», in: Manfred und Hans Semper (Hrsg.), *Kleine Schriften*, Berlin / Stuttgart, 1884, S. 383–395.

Gottfried Semper, *Der Stil in den technischen und tektonischen Künsten, oder praktische Ästhetik. Ein Handbuch für Techniker, Künstler und Kunstfreunde*, Band 1: *Die textile Kunst für sich betrachtet und in Beziehung zur Baukunst*, Frankfurt am Main 1860.

Gerald Staib, Andreas Dörrhöfer, Markus Rosenthal, *Elemente und Systeme. Modulares Bauen – Entwurf, Konstruktion, neue Technologien*, Basel / Boston / Berlin 2008.

Christian Sumi, *Maison á sec / Immeuble-Villa / Plan libre. Das «Projekt Wanner» (1928) und die «Clarté» (1930–1932) in Genf von Le Corbusier und Pierre Jeanneret*, Zürich 1989.

Aryan Rezaei Rad, Yves Weinand, Henry Burton, «Experimental push-out investigation on the in-plane force-deformation behavior of integrally-attached timber Through-Tenon joints», in: *Construction and Building Materials*, Volume 215, 2019, S. 925–940.

Aryan Rezaei Rad, Henry Burton, Yves Weinand, «Performance assessment of through-tenon timber joints under tension loads», in: *Construction and Building Materials*, Volume 207, 2019, S. 706–721.

Kara Reilly, «From Automata to Automation. The Birth of the Robot in R.U.R. (Rossum's Universal Robots)», in: Dies., *Automata and Mimesis on the Stage of Theatre History*, New York 2011, S. 148–176.

Mario Rinke, «Konstruktive Metamorphosen – Holz als immerwährendes Surrogat», in: Mario Rinke, Joseph Schwartz (Hrsg.), *Holz: Stoff oder Form. Transformation einer Konstruktionslogik*, Sulgen 2014, S. 263–278.

Christopher Robeller, Andrea Stitic, Paul Mayencourt, Yves Weinand, «Interlocking Folded Plate. Integrated Mechanical Attachment for Structural Wood Panels, in: Philippe Block, Jan Knippers, Niloy J. Mitra, Wenping Wang, *Advances in Architectural Geometry 2014*, Cham 2014, S. 281–294.

Christopher Robeller, *Integral Mechanical Attachment for Timber Folded Plate Structures*, THESIS, EPFL Lausanne, Lausanne 2015.

Stéphane Roche, *Semi-Rigid Moment-Resisting Behavior of Multiple Tab-and-Slot Joint for Timber Plate Structures*, THESIS, EPFL Lausanne, Lausanne 2017.

Walter Schär (Hrsg.), *Zeitraum. Eine Reise durch drei Jahrzehnte Schweizer Holzbau*, Basel / Berlin 2020.

Andreas Schwarting, *Die Siedlung Dessau-Törten. Rationalität als ästhetisches Programm*, Dresden 2010.

Andrea Stitic, Anh Chi Nguyen, Aryan Rezaei Rezaei Rad, Yves Weinand, «Numerical Simulation of the Semi-Rigid Behaviour of Integrally Attached Timber Folded Surface Structures», in: *buildings*, 9(2) / 2019, S. 55, https://doi.org/10.3390/buildings9020055 (Stand 27.7.2020).

Studiengemeinschaft Holzleimbau e. V. (Hrsg.), *Holzbau Handbuch*, Reihe 4, Teil 6, Folge 1, «Bauen mit Brettsperrholz – Tragende Massivholzelemente für Wand, Decke und Dach», Wuppertal 2010.

Bruno Taut, *Houses and People of Japan*, Tokio 1937.

Technische Universität München (TUM), Professur für Entwerfen und Holzbau, Prof. Hermann Kaufmann (Hrsg.), *leanWood. Optimierte Planungsprozesse für Gebäude in vorgefertigter Holzbauweise*, München 2017. Abrufbar unter: https://www.ar.tum.de/fileadmin/w00bfl/holz/leanWood/leanWOOD-Broschuere.pdf (Stand 21.7.2020).

Gilbert Townsend, *Carpentry and Joinery. A Practical Treatise on Simple Building Construction, Including Framing, Roof Construction, General Carpentry Work, and Exterior and Interior Finish of Buildings*, Chicago 1913.

Ragunath Vasudevan, Mark Fahlbusch, Michael Schumacher, Klaus Bollinger, Michael Grimm, *Computational systems for design and production of complex geometries with large-format roll-bent aluminum plates*, Tagungsbeitrag, Symposium der International Association of Shell and Spatial Structures (IASS Annual Symposium), Tokio 2016.

Ragunath Vasudevan, Till Schneider, Kai Otto, Klaus Bollinger, Andreas Rutschmann, «Parametric Poetry-Integrated Solutions for Complex Geometries with Structure and Skin», in: Thomas Auer, Ulrich Knaack, Jens Schneider, *PowerSkin Conference Proceedings*, Delft 2019, S. 133ff.

Petras Vestartas, Loic Pelletier, Martin Thomas Nakad, Aryan Rezaei Rad, Yves Weinand, «Segmented Spiral Using Inter-Connected Timber Elements», in: *Form & Force. Proceedings of IASS Annual Symposia 2019*, Barcelona 2019.

Petras Vestartas, Nicolas Rogeau, Julien Gamerro, Yves Weinand, «Modelling Workflow for Segmented Timber Shells using Wood-Wood Connections», in: Christoph Gengnagel, Olivier Baverel, Jane Burry, Mette Ramsgaard Thomsen, Stefan Weinzierl (Hrsg.), *Impact: Design With All SenseS. Proceedings of the Design Modelling Symposium,* Berlin 2019, S. 596–607.

Konrad L. Wachsmann, Walter Gropius, *Prefabricated Building,* U.S. Patent 2,355,192, akzeptiert August 1944.

Konrad Wachsmann, *Wendepunkt im Bauen,* Wiesbaden 1959.

Hannes Weeber, Simone Bosch, *Unternehmenskooperationen und Bauteam-Modelle für den Bau kostengünstiger Einfamilienhäuser,* Stuttgart 2005.

Yves Weinand (Hrsg.), *Le pavillon en bois du théâtre de Vidy,* Lausanne 2017.

Yves Weinand (Hrsg.), *Advanced Timber StructureS. Architectural Designs and Digital Dimensioning,* Basel 2017.

Walter Weiss, *Fachwerk in der Schweiz,* Basel 1991, S. 30.

Werk, bauen + wohnen, Fügen in Holz, 5 / 2019.

Jan Willmann, Michael Knauss, Tobias Bonwetsch, Anna Aleksandra Apolinarska, Fabio Gramazio, Matthias Kohler, «Robotic Timber Construction: Expanding Additive Fabrication to New Dimensions», in: *Automation in Construction* 61 / 2015, S. 16–23.

Jan Willmann, «Das (digital) Neue in der Gestaltung: Wie sich die Zukunft in der Vergangenheit entscheidet», in: Siegfried Gronert, Thilo Schwer (Hrsg.), *Positionen des Neuen. Zukunft im Design. Gesellschaft für Designgeschichte, Schriften 2,* Stuttgart 2019, S. 158–169.

Heinz Wirz (Hrsg.), *De aedibus 8. Konstruktionen / ConstructionS. Burkhalter Sumi – Architekten / Architects, Makiol Wiederkehr – Holzbauingenieure / Timber Construction Engineers,* Luzern 2005.

Ivan Žaknić, *Klip and Corb on the Road. The Dual Diaries and Legacies of August Klipstein and Le Corbusier on their Eastern Journey 1911,* Zürich 2019.

Klaus Zwerger, *Das Holz und seine Verbindungen. Traditionelle Bautechniken in Europa, Japan und China,* 3. Auflage, Berlin 2015.

BILDNACHWEIS

Herausgeber und Verlag haben sich nach besten Kräften bemüht sämtliche Reproduktionsrechte einzuholen. Sollten Copyright-Inhaber übersehen worden sein, bitten wir um entsprechende Hinweise und werden diese in nachfolgenden Auflagen berücksichtigen. Sofern nicht anders angegeben stammen die Abbildungen in dieser Publikation von den Herausgebern, den Autorinnen und Autoren der Beiträge sowie den beteiligten Architekturbüros; die Grafiken von Julia Buschbeck.

Innencover, Makiol + Wiederkehr
S. 14–16, Grafiken nach Vorlage Baublatt Info-Dienst, Wüest Partner
S. 16 unten, Grafiken nach Vorlage Modular Building Institute
S. 20 oben, aus: ©1979 Office du Livre, Freiburg
S. 21 oben, aus: Teiji Itoh, *Maisons anciennes au Japon. Alte Häuser in Japan*, Freiburg 1983, Zeichnung Totu Hatsuta
S. 21 unten, © Le Centre d'archives d'architecture du XXe siècle
S. 22 oben rechts, S. 145 Mitte, Georg Aerni
S. 22 oben Mitte rechts, Andrea Helbling Arazebra
S. 22 unten rechts, Joachim Kohler Bremen, https://creativecommons.org/licenses/by-sa/3.0 / (Stand 21.10.2020)
S. 23 oben links und rechts, S. 80 oben links und rechts, S. 151 oben links, Ralph Feiner
S. 23 unten, S. 153 Mitte, Giuseppe Micciché
S. 24 oben, aus: Sally Woodbridge, *Bay Area Houses, New Edition*, Salt Lake City 1988, S. 33.
S. 24 Mitte und unten rechts, Niklaus Spoerri
S. 25 oben, ©The Royal Danish Collection
S. 28 aus: Max Gschwend, *Schweizer Bauernhäuser*, Basel 1971.
S. 29 aus: Denis Diderot & Jean-Baptiste d'Alembert, *Encyclopédie, ou Dictionnaire raisonné des sciences, des arts et des métiers, Abbildungsband 2*, Paris 1751–1780, Tafel I.
S. 30 aus: Frank D. Graham, Thomas J. Emery, *Audels Carpenters and Builders Guide*, New York 1923.
S. 31 aus: Konrad L. Wachsmann und Walter Gropius, *Prefabricated Building*, U.S. Patent 2,355,192, akzeptiert August 1944.
S. 34, 38 Mitte links, Pietro Maria Romagnoli
S. 35 Christian Sumi
S. 36 Mitte links und rechts, Heinrich Helfenstein
S. 37 unten links, René Dürr
S. 38 oben und Mitte rechts,
S. 101 oben links, © ERNE AG Holzbau
S. 48 Grafiken nach Vorlagen aus: Hermann Kaufmann, Stefan Krötsch, Stefan Winter, *Atlas mehrgeschossiger Holzbau*, München 2017.
S. 54, 56–57 Grafiken nach Vorlagen Forschungsprojekt leanWood, © Technische Universität München (TUM), Professur für Entwerfen und Holzbau

S. 60–64, design to production, Blumer Lehmann
S. 68–74, Lehrstuhl für Holzkonstruktionen, IBOIS ENAC, EPFL Lausanne
S. 78, S. 85 Mitte links Michel Bonvin
S. 79 unten links, S. 85 oben links, Walliser Architekten
S. 80 Mitte und unten, pool Architekten
S. 82 FH Architektur
S. 83 oben, S. 167 oben links und rechts, Roger Frei
S. 84 burkhalter sumi architekten
S. 101 Mitte links, Daniel Erne
S. 102 unten, nach: Frank Thesseling, HSLU Luzern
S. 105 oben, nach: Patrick MacLeamy
S. 108 unten, nach: th consulting, Tromlitz Häubi
S. 112 unten, nach: TES EnergyFacade
S. 113 © Martin Lukas Kim
S. 115 oben links, Peter Hirnschläger
S. 115 Mitte links, Alexander Gempeler
S. 115 unten rechts, S. 117 Eckhart Matthäus
S. 124–126, 128 unten links, © Bollinger + Grohmann
S. 127 © schneider + schumacher
S. 128 oben rechts, © Jeroen Verrecht
S. 133–135, S. 173 oben links und rechts, Mitte links, Jürg Zimmermann
S. 138 oben und Mitte rechts, Gramazio Kohler Research, ETH Zürich
S. 138 unten rechts, ITA/Arch-Tec-Lab AG, ETH Zürich
S. 139 oben links, NCCR Digital Fabrication / Roman Keller
S. 139 Mitte rechts, aus: Ernst Neufert, *Bauentwurfslehre*, Wiesbaden 1943.
S. 140 Mitte rechts, aus: Walter Gropius, *Bauhaus Bauten*, Dessau 1930.
S. 141 oben links, © ICD/ITKE University of Stuttgart
S. 141 unten links, ICD/ITKE University of Stuttgart, © Roland Halbe
S. 146 oben rechts, Architekturzentrum Wien, Sammlung, Foto: Margherita Spiluttini
S. 146 Mitte links, Barbara Müller
S. 147 oben links, Robert Hofer
S. 147 Mitte rechts, Kuster Frey
S. 149 oben links und unten rechts, S. 157 oben, Rasmus Norlander
S. 149 Mitte, VOIMA / Pascal Pazanda
S. 149 unten links, Ruedi Walti
S. 151 Mitte rechts, unten, Marcello Mariana
S. 155 alle Fotos, S. 161 oben, S. 179 alle Fotos, © Roland Bernath
S. 157 unten, Küng Holzbau
S. 163 oben links, Andreas Buschmann
S. 165 oben links, Mitte rechts, Zeljko Gataric
S. 169 oben links, Hannes Heinzer
S. 169 Mitte rechts und unten rechts, Christoph Angehrn, Josef Kolb
S. 171 alle Fotos, Karin Gauch und Fabien Schwartz
S. 171 Zeichnungen, Lukas Eschmann, Meili, Peter & Partner Architekten
S. 171 unten, Pirmin Jung Schweiz
S. 173 Mitte rechts, Implenia
S. 175 alle Fotos, Matthieu Gafsou

S. 177 oben links, ©Juergen Pollak
S. 177 oben rechts und unten rechts, Blumer Lehmann
S. 177 Mitte links und unten links, © Herzog & de Meuron

BEIRAT

HERMANN BLUMER, HOLZBAU-INGENIEUR, WALDSTATT

PROF. DR. ANDREA FRANGI, INSTITUT FÜR BAUSTATIK UND KONSTRUKTION, DEPARTEMENT BAU, UMWELT UND GEOMATIK, ETH ZÜRICH

PROF. DIPL.-DES. WOLFGANG TOM KADEN, INSTITUT FÜR ARCHITEKTURTECHNOLOGIE, FACHBEREICH ARCHITEKTUR UND HOLZBAU, TU GRAZ

PROF. ARCH. DI. HERMANN KAUFMANN, PROFESSUR FÜR ENTWERFEN UND HOLZBAU, FAKULTÄT FÜR ARCHITEKTUR, TU MÜNCHEN

KATHARINA LEHMANN, PRÄSIDENTIN DES VERWALTUNGSRATS, BLUMER-LEHMANN AG, GOSSAU

PROF. DR. JOSEPH SCHWARTZ, PROFESSUR FÜR TRAGWERKSENTWURF, DEPARTEMENT ARCHITEKTUR, ETH ZÜRICH

CHRISTOPH STARCK, DIREKTOR, LIGNUM HOLZWIRTSCHAFT SCHWEIZ, ZÜRICH; SEIT OKTOBER 2019 JUTTA GLANZMANN, TECHNISCHE KOMMUNIKATION, LIGNUM HOLZWIRTSCHAFT SCHWEIZ, ZÜRICH

PROF. DR.-ING. AGNES WEILANDT, PARTNER, LEITUNG FORSCHUNG UND ENTWICKLUNG, BOLLINGER + GROHMANN INGENIEURE, FRANKFURT AM MAIN

PROF. DR. IVES WEINAND, LABORATOIRE DE CONSTRUCTION EN BOIS, IBOIS, EPFL LAUSANNE

IMPRESSUM

HERAUSGEBER Mario Rinke, Brüssel
Martin Krammer, Zürich
GESTALTUNG Robert Müller, Berlin
ILLUSTRATIONEN, GRAFIKEN Julia Buschbeck, Zürich
TITELBILDGESTALTUNG nach einer Zeichnung von Niklaus Wenger
REDAKTION Andrea Wiegelmann
KURATOREN BEISPIELTEIL Claudia Escudero, Judith Gessler, Sandra König, Anja Meyer, Nikolas Wälli mit Vanessa Magloire
LEKTORAT UND KORREKTORAT Andrea Wiegelmann, Kerstin Forster
LITHOGRAFIE UND DRUCK Schöler Druck & Medien GmbH, Immenstadt im Allgäu
BUCHBINDER IDUPA Schübelin GmbH, Owen
PAPIER Munken PURE Rough 120 g/m², Gardapat 13 KIARA 115 g/m²
SCHRIFTEN Plain

ISBN 978-3-03863-056-2

Die Realisierung dieser Publikation wurde ermöglicht durch die grosszügige Unterstützung von:

Bundesamt für Umwelt (BAFU) im Rahmen des Aktionsplans Holz
Blumer-Lehmann AG, Gossau

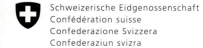

Schweizerische Eidgenossenschaft
Confédération suisse
Confederazione Svizzera
Confederaziun svizra

Bundesamt für Umwelt BAFU
Aktionsplan Holz

Blumer
Lehmann
Holzbau | Engineering